传统农区工业化与社会转型丛书

传统农区工业化与社会转型丛书

丛书主编／耿明斋

产业空间重构与经济非集聚研究

2006年以来中部六省经济分化的一个解释

刘　涛◇著

S tudy on Reconstruction of
Industrial Space and
Non-agglomeration of Economy:
an Explanation for Unbalanced
Economic Development of
the 6 Central Provinces Since 2006

社会科学文献出版社
SOCIAL SCIENCES ACADEMIC PRESS（CHINA）

　　本项研究与著作撰写出版得到了新型城镇化与中原经济区建设河南省协同创新中心、河南省高等学校人文社会科学重点研究基地中原发展研究院和河南大学博士后基金的资助。同时，本著作是国家社会科学基金重大课题"中西部地区承接产业转移的重点与政策研究"（项目编号：11&ZD050）的阶段性成果之一。

如果不考虑以渔猎、采集为生的蒙昧状态，人类社会以 18 世纪下半叶英国产业革命为界，明显地可分为前后两个截然不同的阶段，即传统的农耕与乡村文明社会、现代的工业与城市文明社会。自那时起，由前一阶段向后一阶段的转换，或者说社会的现代化转型，已成为不可逆转的历史潮流。全世界几乎所有的国家和地区都曾经历或正在经历从传统农耕与乡村文明社会向现代工业与城市文明社会转型的过程。中国社会的现代化转型可以追溯到 19 世纪下半叶的洋务运动，然而，随后近百年的社会动荡严重阻滞了中国社会全面的现代化转型进程。

中国真正大规模和全面的社会转型以改革开放为起点，

农区工业化潮流是最强大的推动力。正是珠三角、长三角广大农村地区工业的蓬勃发展，才将越来越广大的地区和越来越多的人口纳入工业和城市文明发展的轨道，并成就了中国"世界工厂"的美名。然而，农耕历史最久、农耕文化及社会结构积淀最深、地域面积最大、农村人口最集中的传统平原农区，却又是工业化发展和社会转型最滞后的地区。显然，如果此类区域的工业化和社会转型问题不解决，整个中国的现代化转型就不可能完成。因此，传统平原农区的工业化及社会转型问题无疑是当前中国最迫切需要研究解决的重大问题之一。

使我们对传统农区工业化与社会转型问题产生巨大兴趣并促使我们将该问题锁定为长期研究对象的主要因素，有如下三点。

一是关于工业化和社会发展的认识。记得五年前，我们为申请教育部人文社科重点研究基地而准备一个有关农区工业化的课题论证时，一位权威专家就对农区工业化的提法提出了异议，说"农区就是要搞农业，农区的任务是锁定种植业的产业结构并实现农业的现代化，农区工业化是个悖论"。两年前我们组织博士论文开题论证时，又有专家提出了同样的问题。其实对这样的问题，我们自己早就专门著文讨论过，但是，一再提出的疑问还是迫使我们对此问题做更深入的思考。事实上，如前所述，从社会转型的源头上说，最初的工业都是从农业中长出来的，所以，最初的工业化都是农区工

业化，包括 18 世纪英国的产业革命，这是其一。其二，中国
20 世纪 80 年代初开始的大规模工业化就是从农区开始的，
所谓的苏南模式、温州模式不都是农区工业发展的模式么？
现在已成珠三角核心工业区的东莞市 30 年前还是典型的农业
大县，为什么现在尚未实现工业化的农区就不能搞工业化了
呢？其三，也是最重要的，工业化是一个社会现代化的过程，
而社会的核心是人，所以工业化的核心问题是人的现代化，
一个区域只有经过工业化的洗礼，这个区域的人才能由传统
向现代转化，你不允许传统农区搞工业化，那不就意味着你
不允许此类地区的人进入现代人的序列么？这无论如何也是
说不过去的。当然，我们也知道，那些反对农区搞工业化的
专家是从产业的区域分工格局来讨论问题的，但是要知道，
这样的区域分工格局要经过工业化的洗礼才会形成，而不能
通过阻止某一区域的工业化而人为地将其固化为某一特定产
业区域类型。其四，反对农区工业化的人往往曲解了农区工
业化的丰富内涵，似乎农区工业化就是在农田里建工厂。其
实，农区工业化即使包含着在农区建工厂的内容，那也是指
在更广大的农区的某些空间点上建工厂，并不意味着所有农
田都要变成工厂，也就是说，农区工业化并不意味着一定会
损害乃至替代农业的发展。农区工业化最重要的意义是将占
人口比例最大的农民卷入社会现代化潮流。不能将传统农区
农民这一占人口比例最大的群体排除在中国社会的现代化进
程之外，这是我们关于工业化和社会发展的基本认识，也是

我们高度重视传统农区工业化问题的基本原因之一。

二是对工业化发生及文明转换原因和秩序的认识。从全球的角度看，现代工业和社会转型的起点在英国。过去我们有一种主流的、被不断强化的认识，即中国社会历史发展的逻辑进程与其他地方——比如说欧洲应该是一样的，也要由封建社会进入资本主义社会，虽然某一社会发展阶段的时间起点不一定完全一致。于是就有了资本主义萌芽说，即中国早在明清乃至宋代就有了资本主义萌芽，且迟早要长出资本主义的大树。这种观点用另一种语言来表述就是：即使没有欧洲的影响，中国也会爆发产业革命，发展出现代工业体系。近年来，随着对该问题研究的深入，提出并试图回答类似"李约瑟之谜"的下述问题越来越让人们感兴趣，即在现代化开启之前的 1000 多年中，中国科学技术都走在世界前列，为什么现代化开启以来的最近 500 年，中国却远远落在了西方的后面？与工业革命联系起来，这个问题自然就转换为：为什么产业革命爆发于欧洲而不是中国？虽然讨论仍如火如荼，然而一个无可争议的事实是：中国的确没有爆发产业革命，中国的现代工业是由西方输入的，或者说是从西方学的。这一事实决定了中国工业化的空间秩序必然从受西方工业文明影响最早的沿海地区逐渐向内陆地区推进，不管是 19 世纪下半叶洋务运动开启的旧的工业化，还是 20 世纪 80 年代开启的新一轮工业化，都不例外。现代工业诞生的基础和工业化在中国演变的这一空间秩序，意味着外来的现代工业生产方式和与此相应的经济社会结构在替代中国固有的传统农业生产方式和相应的经济社会结构的过程中，一定包含着前者对后者的改造和剧烈的冲突。而传统农耕文明历史最久、经济社会乃至文化结构积淀最深的传统农区，一定也是现代工业化难度最大、遇到障碍最多的区域。所以，将传统农区工业化进程作为研究对象，或许更容易发现两种不同文明结构的差异及冲突、改造、替代的本质和规律，从而使得该项研究更具理论和思想价值。

三是对我们所处的研究工作环境和知识积累的认识。我们中的很多人都来自农民家庭，我自己甚至有一段当农民的经历，我们工作的河南省又是全国第一人口大省和第一农民大省，截至 2008 年末，其城市化率也才不到 40%，也就是说，在将近 1 亿人口中，有近 7000 万人是农民，所以，我们对农民、农业、农村的情况非常熟悉，研究农区问题，我们最容易获得第一手资料。同时，我们这些土生土长的农区人，对该区域的现代化进程最为关注，也有着最为强烈的社会责任感，因此，研究农区问题我们最有动力。还有，在众多的不断变化的热点经济社会问题吸引相当多有抱负的经济学人的情况下，对事关整个中国现代化进程的传统农区工业化和社会转型问题进行一些深入思考可能是我们的比较优势。

我个人将研究兴趣聚焦到农区工业化上来始于 20 世纪 90 年代中期，进入 21 世纪以来，该项研究占了我越来越多的精力和时间。随着实地调查机会的增多，进入视野的令人感兴趣的问题也越来越多。与该项研究相关的国家社科基金重点项目、一般项目以及教育部基地重大项目的相继立项，使研究的压力也越来越大。值得欣慰的是，该项研究的意义越来越为更多的学者和博士生及博士后研究人员所认可，研究队伍也越来越大，展开的面也越来越宽，研究的问题也越来越深入和具体。尤其值得一提的是日本大学的村上直树教授，他以其丰厚的学识和先进的研究方法，将中国中原地区的工业化作为自己重要的研究方向，且已经取得了重要进展，并打算与我们长期合作，这给了我们很大的鼓舞。

总之，研究对象与研究领域已经初步锁定，研究队伍已聚集起来，课题研究平台在不断拓展，若干研究也有了相应的进展。今后，我们要做的是对相关的研究方向和研究课题做进一步的提炼，对研究队伍进行优化整合，对文献进行更系统的批判和梳理，做更多的实地调查，力争从多角度来回答若干重要问题，比如：在传统农业基础上工业化发生、发育的基础和条件是什么？工业化究竟能不能在传统农业的基础上内生？外部的因素对传统农区工业化的推进究竟起着什么样的作用？从创业者和企业的行为方式看，工业企业成长和空间演进的轨迹是怎样的？在工业化背景下，农户的行为方式会发生怎样的变化，这种变化对工业化进程又会产生怎样的影响？县、乡等基层政府在工业化进程中究竟应该扮演何种角色？人口流动的方向、方式和人口居住空间结构调整演进的基本趋势是什么？这是一系列颇具争议但又很有研讨价值的问题。我们将尝试弄清楚随着工业化的推进，传统农业和乡村文明的经济社会结构逐步被破坏、被改造、被替代，以及与现代工业和城市文明相适应的经济社会结构逐步形成的整个过程。

按照目前的打算，今后相当长一个时期内，我们的研究都不可能离开传统农区工业化与社会转型这一领域，我们也期望近期在若干主要专题上能有所突破，并取得相应的研究成果。为了将所有相关成果聚集到一起，以便让读者了解到我们所研究问题的全貌，我们决定编辑出版"传统农区工业化与社会转型丛书"。我们希望，随着研究的推进，每年能拿出三到五本书的相关成果，经过 3~5 年，能形成十几乃至二十本书的丛书规模。

感谢原社会科学文献出版社总编辑邹东涛教授，感谢该社皮书出版分社的邓泳红，以及所有参与编辑该套丛书的人员，是他们敏锐的洞察力、强烈的社会责任感、极大的工作热情和一丝不苟的敬业精神，促成了该套丛书的迅速立项，并使出版工作得以顺利推进。

耿明斋

2009 年 6 月 14 日

本书所涉及的内容正如书名所示——在探究东、中、西部三大区域间差距缩小的同时，为何中部六省经济会出现分化。2006年以来中部六省经济分化突出表现为河南和山西两省经济增速显著滞后于湖南、湖北等中部地区其他省份。如果说山西经济增速滞后于中部地区其他省份主要源于其经济发展过度依赖资源采掘业，同时受该省资源配置的市场化程度低等因素影响，那么河南省经济增速显著滞后于中部其他四省就令人费解。首先，从产业结构上看，河南经济并不依赖资源采掘业，也不存在过度依赖任何单一产业的情况；其次，根据樊纲等学者对全国31个省区市市场化程度的研究，河南经济的市场化程度与中西部省份相比并不处于劣势甚至较其他数个省份有一定的优势；最后，比较中部六省 2006 年前后的经济增长情况，自 20 世纪 90 年代中期至 2006 年，河南经济无论是规模还是增速显著大于和快于湖南、湖北、安徽、江西等省份，但在 2006 年之后，似乎是突然之间，河南与上述四省的经济增速差距开始拉大。笔者试图查阅相关文献找到上述现象的答案，但中部六省经济分化的现象在学术界并未引起重视，基本找不到对该问题进行研究的文献。

为了厘清中部六省经济分化的原因，考虑到第二、第三产业影响因素的差异，笔者把中部六省的经济增速差距按产业进行分解，并分别考察了 2006 年前后河南省与中部地区其他省份工业、第三产业的增速差异情况，对中部六省经济增速差距产业分解结果进行解读，确定了本书对中部六省经济分化的研究方向、重点以及本书的章节安排。

第一，河南经济增速 2006 年以来滞后于中部地区其他省份主要源于工业增速差距的不断拉大。湖南、湖北、安徽、江西四省 2006 年之后工业增速较之前有了大幅度的提升，相反，河南省工业增速在此期间虽然仍保持略高于全国平均水平的发展态势，但与湖南、湖北等省份的差距越拉越大。解释中部六省经济分化问题，须先厘清河南省工业增速滞后于中部地区其他省份的原因，特别是湖南、湖北等省份为何在 2006 年之后工业突然加速发展。在数据和文献梳理的过程中，笔者注意到 2005 年前后产业开始在东、中、西部地区重新配置，但除非假设产业只在东部地区与中西部地区少数省份重新配置，否则无法解释上述现象。同时，这样的假设很容易让人诟病，毕竟 2006 年之前河南省无论是经济规模还是工业规模、第三产业规模都大于中部地区其他省份，而且经济增速也领先于中部地区其他省份，按新经济地理学中心—外围模型的推论，率先发展起来的地区会在产业空间重新构建的过程中成为集聚中心。究竟是什么原因使河南省在中国产业空间重构以来，工业增速反而滞后于中部地区其他省份成为本书需要解答的第一个问题。本书对该问题的解答主要在第三章。

第二，虽然第三产业增速的差距不是河南省与中部地区其他省份经济差距拉大的主要原因，但河南省第三产业增速滞缓与众多经验研究的结论不符。基于中国数据对第三产业发展影响因素的实证研究表明，第三产业发展主要受城镇化水平的影响，但 2006 年以来，河南省城镇化速度高于同期全国和中部地区平均增速，但第三产业增速却与其他省份逐渐拉大。此外，考察各省三次产业结构，河南省是全国 31 个省份三产比重最低的省份。为何城镇化率的提升没有促进河南省第三产业的发展是本书关注的第二个问题。为了厘清该问题，笔者考察了各省历年新增城镇人口在城市和建制镇之间的构成情况。主要是因为中国城镇人口的统计范畴既包括地级及以上城市市辖区常住人口，又包括近 2 万个建制镇常住人口的情况，而且中西部地区的小城镇常住人口规模一般在 1 万左右，其居住、生产、生活条件与面临的问题更加接近于农村地区。如果河南省城镇化率的提升主要由小城镇常住人口增长所致，那就不难理解城镇化率的提升为何没有促进河南第三产业的发展。但结果恰恰相反，2005年以来河南省城镇常住人口的增长主要源于城市常住人口的增加，而全国整体上城市常住人口的增量不及城镇人口增量的23%。除上述因素外，还需要进一步厘清河南的经济空间结构，因为理论上关注和研究不同地区和国家的城镇化水平，主要是因为城镇化水平代表着一个地区和国家的经济集聚程度和规模。经济活动在地理空间上集聚更易促进分工的深化和生产效率的提高。此外，梳理回顾中国乡镇企业的发展历程不难发现，乡镇企业所创造的75%的生产总值都属于工业企业，只有不足20%源于从事第三产业的乡镇企业。因此，如果一个省份经济活动呈现较为分散的空间结构，那么也会导致其第三产业发展滞后。梳理20世纪90年代以来的数据，河南城市经济占全省的比重始终在30%左右，而同期全国城市经济比重已由不足40%，提升至60%以上。显然河南省经济未向城市集聚的经济空间结构影响了该省第三产业发展，厘清河南省经济活动不向城市集聚的原因就找到了导致河南第三产业发展滞缓的影响因素。但梳理国内外对空间经济学研究中有关经济集聚的经验研究文献，特别是国内文献，较少见到对省级以下层面的研究，少有的基于城市层面的文献也忽视了集聚的省域差异，从而未注意到在集聚的总体趋势下，某些省份呈现的经济活动不向城市集聚的现象。虽然一些文献曾提及河南经济活动主要分布在县及县以下区域或指出河南城市对区域发展的带动力不足，但都未深究河南经济为何不向城市集聚。本书对上述问题的解答主要在四至六章。

第三，河南省城镇化率的提升主要源于城市常住人口的增长，但城市经济比重却长期保持不变，两个看似矛盾的现象却在河南省真实上演着。虽然解释上述现象并不困难，毕竟河南省城市的经济发展水平仍然高于县域经济的整体水平，两者间的差距依然会在人口流动的制度和经济性门槛降低的过程中吸引人口向城市流动，但这不得不让人思考河南省的城镇化问题。近十年河南省经过人口向城市的大规模流动，城市与县域间的经济发展差距已经越来越接近，如果城市经济占比仍然像此前一样维持不变，那么城市吸纳能力必然下降，当前的城镇化模式面临中断的风险。然而梳理河南省城镇化的相关文献，无论是有关城镇化模式的研究还是其他相关问题的研究，很少有学者提及该问题。因此，笔者认为在厘清河南省经济活动不向城市集聚的影响因素后，非常有必要讨论河南省的城镇化问题。本书对上述问题的讨论主要在第七章。

以上是对拙著的简要介绍。概而言之，本书对两类不同空间维度的经济问题进行了研究：一是全国省际的产业空间重构问题，二是市域范围的经济集聚问题。不可否认，本书关注的问题并非全国性的一般化问题，更多的是作为一名河南籍经济学研究者对河南省经济发展过程中出现的相关问题的讨论。由于选题有一定的难度，工作量较为繁重，也受限于本人的理论素养、知识积累、研究能力和资料占有等因素，本书的选题还存在一些不足之处和需要进一步研究的地方。期望本书可以起到抛砖引玉的作用，能有更多关注河南经济发展的有识之士研究河南问题。

刘　涛

于河南大学金明园

目 录

Contents

第一章　导论

第一节　背景

经济发展过程中的区域差距，以及由此产生或与之相关的各类问题至今都是学术界和政府关注的重大经济社会问题。[①] 日益加剧的区域差距，促使中国中央政府于 1999 年开

[①] 区域差距是指经济、社会以及影响经济和社会发展的各方面要素差距组成的"集合体"，即地区间社会经济、社会综合实力水平的差距。在相关文献中地区之间经济发展水平的差别有两种表述方法：区域差距和区域差异。一般认为两个概念的内涵是一致的，但也有学者提出区域差异较区域差距的表述包含了更多的信息：区域差异不仅仅包括经济发展水平，而且包括制度、文化等因素。本书中区域差距和区域差异两词视为同义词使用，不再作进一步的区分。在经济学研究中，衡量地区差距的指标主要集中在人均或者劳均 GDP、GNP 或人均收入、人均消费等，少数研究中也涉及其他一些社会指标，如人均受教育年限、人均卫生支出，有些研究则构造了包含诸多指标反映区域差距的指数。本书关注的区域差距问题是经济发展水平的差距及其形成原因，所采用的指标是反映地区产出或收入差距的指标，如人均 GDP、人均收入、人均消费等。经济发展过程中的地区差距之所以广受关注，首先是因为个人收入差距问题在理论和现实意义上都非常重要，对中国个人收入分配的研究表明，地区差距对于理解中国的收入差距来说非常重要。已有的研究发现，无论是全国还是农村内部和城市内部，地区差距所带来的影响都是非常大的。其次，从理论（转下页注）

始调整区域发展战略，即自改革开放初期开始实施的区域非均衡发展战略向区域均衡发展战略转变。随着区域发展战略调整以及随后意在促进区域协调发展政策的颁布实施，中国逐渐形成了东、中、西部和东北四大区域。梳理区域发展战略调整以来四大区域的发展轨迹：中西部地区分别自 2006 年和 2005 年开始缩小与东部地区的差距。2006～2014 年，中部地区名义人均 GDP 年均增速较东部地区高 3.51 个百分点；2005～2014 年，西部地区名义人均 GDP 年均增速较东部地区高 4.40 个百分点。①

（接上页注①）上看，中国的案例可以为经济增长理论、新经济地理学、发展经济学和转轨经济学提供自然实验，并且更一般的是，有助于我们认识造成不同经济体间经济绩效差异的原因是什么。从现实角度看，准确度量差距，透彻理解各种因素对地区差距形成的作用机制，是客观评价改革的成果与问题的必要内容，也是选择并实施切实有效的经济政策的理论基础。出于研究目的不同，现有研究成果对区域的划分也有较大的差别，通常包括：按行政单位划分的省、自治区和直辖市；东部、中部和西部三大地带；沿海和内陆；城镇和乡村等。少数研究中也有按华北、东北、东南、南部和西部五大区划分，以及以长江为界划分的南北地区。本书四大区域的划分为：东部地区（北京、天津、河北、上海、江苏、浙江、福建、山东、广东、海南）；中部地区（山西、安徽、江西、河南、湖北、湖南）；西部地区（内蒙古、广西、重庆、四川、贵州、云南、西藏、陕西、甘肃、青海、宁夏、新疆）；东北地区（辽宁、吉林、黑龙江）。这一划分的依据是东部沿海发展战略（20 世纪 80 年代）、西部大开发战略（1999 年）、振兴东北老工业基地战略（2003 年）以及中部崛起战略（2010 年）所界定的省份，2005 年起历年《中国统计年鉴》开始公布中国四大区域的各项统计指标。四大区域的划分与中国"七五"期间提出的三大地带对东、中、西部地区的界定有所不同，主要区别：东部地区把辽宁划为东北地区；中部地区由原先的十个省份变为当前的六个省份，即吉林、黑龙江划为东北地区，内蒙古、广西划为西部地区；有些文献把广西也划为东部地区。详见刘夏明、魏英琪、李国平（2004）。也有文献把广西划为西部地区，东部地区较本书多了辽宁，中部地区多了吉林和黑龙江，其他省份划为西部地区。详见蔡昉、王美艳、曲玥（2009）。

① 东北地区 2006～2014 年名义人均 GDP 增速较东部地区高 2.29 个百分点。但与中西部地区不同，2014 年东北地区与东部地区以人均 GDP 表示的地区差距较 1999 年仍然在拉大，中西部地区则缩小了与东部地区的相对差距。

与东、中、西部三大区域间差距不断缩小形成鲜明对比的是，中西部地区内部各省经济增速差距在不断拉大。[①] 以中部地区为例：2006~2014 年，河南、山西两省较中部地区年均增速分别滞后 1.63 个和 3.68 个百分点。[②] 分省份对比，差距则更为明显：在此期间河南省年均增速分别较湖北低 3.47%、安徽低 2.93%、湖南低 2.72%、江西低 2.02%。2006 年河南省人均 GDP 在中部地区是除山西省外最高的省份，在全国名列第 16 位。然而在此之后，河南省人均 GDP 排名一路下滑，由全国排名第 16 位降至 2014 年的第 22 位。[③] 在中部地区先后被湖北、湖南两省超越且差距不断拉大，同时与安徽、江西两省的差距不断缩小。[④] 图 1-1、

[①] 中西部地区与东部地区的差距缩小以及内部各省份间差异的扩大原因并不一致：2005~2013 年，中西部地区工业增加值占全国比重分别上升 4.18% 和 5.47%，中西部地区制造业占全国比重分别上升 5.88% 和 2.55%。可以看出：中部与东部地区差距缩小以及内部各省差距拉大主要是因为各省份制造业增速差异拉大，而西部地区则主要是因为各省份采掘业等资源型产业发展不平衡所致。对资源型产业各省发展不平衡从经济学角度进行研究的意义不大，这也是本书重点分析中部六省增速差异拉大的原因。各省制造业数据源于历年《中国工业统计年鉴》。

[②] 山西省无疑是此期间经济增速最慢，同时也是增速波动最大的省份。山西省煤炭开采和洗选业占工业增加值的比重高达 60.98%，工业增长主要受煤炭需求和价格波动的影响。除山西省工业依赖采掘业外，中部地区其他省份制造业占各省工业份额均在 80% 以上，工业增速差距的拉大主要是制造业增速差距拉大所致。

[③] 河南省人均 GDP 全国排名在 2011~2013 年位列 23 位，2013~2014 年由于山西省人均 GDP 几乎为零增长，河南省得以超过山西。由于本书写作期间 2015 年《中国统计年鉴》还未出版，2014 年数据来源于中国统计局各省统计公报，其他年份数据则均源于历年出版的《中国统计年鉴》。由于公报和最终出版的年鉴往往会进行数据的小幅度调整，故本书在之后的数据只采用统计年鉴数据。

[④] 2006~2014 年河南与湖北、湖南人均 GDP 的相对差距分别拉大了 21.4 个和 19.2 个百分点，与安徽、江西人均 GDP 差距分别缩小了 17 个和 13 个百分点。

图1-2非常清晰地显示了当前河南省的尴尬境遇：中部崛起，河南塌陷。

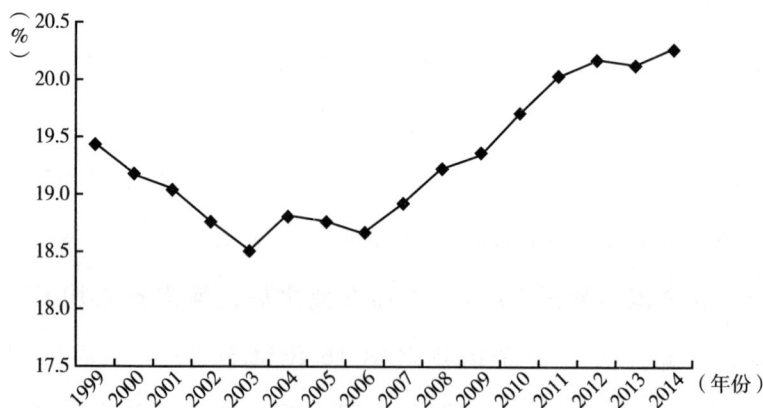

图1-1　中部地区 GDP 占全国比重

注：全国 GDP 为 31 个省份加总；文中数据如无说明均源于历年《中国统计年鉴》。

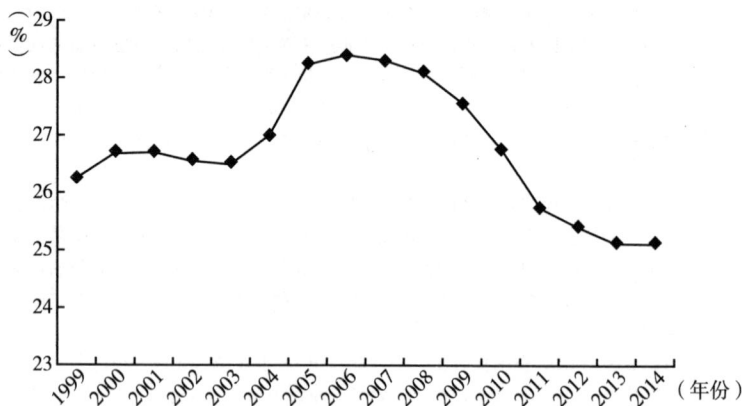

图1-2　河南省 GDP 占中部地区比重

第二节 问题的提出

如图 1-2 所示，如果把目光放在 2006 年之前，则会得出完全相反的结论：不再是"中部崛起，河南塌陷"而是河南引领中部地区发展。1999~2006 年正是中部地区与东部地区差距不断加速拉大的时期，但是河南省在此期间的表现可圈可点，经济增速显著高于中西部地区平均增速，其人均 GDP 全国排名也由第 20 位上升至第 16 位。与中部地区其他省份的比较更可说明问题：1999~2006 年河南省以人均 GDP 表示的经济增速分别较湖北高 4.64%、较安徽高 3.92%、较江西高 2.62%、较湖南高 2.45%。然而在 2006~2014 年，河南省年均增速分别较湖北低 3.47%、较安徽低 2.93%、较湖南低 2.72%、较江西低 2.02%。为什么 2006 年之前河南省经济增速显著高于湖北、湖南等四省份，而此后却与上述省份的经济增速差距越拉越大呢？这一问题，早在 2010 年河南省委、省政府酝酿并组织讨论中原经济区规划如何上升为国家区域发展战略时，不少与会专家讨论河南在中部六省中的"塌陷"问题时就提出相应观点，代表性观点有如下几个：①中央以及相关部门对河南省的发展不重视或重视程度不够，具体体现有两点，一是投入少，财政收入支出均位列全国倒数，教育投入特别是高等教育投入更是全国最少，二是周边省份都已有了国家层面的发展战略，唯独河南省没有；②河南的创新性思维不够，一是官员的创新性思维不够，二是企业的创新思维不够；③民营经济发展滞后；④农业比重高，以及农村人口多，城市化水平低等。[①]由于上述观点多见于新闻报道，人们无从得知形成上述观点的因果逻辑，也不清楚其逻辑的关键假说是否通过了经验检验。更为重要的是，如果上述观点成立，我们就难以理解 2006 年前后河南经济增速与其他省份呈现的巨大反差。笔者试图查阅专业期刊寻求答案，然而并未找到针对 2006 年前后中部六省经济增速呈现如此反差现象进行研究的文献。[②] 省际经济增速差异问题是一个比单纯研究单个省份经济增长更为复杂的问题，很难通过一个或几个因素省份之间的横向对比得出省际差距增大或缩小的结论。毫无疑问，中部各省经济分化的现象在河南学术界并未引起足够的重视，但对于关注河南省经济发展的学者则需要厘清是什么因素导致了这种情况的出现。

究竟是何原因导致了 2006 年前后中部各省经济增长绩效出现如此大的反差？为了进一步厘清该问题，考虑到第二、第三产业影响因素的差异，笔者把中部六省的经济增速差距按产业进行分解，并分别考察了 1999～2006 年与 2006～2013 年河南省与中部地区工业、第三产业增速差异情况：1999～

---

① 观点引用于大河网"中部崛起，河南不能被边缘化"的新闻报道，该报道综述了由河南省委统战部、各民主党派等联合在开封召开的中原经济区发展高层论坛的专家发言和观点。

② 从中部六省省际增速差异视角进行研究的文献数量不多，多数文献是在研究全国省际经济增速差异或东、中、西部地区间经济增速差异时提及过中部六省的差异问题。专门研究中部六省经济增速差异的文献仅见耿明斋 2007 年的一篇文章。该文主要针对 2006 年之前河南省在中部六省中的出色表现而作，阐述了河南经济增速领先于中部其他省份的原因。

2006 年，河南省工业年均增速较中部地区快 4.34%，第三产业增速较中部地区快 0.92%；2006～2013 年，河南省工业年均增速较中部地区慢 3.12%；[①] 河南省第三产业年均增速在此期间较中部地区慢 1.13%，较全国慢 1.3%（见图 1－3）。由此可见，正是 2006 年前后中部六省工业增速的巨大反差导致了经济增速差距的拉大。同时河南省第三产业增速也较中部地区其他省份放缓，进一步拉大经济增速差距。

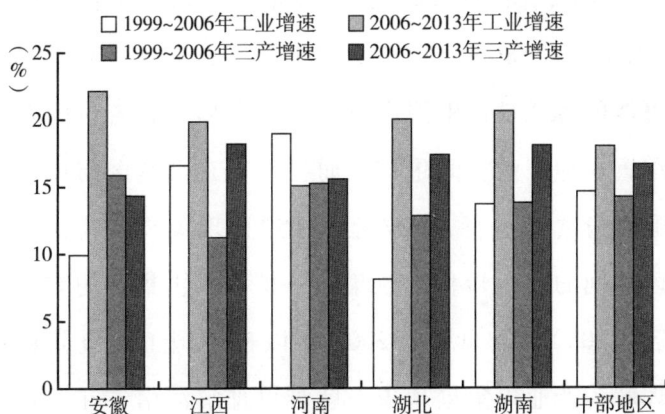

图 1－3　1999～2006 年及 2006～2013 年中部各省工业及三产年均增速

　　观察图 1－3 不难发现，2006～2013 年较 1999～2006 年，湖北、安徽、湖南、江西四省的年均工业增速均呈现爆发式的增长，上述四省 2006～2013 年工业增速较之前分别增长了

---

① 在此期间河南工业年均增速分别较安徽低 7.32%、湖南低 5.69%、湖北低 5.14%、江西低 4.99%。比较截止时间选为 2013 年主要是因为在此之后统计年鉴公布的第二产业和第三产业数据统计口径发生了较大幅度的变化，具体调整情况见后文。

2.46倍、2.26倍、1.5倍和1.2倍。[①] 反观河南省，其工业增速2006年之后较之前有所下降。但如果对比河南省与全国工业增速：河南省工业增速在1999年以来一直高于全国增速，即使2006年之后河南省工业增速较之前有所放缓，也仍然快于全国平均水平。因此，中部六省工业增速差距的拉大，主要体现为湖北、湖南等四省工业"突然"加速发展导致。2005年以来，东部地区工业增加值占全国比重由59.84%下降为50.19%，而中西部地区工业增加值占全国比重则分别由17.46%、13.86%上升为21.64%、19.33%。对上述现象一个可能的解释是：中国产业的空间布局在各省份间发生了重新配置，即产业空间重构，而且只在东部地区与中西部地区少数省份之间进行；[②] 或者可把这种现象理解为：一国内不同区域间的产业转移常以集聚—扩散—再集聚的方式进行（梁琦，2005）。但如果把2005年以来中国工业空间格局的变化理解为产业再集聚现象，就难以理解河南省在工业规模远大于中部地区其他省份的情况下，为何没有成为产业再集聚的中心。毕竟从整体上看，2006年之前河南省无论是经济规模还是工业规模、第三产业规模都大于中部地区其他省份，而且经济增速也领先于中部地区其他省份。按新经济地理学

---

① 在此期间，江西省工业增速提升的幅度相对较低，主要是因为江西工业于2004年就已经进入高速增长期。江西省2004～2013年工业增速是其1999～2004年年均工业增速的1.7倍。

② 本书把2005年以来工业（制造业）在东、中、西部地区以及各省份间的重新配置称为产业空间重构，具体原因见后文。

中心—外围模型的推论，率先发展起来的地区往往会成为制造业的集聚中心，为何在中国产业空间重构以来，河南省工业增速反而滞后于中部地区其他省份？

本书关注的第二个现象：1999～2006 年，河南省第三产业与中部地区增速相当，河南较中部地区略高 1 个百分点，但 2006 年之后增速差距开始拉大。众多基于中国数据对第三产业发展影响因素的实证研究表明，第三产业发展主要受城镇化水平的影响（江小涓、李辉，2004；顾乃华，2011）。对比中部六省城镇化率，河南省城镇化率的确最低：2014 年为 45.2%，分别较全国和中部地区城镇化率低 9.57 个、4.68 个百分点。但问题是 1999 年以来，河南省城镇化速度快于全国和中部地区：1999 年河南省城镇化率分别较中国和中部地区低 13.02 个和 6.53 个百分点，而且 2006 年之后，河南省城镇化速度较全国和中部地区进一步提升。是什么因素导致了河南省在城镇化速度快于全国和中部地区的情况下，第三产业增速反而相对滞后了呢？考虑到中国城镇人口的统计范畴既包括地级及以上城市市辖区常住人口，又包括全国近 2 万个建制镇常住人口的情况，而且中西部地区的小城镇常住人口规模一般在 1 万人左右，其居住、生产、生活条件与面临的问题更加接近于农村地区（王小鲁，2010）。如果河南省城镇化率的提升主要由小城镇常住人口增长导致，那就不难理解上述情况。而结果却恰恰相反，2005 年以来河南省城镇常住人口的增长约 50%

源于城市常住人口的增加，而全国整体上城市常住人口的增量不及城镇人口增量的 23%。

理论上关注和研究不同地区和国家的城镇化水平，主要是因为城镇化水平代表着一个地区和国家的经济集聚程度和规模，越富裕的国家经济集聚程度越高，集聚规模越大。经济活动在地理空间上集聚更易促进分工的深化，提高生产效率（世界银行，2009；Ciccone，2002；Henderson et al.，2001；范剑勇，2006；陈良文、杨开忠等，2008）。也正是分工水平的不断深化才促进了第三产业的长足发展。当前中国生产性服务业主要以第二产业为服务对象，生产性服务的一半以上投入第二产业中（程大中，2008；李江帆、曾国军，2003）。梳理回顾中国乡镇企业的发展历程也不难发现，乡镇企业所创造的生产总值的 75% 都属于工业企业，只有不足 20% 源于第三产业活动。[①] 此外，中国地级及以上城市第三产业占全国比重为 67.75%，高于其 GDP 占全国 63.87% 的比重，远高于城市常住人口占全国 29.54% 的比重，也印证了第三产业发展依赖于城市和经济集聚规模。[②] 基于上述考虑，本书考察了全国、中部地区以及各省城市经济发展情况。发现自 1996 年以来，河南省城市经济占全省比重一直在30% 左右徘徊，而同期全国以及中部地区城市经济比重都有了大幅度提升，截至 2013 年全国城市经济比重为 63.87%，

---

① 相关数据源于 2004 年、2005 年、2008 年《中国乡镇企业统计年鉴》。
② 如无特殊说明，本书中城市均指地级及以上城市市辖区，不包括下辖县（县级市）。

中部地区（河南省除外）为 47.73%。河南省经济活动没有像全国多数省份一样向城市集聚，而主要分布在县及县以下区域。显然河南省未向城市集聚的经济空间结构影响了河南省第三产业发展，那么为什么河南省经济活动不向城市集聚？

本书关注的第三个现象：2004 年之后，河南省城镇化速度开始超越全国城镇化速度，河南省与全国城镇化率之间的差距也开始逐渐缩小，而且与全国多数省份不同，河南省城镇人口的增长约 50% 源于城市常住人口的增长，但河南省经济活动并未像多数省份一样向城市集聚。无论怎样解读城镇化的内涵与外延都无法改变经济集聚引致人口集聚这一城镇化应有之义。近十年来河南省经济与人口的空间变化似乎与之相"背离"。城市与城市之外其他空间经济发展水平的差距是造成人口持续向城市流动的主要推力。2004 年以来，河南省城市常住人口占全省常住人口的比重由不足 20% 上升至 2014 年的 25%。然而，正如上文所述，河南省城市 GDP 占全省的比重仍然在 30% 左右，与十年前基本相当。如果未来河南省经济活动仍然不向城市集聚，那么当前河南省大中城市扮演主导角色的城镇模式必将难以为继。未来河南省城镇化将以何种方式推进？政府又应发挥何种作用？

因此，本书针对 2006 年以来河南省经济增速与湖北、湖南等省份差距不断拉大现象的研究，分解为两个更为具体的问题。一是产业空间重构：2005 年中国工业空间重构以来，工业特别是制造业，究竟哪些产业在哪些省份发生了空间重构现象，为什么同处中部地区，河南省与其他四省工业增速2006年前后出现如此大的差异？二是与之类似地，在经济集聚上为何也呈现显著的省别差异：在全国经济活动总体上向城市不断集聚的同时，经济集聚趋势在河南、河北等少数省份却相对较弱，在某些尺度的衡量上甚至止步？为表述方便，笔者将后一问题称为"经济非集聚"问题。[①] 此外，本书还将就河南省城镇化、经济结构等与全国多数省份呈现显著差异的问题进行讨论与分析。

第三节　研究思路和章节安排

对不同国家或一个国家内不同地区经济增速差异的研究，以往很长时间内，多数是基于新古典增长模型的收敛假说和20世纪90年代初期由巴罗和萨拉伊·马丁等人提出的趋同

---

① 对空间经济理论稍有了解的读者都知道经济活动在空间上的第一特征无疑是集聚，此处所述的"非集聚"并不是否认集聚现象的绝对存在，而是指集聚的自我强化过程在某些地区表现不明显，是一种相对意义上的界定。对于河南省而言，这种"非集聚"首要的呈现是城市经济比重长期保持不变且远低于其他省份。后文表明，在充分考虑了行政区划、经济发展水平等相关影响因素后，无论是从更长时间对比全国不同省份反映经济集聚程度的相关指标（如经济密度，空间基尼系数等），还是对河南省经济活动在县（县级市）的分布的考察，抑或是把河南省划分为中原城市群和其他地区等多个空间尺度进行的比较，均发现河南省在近二十年来经济活动并未发生明显的向少数空间集聚的状况，因此笔者把河南省的经济空间分布称为经济非集聚。当然，对经济集聚考察的空间尺度并不限于上述空间，不少对经济集聚的研究甚至关心的是在街道层面的集聚现象。在未对该空间尺度考察就称河南省经济非集聚确有令人误解的地方。为了避免不必要的误解，本书所言河南省经济非集聚特指河南省经济活动未向城市集聚。

理论，中国区域差距的研究也深受此理论影响，[1]但随着空间经济理论的进一步发展，特别是新经济地理学的兴起，理论界开始反思基于规模报酬不变和完全竞争市场为基本假设前提的新古典增长理论在解释一个国家不同区域间长期增长差异的适用性。[2]《2009年世界发展报告》更是直言：各地区不可能同时同步富裕起来，小至地方层次，大至国家乃至全球层次，这都是不争的事实。地区发展不平衡是经济发展在空间上的第一个特点，即经济活动在空间上趋向集中而非分散。该报告甚至指出苏联时期，政府致力于区域平衡发展的政策导致了要素在空间上的低效率配置，加速了苏联解体；此外，该报告还就趋同理论基于美国各州收入水平收敛的经验研究指出，美国各州的收敛并非来源于经济活动的分散，而是源于大规模的人口流动和集聚：反映美国各州生产总值不平等程度的基尼系数为0.53，各州人口基尼系数为0.54。

除了个别开创性研究，多数研究都会寻找之前与所关注问题相关的经典理论作为研究工作的参照系。如果我们把"中部崛起，河南塌陷"视为区域差异问题，那么新古典增长理论（趋同理论）和空间经济理论（新经济地理学）都符合主流经

---

[1] 有关中国区域差距的研究在20世纪90年代中后期至2004年前后大量发表在《经济研究》《中国社会科学》等国内主要经济学期刊上，多以该理论为基础。相关文献参见王小鲁、樊纲（2004）；刘夏明、魏英琪、李国平（2004）；陈秀山、徐瑛（2004）。

[2] 张吉鹏和吴桂英在2004年的一篇文章中较为系统全面地回顾了中国区域差距问题研究的相关文献。详见张吉鹏、吴桂英（2004）。2004年之后基于空间经济理论对区域差距研究的文献日渐增多，特别是2008年以来基于趋同理论对中国区域差距研究的文献则日益减少。

济学的分析范式，即二者均构建了一般均衡意义上的理论模型，自然皆可作为本书所关注问题的研究备选参照系，但二者之间的差异也是显而易见的：新古典增长理论（趋同理论）以规模报酬不变和完全竞争市场为其基本理论假设，而空间经济理论（新经济地理学）则以规模报酬递增和非完全竞争市场为其基本理论假设。而且二者理论关注的侧重点也不相同，前者更关注影响一个国家或地区经济长期增长的因素，例如投入要素的量（资本、劳动等）和质（人力资本等）、要素的配置效率（市场化程度等）和使用效率（私人部门的发展程度等）以及对外开放度和历史经济发展水平差异等，而后者则是把空间因素纳入理论模型中，更关注经济活动在空间维度上所呈现的状态、规律和原因。基于前文针对中部六省增速差异的产业分解分析：河南省与中部地区增速差距拉大与中国工业空间重构时间节点上所呈现的先后次序，以及工业增速差异在 2006 年前后的特点，研究河南省工业增速与中部地区差距拉大的问题，需要将空间因素纳入分析中来。同时，河南省经济活动不向城市集聚本身就是一个典型的空间经济问题。因此，探究"中部崛起，河南塌陷"问题最好从空间视角着手，故本书的理论参照系为空间经济理论。

明确了本书对所关注问题的理论基本演绎逻辑，研究方法的选择就变得相对简单。经济学研究方法大的分类为：规范研究和实证研究。二者区别在于，规范研究主要围绕"应该是什么"进行，实证研究则主要围绕"是什么"以及"为什么"

展开。本书所关注的问题是中部六省经济分化，即"中部崛起，河南塌陷"，对于这一个问题显然我们更关心"为什么"，因此本书的研究方法从经济学研究方法的基本分类上属于实证研究。具体而言，对产业空间重构的分析，本书主要通过对产业空间重构内涵的界定，借助空间基尼系数、集中度以及各省份二位数制造业产值占全国的比重等反映产业空间分布和集聚状态的指标，厘清制造业整体以及不同二位数产业在省级层面重构的空间次序和不同产业的空间属性，解释中国产业空间重构以来中部各省工业增速差距拉大的问题。对经济活动不向城市集聚的研究则是通过构建全国200多个城市的面板数据进行回归分析，针对现有基于城市层面进行经验研究的文献忽视集聚省别差异的情况，本书在回归分析中加入省份虚拟变量来识别和区分省别差异，同时加入了相关二位数制造业变量来探究为何少数省份呈现经济活动不向城市集聚的内在原因。

本书研究工作围绕三个主要问题依次展开。针对第一个问题，基于研究方法的选择，除了对国内外相关文献进行梳理、回顾、述评外，首先需要厘清"是什么"的问题，即在省级层面对产业在东、中、西部地区不同省份间的重新配置进行考察，梳理出中国哪些产业在进行空间重构，进行空间重构的产业有什么样的产业特性，以及这些产业在哪些省份间进行空间重构，省级层面所呈现的空间次序是什么。其次，针对"为什么"的问题，我们需要回答空间次序的形成原因是什么，并在此基础上分析这种变化对中部地区各省工业增速带来的影响，从而探析河南省工业在全国工业由东部地区向中西部地区重新配置的过程中与中部地区其他省份工业增速差距拉大的原因。

针对第二个问题，2006 年河南省城镇化速度快于全国和中部地区，但第三产业增速与全国和中部地区差距不断拉大。根据当前国内对该问题的相关实证研究，笔者认为该问题的出现，与河南省经济活动不向城市集聚，主要分布在县及县以下区域密切相关。此种情况的出现不仅与空间经济理论的一个重要推论——集聚相背离，而且与多数地区观测到的经验事实也不一致，即随着经济发展，经济活动趋向集聚且集聚规模会越来越大。同时，对河南省经济活动不向城市集聚的研究工作是研究河南城镇化问题，特别是城镇化模式研究的基础。可以说不厘清该问题，就无法深入对河南省城镇化等相关问题进行研究。该问题的研究，除了对国内外相关文献的梳理述评外，针对"是什么"的问题，仅仅指出当前河南省和全国城市经济占 GDP 的比重存在巨大差异这一静态指标显然是不够的。在时间维度上，需要更长时间的观测；在空间维度上，则需要在更低空间维度，即 288 个地级及以上城市市域层面的观测数据。只有这样才能厘清"是什么"的问题，以及是否此种情况只限于河南一省。对"为什么"的研究，即河南省为何呈现经济活动不向城市集聚，本书的主要工作则体现为：对不同理论假设和分析范式的空间经济理论就本书关注问题的解释力进行相关经验检验。当前空间经济理论从是否符合主流经济学理论分析范式的角度大体上可以分为三大类：新经济地理学、城市经济学以及传统的区域经济学（区位论、中心地理论等）。[①] 理论本身的模型化程度和其最终对现实世界的解释力并不完全一致，对各种理论进行相应的经验检验对当前空间经济学进一步的发展非常迫切。

针对本书关注的第三个问题，则是在厘清河南省经济非集聚基础上对河南省城镇化问题的进一步分析。城镇化无疑是一个与经济空间分布最紧密相关的问题，在一定程度上可以说两者是对同一经济现象不同角度的研究。2000 年城镇化及相关的若干问题被列入国家"十五规划"，城镇化成为政府和学术界关注的重大理论和实践问题。近年来随着中国经济增速变缓，通过提升城镇化率扩大内需的呼声越来越高。从中央到地方出台了一系列推进城镇化的政策。然而，就如同梳理国内城市层面经济集聚问题的文献一样，对河南省城镇化的研究是否充分考虑了经济不向城市集聚的影响？相应的政策探讨是否因忽视该现象而存在一定的偏差呢？我们首先会对国内外以及有关河南省城镇化研究的相关文献进行梳理，厘清上述担忧是否存在，其次会对河南省的人口流动在省级、市级、县城（中心城镇）的流动分布情况进行考察，在此基础上分析河南省的城镇

---

① 新经济地理学最符合主流经济学分析范式；城市经济学因其在构建一般均衡时未把外部性纳入其理论体系内，外部性因素成为该理论的外生变量，故该理论从主流经济学的角度看是存在瑕疵的；传统的区域经济学（区位论、中心地理论等），此类理论与当前主流经济学的分析范式的要求差距是最大的，即基本无一般均衡意义上的理论模型，分析的逻辑起点并非源起于经济行为个体。

化问题，最后结合国外地方政府行政层级设置的研究，讨论城镇化进程中政策重点和政策选择问题。

本书共分八章，各章内容概要如下。

第一章：导论。主要对本书的研究背景、研究问题、研究方法、章节安排、创新点进行简要的介绍。

第二章：文献综述。本章主要内容是对与研究主题相关的理论与文献进行梳理回顾，明晰本书在相关领域所做的新工作。由于本书在研究安排上把中部六省经济分化的研究分解为两个更为具体的问题，因此该章节的文献分为两部分。第一部分重点梳理对 2005 年以来中国出现的产业在东、中、西部地区不同省份间的空间重构现象研究的文献。相关文献主要包括两类：一类是以"产业转移"为标识的理论和文献，另一类则是以"产业集聚"为标识的理论和文献。两类文献的理论假说、理论演绎逻辑以及理论推论均不相同，但两者都把产业在不同空间上的变化当作其研究的重点内容，而且取得了很大的进展。例如近年来以"产业转移"为标识的文献已经一改以往主要关注产业转移的内涵，产业应不应转移等定性问题，转向定量研究产业转移。"产业集聚"的研究则从一开始就以定量分析为主。空间经济理论也更适宜分析经济空间问题，其在集聚量化分析上的指标选取等诸多方面的进展都为本书的研究打下了良好的基础。令人略感遗憾的是，两类文献都未把产业在省级层面变化的空间次序作为其研究的重点，这导致我们无法根据以往研究厘清中部六省经济分化的问题是否主要源于产业空间重构。对于本书所关注的第二个问题，即经济集聚或非集聚的研究则更是伴随了空间经济理论的诞生和发展过程（梁琦，2003b），近年来更是成为经济学一个重要的分支学科。经济集聚研究从空间维度上可以大体分为两类：一是较大地理空间的经济集聚研究，其理论基础为新经济地理学；二是较小地理空间的经济集聚研究，其理论基础为城市经济学。两者共同构建了经济学研究空间问题的理论基石。当前较大地理空间经济集聚的研究无论是理论进展还是相应的经验研究都进展顺利，但较小地理空间经济集聚的研究则无论是理论研究还是相应的经验研究都相对滞后，在一些关键问题上还存在较大分歧，例如究竟是地方化经济还是城市化经济更有利于知识溢出等。对此进行相关文献的梳理不仅是为找出本书所关注问题的解决之道，厘清相关理论的进展前沿和困境所在，更是为了便于后文在做经验研究时可以更有针对性地提出对立虚拟假设。

　　第三章：产业空间重构对中部六省产业增速差距的影响。本章涉及的内容是本书的一个重点，毕竟中部六省经济分化主要体现为：河南省工业增速与中部地区其他省份工业增速差距不断拉大。针对"是什么"我们需要厘清四个基本问题：哪些产业在进行空间重构？进行空间重构的产业有什么样的产业特性？这些产业在哪些省份间进行空间重构？省级层面所呈现的重构次序是什么？当然，要厘清上述四个基本问题，首先需要对相关概念的内涵和外延进行界定。例如，如何界定某一省份发生了产业空间重构等。对于"为什么"，我们则需要明确河南省制造业与中部地区其他省份增速差距拉大是否受中国产业空间重构影响以及解释为什么中国产业发生空间重构以来，河南省制造业增速与中部地区其他省份差距不断拉大。当然，在梳理"是什么"的过程中，还需要对各类产业本身的发展做相应的分析，例如，1999 年以来中国的主导产业是什么？发生了什么样的变化？各产业是劳动密集型还是资本密集型等。此外，对河南省工业增速与中部地区其他省份差距不断拉大的情况，本书除了从产业空间重构的视角，还会从不同产业发展的视角进行分析。

第四章：中国各省经济城市集聚状况。经济集聚现象是经济活动在空间上呈现的最为显著的特征。截至 2013 年，河南省城市经济总量（地区生产总值）占全省经济总量的比重为31.3%，这一比例较全国整体相差近 31 个百分点，仅为全国城市经济占全国经济总量比重的一半。虽然仅此一个指标就值得我们去关注河南省为何呈现如此与众不同的经济空间结构，但是仅此一点所能揭示的信息是有限的。熟悉中国行政区划的学者或读者很清楚，从中国整体上看，地方政府的行政层级及空间区划是省、市、县、乡四级，但还有一些省份设立的市较少，而设立了与之同级的盟、旗等（这可能会影响甚至决定了某些省份从整体上看，城市经济占全省比重低）。中国的城市不是在某些经济或社会指标上达到城市标准就可自动成为城市的，而是需要中央政府批准。因此厘清"是什么"的问题，需要行政区划的调整对河南以及全国城市经济比重变化的影响，同时也需要从更低空间维度即市域层面去考量各省经济的城市集聚情况。此外，对于经济集聚的理论层面的分析，更值得关注的问题并非城市经济占比，而是经济密度这一指标。各省还需要从经济密度上考察各省各市的经济集聚情况。所有上述考虑，都需要我们从更长的时间，在剔除行政区划设置、经济发展水平等相关影响因素后，就全国不同省份经济活动向城市的集聚状况以及各省城市的经济集聚程度进行考察，进一步厘清河南省与其他省份相比所呈现的城市经济比重低，是否是一个典型事实，是否还有其他省份也存在类似情况。此外，除了经济活动是否向城市集聚这样一个考量，河南省 109 个县（县级市）的经济活动的空间集聚和分散情况又是怎么样的？是否在县级层面存在着集聚现象呢？再者，2004 年河南省就开始提出并实施中原城市群的建设，那么河南省经济活动是否在较大的地理空间上向该区域集聚了呢？总而言之，系统全面地从多个空间尺度对河南省经济活动的地理空间集聚和分散情况进行考察是本章的主要内容。

第五章：河南省经济非集聚的解释。本章涉及的内容是本书的另一个重点，不仅因为经济的非集聚会对一个区域的经济结构、第三产业发展、城镇化以及城镇化模式的选择等诸多重要问题造成影响，而且这种现象本身就值得研究。空间经济理论无论是传统的区位论还是当代的新经济地理学都可谓是为解释经济集聚现象而生的，而经济活动在城市层面的集聚是经济集聚理论研究的重中之重。城市经济学作为空间经济理论的重要分支，即以城市为其主要研究对象，其中最引人注目的领域当属经济为何集聚于城市以及城市最优集聚规模的研究。多项基于中国数据的研究均指出，当前中国城市的最佳规模以人口计，最优集聚规模在 200 万 ~ 400 万人口这一区间内。[①] 然而河南省近二十几年的发展，经济活动并未向城市集聚，这也直接导致河南省的城市规模普遍更小，而且最大城市经济量占全省的比重也是全国 27 个省份里最低的。究竟是什么原因导致了河南省出现如此与众不同，并与理论推论不符的经济空间结构，若仅仅给出城市规模取决于集聚力和分散力两种因素的平衡，河南由于当前经济活动的集聚力弱于分散力从而导致城市普遍规模偏小，由此造成河南省整体上城市经济比重低等似是而非的解释显然是不够的。对这一问题需要更为规范的研究，即基于理论分析、提出计量模型，对关键假说进行计量分析。这一工作不仅是为了给出河南省经济活动不向城市集聚现象的一个解释，更希望可以通过对具体问题的研究，比较各种理论在解释相关问题时哪一个更具解释力，从而可以对相关理论未来的发展方向做出有参考价值的工作。

第六章：经济非集聚对河南省经济结构的影响。前五章主要空间视角对过去十年里河南省与中部地区其他省份经济增速差距不断拉大的现象进行了阐述与分析。本书的剩余部

---

① 相关经验研究文献参见王小鲁、夏小林（1999）；王小鲁（2010）；托利、克瑞菲尔德（2001）。

分则主要关注河南省经济发展过程中存在的突出问题，特别是那些与经济活动不向城市集聚相关的问题。本章所关注的问题是河南的经济结构。凡遇到经济增长乏力，经济结构问题都会成为政府和理论界关注的重点问题。在诸多经济结构的讨论中三次产业结构又是其中的讨论重点。观测 1991 年以来的河南省三次产业结构，截止到 2013 年，河南省第三产业占 GDP 比重仅上升了 1.1 个百分点，三产比重是全国 31 省份里最低的。我们应如何看待河南省这样一种经济结构，是把经济结构作为诸多影响经济发展因素互相作用的结果，还是直接根据经济结构反映的问题制定相应的政策？

第七章：经济非集聚对河南省城镇化的影响。城镇化无疑是一个与经济集聚最紧密相关的问题，在一定程度上可以说两者是对同一经济现象从不同角度进行的研究。不难发现很多研究经济集聚规模和集聚程度的文献在研究时大量使用人口数量的指标。在诸多中国城镇化问题研究中，城镇化模式一直以来都是一个重点研究领域，其争辩焦点是应以小城镇还是大中城市作为中国城镇化的主要载体。虽然理论上越来越多的声音支持大中城市应扮演主导角色，但 2004 年以来，在中国城镇化速度最快的十几年中，中国城镇人口近八成源于小城镇（县城）常住人口的增长，中国实际上走的是一条小城镇主导的城镇化模式。然而这样一种城镇化模式不仅导致城镇化过程中出现了一系列问题，而且极有可能影响中国的长期经济增长绩效。可以说当前中国城镇化进程中出现的一系列问题都与小城镇模式所导致的经济集聚和人口分布的空间错位——城市 GDP 占全国的比重当前已超过 60% 而城市常住人口比重在 30% 左右，直接或间接相关。但是此种现象在河南并不凸显，而且随着时间推移可能完全不成问题。河南省城市 GDP 占全省比重为 31%，而城市常住人口比重已经超过了 25%，而且 2005 年以来河南省新增城镇人口约 50% 源于城市常住人口的增长。可问题恰恰出现在此，如果河南省经济活动不向城市集聚，城市作为当前河南省城镇化的主要载体之一显然是难以为继的。本章内容主要在经济不向城市集聚的视角下探讨河南省的城镇化问题。

第八章：结束语。总结全文，基于相关研究结论探讨相关的政策启示，并指出本书的不足之处以及需要进一步深入研究的相关问题。

第四节　本书的新工作

本书的研究工作无疑是问题导向性的。问题可用中部六省经济分化或"中部崛起，河南塌陷"加以形象性描述，厘清问题的形成原因是本书的首要目标。[①] 对本书关注的问题，

---

① 截至 2014 年，在中部六省中，河南省人均 GDP 排名第三位，落后于湖南、湖北、略高于山西、安徽、江西，单纯从排名上看，"河南塌陷"的提法可能并不确切，但是如果从河南省人均 GDP 与中部地区人均 GDP 自 2006 年以来的变化趋势上看，提出"河南塌陷"并不为过。2006 年河南省人均 GDP 较中部地区人均 GDP 高出 8.5 个百分点，2014 年则已不足中部地区人均 GDP 的 97%。

需要更符合学术规范的研究，而非给出一个想当然或似是而非的观点和结论。当然，提出新的理论学说或直接推动理论的发展无疑是每一个学术研究者的最终愿望和诉求。对于问题导向性的研究工作，对已有理论基于特定问题进行规范的经验研究探讨理论未来的发展方向则是研究人员的职责所在。本书的创新之处主要体现为以下几方面。

（1）2006 年以来，由于东、中、西地区间的差距在快速缩小，有关中国三大地带间区域差距研究的文献数量较之前明显下降。对于河南省 2006 年以来与中部其他省份增速差异的实证文献难寻踪迹，本书基于中国产业空间重构在省际呈现的毗邻效应，以及河南省制造业以省级层面相对分散布局产业为主的产业结构，在一定程度上解释了河南省近期经济增速慢于中部地区其他省份的原因。

（2）国内外对空间经济学有关经济集聚的经验研究文献，特别是国内文献，较少见到对省级以下层面的研究，少有的基于城市层面的文献也忽视了集聚的省别差异，从而未注意到在集聚的总体趋势下，某些省份呈现的经济活动不向城市集聚的现象。考虑到在城市空间尺度，是对经济集聚理论中技术外部性（知识溢出）等微观理论基础进行经验检验较适宜的空间维度，本书构建了基于全国 200 多个城市的面板数据，对此的回归分析表明：河南、河北等省份所呈现的经济活动不向城市集聚的现象，源于这些省份的产业构成。当一个省份的主导产业外部经济较弱时，产业集聚所能产生的规模收益往往低于因集聚而产生的成本，而产业在城市的集聚成本显然大于在县及县以下区域分布的成本。河南、河北等省份城市经济比重较其他省份显著偏低，源于这些省份以农副产品加工、非金属矿物制品业等产业为主的产业结构。河南、河北等省份经济活动不向城市集聚并不是对经济集聚理论的背离，反而是对小地理空间范围内经济集聚受产业外部性影响的一个验证。

（3）对以河南省为代表的欠发达传统农区经济发展提出了一个新的研究视角，特别是对此类地区城镇化问题的研究。中国城市经济占全国的比重为 63.87%，而城市常住人口占全国的比重仅为 30.44%，因此全国和多数省份城镇化研究的焦点是人口分布与经济集聚区域空间错位的影响因素，诸如户籍制度、土地制度、社会保障等；以及由人口分布和经济集聚空间错位而产生的社会和经济问题，诸如城乡收入差距、城市二元结构等。但河南等省份人口分布与经济集聚的空间错位问题远没有全国整体那样严重，截至 2013 年河南省城市经济比重为 31%，城市常住人口超过 25%，而且自 2005 年以来河南省城镇人口增加约 50% 源于城市常住人口的增长，因此河南省城镇化问题的研究焦点与全国并不完全一致，有其特殊的一面。

第二章　文献综述

"中部崛起，河南塌陷"是对本书关注问题的一个形象描述，更符合学术规范的称谓是中部六省经济分化区域差异问题。如果把该问题视为区域差异问题，在文献综述里若不提及趋同理论以及绝对趋同、条件趋同、俱乐部趋同等理论和概念，一定会被熟悉该类问题的读者视为文献梳理的重大遗漏。在中国区域差异最为凸显，理论界以及各级政府对该问题最为重视的几年，上述理论和概念几乎充斥在主流经济类期刊对该类问题研究的文章里。但是近年来，理论界开始反思基于规模报酬不变和完全竞争市场为假设的趋同理论在研究一国内区域差异问题的适用性。① 迪克西特和斯蒂格利

---

① 长期以来主流经济学家很少关注空间问题。萨缪尔森（1952）对此解释为：经济学家如此忽视空间问题，是因为只关注自身感兴趣的领域。藤田昌久等（2004）认为在经济学的演化过程中，大卫·李嘉图的经济学对空间理论研究形成了一个非常消极的分水岭，他通过定义与其他成本毫无差别的运输成本，在进行比较优势分析时完全把空间因素替代了。克鲁格曼（1999）则认为主流经济学对空间问题置之不理，并非空间因素不重要，而在于长久以来没有掌握基于规模报酬递增和非完全竞争市场的建模技术。但是自有人类文明以来，人类活动和生活水平在不同大陆、同一大陆内部、不同国家以及同一（转下页注）

茨基于规模报酬递增和非完全竞争市场一般均衡理论模型的出现为经济学分析空间问题打开了希望之窗，克鲁格曼中心—外围模型的提出则标志着空间经济理论正式被当代主流经济学所接纳。当以规模报酬递增和非完全竞争市场为基本假设，以单个经济行为人（消费者和企业）的微观动机为逻辑起点，在分析时把交易成本（运输成本）、生产要素流动等因素纳入理论体系内，再去分析经济活动在空间上的分布时，集聚是理论推演的必然结论。[①] 观测全球或各国的经济活动，不难发现无论基于何种标准，在任何地理空间维度，集聚无疑都是经济活动在空间分布上最为显著的特征。[②] 此外，基于中部地区各省工业增速在 2006 年前后所呈现的巨大

（接上页注①）国家内部的空间分布一直是不均衡的。人类由农耕文明进入工业文明后，经济活动在空间上的不均衡程度远远超过了自然资源在空间上的不均衡程度，很难再仅基于原料、气候、天然运输方式等诸多自然条件和资源的不均衡来解释各地区之间经济活动所呈现的巨大差异。而随着经济学建模技术的进步，把空间问题纳入经济学理论分析的体系内既是理论发展的必然结果，又是基于现实问题对经济学提出的必然要求。

① 斯塔雷特（1978）证明了空间不可能定理：考虑一个具有有限个区位的经济，如果空间是同质的，在存在运输成本且偏好局部非饱和时，不存在包含区位间商品运输的竞争均衡。这就意味着厂商尽可能在他们各自所在地生产他们所需的商品，以便降低所有与距离有关的成本。而这正是空间经济学家对阿罗—德布鲁一般均衡理论忽视空间因素的批判，同时也证明了如果不改变规模报不变和完全竞争市场这一基本假设，空间因素很难纳入一般均衡理论体系内。

② 经济活动在空间上集聚并非只在理论推演中存在，在现实中无论基于何种空间维度这一现象都是普遍存在的。在全球层面：1980 年 NAFTA、EU（15 国）和东亚的 GDP 占全球比重为 70%，2000 年这一比重升到 83%（Fujita、Mori，2005）。国家层面：法国的大巴黎区占全国总面积的 2.2%，却集聚了全国 18.9% 的人口和 30% 的 GDP；韩国汉城地区，占全国国土面积的 11.8%，却拥有全国 45.3% 的人口和全国 46.2% 的 GDP（Fujita 等，2004）；在中国，东部地区以不到全国 10% 的国土面积集聚了全国 51.3% 的经济活动，288 个地级及以上城市更是以不足全国 7% 的国土面积集聚了全国 63.87% 的生产活动。

反差以及河南省经济不向城市集聚的情况，本书把"中部崛起，河南塌陷"这一问题分解为了两个更为具体的问题。因此在文献综述部分不再梳理回顾趋同理论及其相关的实证研究文献，而把重点放在与两个具体问题相关的理论和文献上。

第一节 产业空间重构理论与文献回顾

一 相关概念说明

2005 年以来，中国工业空间格局在四大区域间开始变化：东部地区工业比重下降，中西部地区工业比重上升，以人均 GDP 表示的东、中、西部地区间的地区差距开始缩小，2007 年之后该趋势进一步强化。本书把这种变化称为"产业空间重构"或"制造业空间重构"，而没有采用多数文献以"产业转移"对该种现象的称谓。主要基于以下两方面原因。

（1）这种现象出现的原因以及各因素对其影响程度截至目前还不十分清楚，部分学者甚至对此进行了批评，认为此种情况的出现是政府对要素在空间配置上的扭曲，有可能在中长期导致效率和平衡兼失的局面（蔡昉、王美艳等，2009；陆铭，2011；范剑勇、邵挺，2011）。还有学者指出，由于中国不同地区经济发展水平存在差异，环境管制的严格程度也存在差异，中西部地区近几年成为中国的"污染避难所"（侯伟丽等，2013；何龙斌，2013）。

（2）相对于国际产业转移的研究，研究中国区域（省份）间产业转移最大的困境是微观数据可获得性太差（刘秉镰、胡玉莹，2010）。中国区域间产业转移以定性研究为主，为数不多的定量研究文献也多基于《中国工业统计年鉴》公布的二位数产业数据，通过测度各产业在不同省份或区域的产值、就业人数、企业数目等占全国比重变化情况或通过测算反映产业空间布局非均衡程度的空间基尼系数、EG 指数等相关指标，分析区域间产业转移情况（张公嵬、梁琦，2010；刘秉镰、胡玉莹，2010；贺曲夫、刘友金，2012；张文武，2013；胡安俊、孙久文，2014）。[①] 但是基于二位数产业数据，无论以何种指标所反映的各省份相关情况的变化，仅是描述了某类产业活动在不同省份间的变化情况，究竟这种变化是源于东部地区的产业转移，还是本省产业发展所致并不清楚。虽然有学者提出无论基于何种原因，只要中西部地区某产业产值、企业数量等相关指标占全国比重上升都可视为产业转移（贺曲夫、刘友金，2012），而且多数基于此类数据的研究也的确不做区分。但众所周知，国际分工经历了产业间分工、产业内分工和产品内分工三个阶段，当前三种形式并存，但最引人注目的国际分工形式是产品内分工

---

① 胡安俊、孙久文（2014）是基于三位数工业数据（2003 年和 2009 年）对产业转移进行的研究。此外基于三位数工业数据对产业空间变化进行相关研究的文献还有洪俊杰、刘志强、黄薇（2014），范剑勇、李方文（2011）等，但引用三位数进行相关研究的文献在时间跨度上基本上为 1998～2009 年，这主要源于中国国家统计局所公布的《中国规模以上工业企业微观数据库》。2009 年之后统计局就不再公布相关数据了。

（许南、李建军，2012）。一个国家内各区域间的分工形式不可能仅仅是产业间分工。因此上述数据和指标对产业转移进行定量分析，不仅可能遗漏产业内或产品内某些产品生产环节由东部地区向中西部地区的转移情况，还可能存在如下问题：东部地区工业比重下降情况在2007年之后明显加速，2007年之后的下降幅度占2005~2012年降幅的近80%，时间节点与全球金融危机爆发时间基本吻合。如果东部地区工业比重的下降主要源于外需减少所造成的工厂开工率不足，将此种情况称为产业转移是非常不适宜的。

基于上述考虑，本书把2005年以来不同地区工业比重的变化称为产业空间重构，即中国工业或制造业在各省份间的重新配置。[①] 以产业空间重构一词来表示中国工业或制造业在各省份间的分布变化情况，主要是为了避免在对2005年以来东、中、西部地区占全国工业增加值（产值）比重的变化情况做定量分析时，因把上述现象称作产业转移，在产业转移内涵界定与可得数据间难以把握，从而对定量分析带来困扰。本书提出并强调产业空间重构是基于中国产业数据的可得性，为了准确、客观描述中国各种产业在不同省份间的变化情况和对这种现象进行定量分析的需要。

梳理以产业空间变化为研究对象的文献，主要有两类：一类是以"产业转移"为标识，一类则以"产业集聚"为标

---

① 蔡昉、王美艳等最早以工业重新配置描述中西部地区工业增速快于东部地区的情况。详见蔡昉、王美艳、曲玥（2009）。

识。很少有文献把产业在区域间或不同省份间的变化情况称为产业空间重构。[①] 但正如上文所述，本书之所以没有把东部地区工业比重下降、中西部地区工业比重上升的情况称为产业转移，是为了避免定量分析时因数据等方面原因所带来的困扰。没有把这种情况称为"产业集聚"则主要是因为尽管东部地区的工业以及更为细分的某些产业占全国的比重有所下降，但从集聚的角度讲，东部地区仍然是工业及各类细分产业的集聚区域，以产业集聚描述此种变化易使人产生不必要的错觉。

产业空间重构、产业转移及产业集聚三个概念内涵和外延的简要说明：产业空间重构与产业转移两个概念关系紧密，但两个概念的内涵和外延并不完全一致。产业转移主要是指企业为了应对外部环境的变化所进行的主动或被动的区位再调整过程。企业区位调整所带来的变化，是否能以不同区域各类产业产值占全国比重的变化得到观测，是不确定的。有可能是 A 地区某类产业的一些企业向 B 地位转移了全部或部分产能，但如果此产业中仍留在 A 地区的企业扩大了生产规模并足以抵消转出企业的生产规模，那么从两地区产业产值比重的角度我们是无法观测到产业转移是否发生的。因此，当中西部地区某产业占全国比重上升幅度未达到产业空间重构相应界定标准时，即使东、中、西部地区间发生了产业转

[①]　在中国知网上以产业空间重构为主题搜索（不区分是否为核心、CSSCI 收录），自 20 世纪 90 年代以来一共有 16 篇。CSSCI 收录期刊刊发的文章仅有 2 篇以产业空间重构命名。详见李江（2008），赵伟、郑雯雯（2011）。

移，我们也不认为该产业在东、中、西部地区间发生了产业空间重构。此外，产业空间重构着重考察发生产业空间重构省份间的空间规律，而产业转移的研究重点则多放在了产业转移的动因、方式以及其他相关影响因素上。产业集聚与产业空间重构的关系则体现为：产业集聚的研究一是源于产业空间分布的现实观察，二是以规模报酬递增和非完全竞争为假设的空间经济理论的推论，该类研究主要关注产业为何集聚于某一省份或地区。当然产业集聚并不否认产业在空间上变化的可能，即产业集聚区是可以改变的。三个概念之间的区别主要在于产业空间变化程度上的界定存在差异以及关注侧重点的不同。①

二　产业转移理论与文献回顾

产业转移与本书所述产业空间重构的概念密切相关，产业空间重构是以产业转移为主要形式进行的，其差异如前文所述。因此梳理回顾产业转移的相关文献和经验研究对于理解产业空间重构是十分必要和有益的。产业转移理论根据所涉的空间范畴可分为国际产业转移和国内产业转移。②

---

① 在空间变化程度上，产业转移低于产业空间重构，产业空间重构低于产业集聚。

② 国内产业转移与国际产业转移研究之间有部分重合的地方，即当国际产业转移涉及一个国家内不同区域时，两者间的界限就变得较为模糊。本节所述国际产业转移主要指国家与国家之间进行的产业转移，不涉及一个国家内不同区域的问题。

（一）国际产业转移理论与文献回顾

理论上关注并把产业转移当成研究对象始于 20 世纪 30 年代，赤松要 1935 年提出的"雁行模式"是较早的产业转移理论。第二次世界大战后，随着跨国直接投资规模的不断扩大，学者们对这一现象的关注也越来越多，提出了更多的有关产业转移的理论。因为这一时期主要关注的是国与国之间的产业转移现象，当前理论界一般把研究产业跨国界转移的理论称为国际产业转移理论。

二战后直到 20 世纪 90 年代前，全球范围内共发生了三次国际产业转移：第一次发生在 20 世纪 50 年代；第二次国际产业转移浪潮发生在 20 世纪六七十年代；第三次国际产业转移始于 20 世纪 70 年代后期（潘悦，2006）。[①] 这一时期国际产业转移的特点即产业的转移呈现产业整体迁出转出国，产业转移以制造业为主，以国际投资为主要形式，国际贸易以产业间贸易为主。不同学者提出了多种有关国际产业转移的理论，除了前文提到的赤松要的雁行理论，主要有弗农（Raymond Vernon，1966）的产品生命周期理论、筱原三代平的动态比较成本理论（1955）、邓宁（John Dunning，1977）的国际生产折中理论，以及小岛清（1978）的边际产业扩张

---

① 也有学者把二战后直到 20 世纪 90 年代前，发生的几次国际产业转移，因主要在几个发达国家间进行而称为第一次国际产业转移，详见张立建（2009）。但多数学者还是认为二战后至 20 世纪 90 年代前发了三次国际产业转移，90 年代后至今正在进行第四次国际产业转移，但与前三次有着明显不同。详见邹积亮（2007）；孙浩进（2011）；范文祥（2010）。

理论。[①] 从当时的国际经验来看，产业转移确实都是从劳动密集型产业开始的，然后再逐步向资本技术密集型的产业过渡（吕政、杨丹辉，2006）。产业转移从发达国家到次发达国家，再到发展中国家，呈现梯度转移特征（原小能，2004）。

20 世纪 80 年代初期，随着贸易、投资全球化不断深化，各国之间在生产上的联系和相互依赖达到前所未有的程度，国际贸易由产业间贸易为主逐渐演变成产业内贸易为主，国际资本也由发达国家流入发展中国家转变为发达国家与发达国家相互投资为主。进一步的研究发现，国际分工已深入同一产品生产过程中的工序和工艺间，发展成为生产链条中某些环节的国家间转移。很多欧美学者从实证的角度对工序之间的转移进行了研究，例如，Peter Gourevitch 等（2000）通过对计算机硬盘驱动器（HDD）产业的研究发现，HDD 的生产是很多工序的结合体，美国作为最大最先进的 HDD 生产国，只是保留了一些工序的生产，很多工序的生产都转移到了其他的国家。Ettore Bolisan（1996）对整个世界服装行业各个工序在全球布点和分布情况的分析，不仅证明了工序间国际转移的普遍存在，而且指出决定这种工序间国际转移的四种动因，即资源动因、市场动因、效率动因和战略动因。

产业转移的实质是企业为了应对外部环境的变化所进行

[①]　中国不少关于产业转移研究的文献都把文中所述的几个理论称为产业转移理论，详见范文祥（2010）；陈建军（2009b）；卢根鑫（1994）；马子红（2008）；龚雪等（2009）。

的主动或被动的区位再调整过程（Pellenbarg 等，2002）。20
世纪 80 年代以后，随着信息技术的快速发展、生产标准化的
快速推进、运输成本的大幅度下降，在以上因素的作用下，
国家与国家间的贸易动因和方式发生了巨大改变。以往国家
与国家间进行贸易主要是因为它们不能够生产自己进口的产
品或是因为生产成本过高。而如今，国家与国家间进行贸易
是因为它们想要细微区别同类产品的不同版本（世界银行，
2009）。以往以产品为中心的生产过程难以进行空间分割，
产品常常是作为一个整体由单个企业独立完成。而如今，同
一产品生产过程中的各环节，如研究、制造、营销、服务
等，甚至同一个产品不同部件的生产都由分布于全球各地的
不同企业协作完成。在产品内分工的推动下，以往呈现的产
业梯度转移现象，即产业转移从发达国家到次发达国家，再
到发展中国家的梯度转移特征，也发生了极大的改变——国
际产业转移可以从价值链的任何环节开始，在全球范围内寻
找产品特定生产环节的最佳投资区位，不再呈现产业梯度转
移特征。不少发展中国家在某一产业发展到一定阶段后，甚
至出现把该产业的高端环节向发达地区或国家转移的反梯度
转移现象（刘友金等，2011）。此外，产业转移不再仅仅局
限于制造业，如今服务业的跨国转移现象也越来越凸显。

　　产品内分工在国际分工中的大规模出现，不仅使如何界
定产业转移困难重重，而且直接对主流的国际贸易理论范式
带来了一定冲击。卢峰（2004）就曾指出，国际贸易理论虽

然取得了很大的进展和成就，但目前主流分析框架普遍暗含一个思维前提，即作为分工和贸易对象的产品，其全部生产过程在特定国家内部完成。如果这些产品具有跨行业性质，则对应的贸易活动为产业贸易；如果是同一行业内存在细微差别的产品，则对应的贸易活动是产业内贸易。以产品为基本分析单位，使经济学对当前企业经营中出现的相关问题，在提供理论解释方面表现了一定的局限性。[①]

基于上述情况，以往国际产业转移理论很难对这种变化进行合理的解释，甚至连产业转移的内涵界定都存在争议。

[①] 产品内分工的各个工序不宜直接理解为各种不同的中间品，从而易于纳入主流国际贸易分析框架内。详见卢峰（2004）。这里借用产品内分工这一概念。但需要指出的是产品内分工的提法存在一定的争议，魏后凯（2007）指出对同一产品的不同工序、区段和环节在不同空间完成，最后在某一空间完成最终产品的分工形式最为科学的分析应基于产业链（产业价值链），因为在经济全球化和网络经济条件下，产品的技术开发、生产、销售等不同环节，不同零部件以及生产过程的不同工序、区段和模块，都可以看成是产业链的一部分。同时他还指出用"产品内分工"的概念容易引起误解：使用"产品内分工"的概念容易引起歧义。这是因为，任何产品的分类只是相对的。一个产品可以分解为不同的零部件，或者按生产过程分解为不同的工序和模块，从总装或者集成的角度看，它是一个完整的最终产品；但从参与分工的各个企业来说，其所承担或完成的工序、模块或者零部件，也可以看成是一个产品。显然，随着经济社会的发展和科技进步，产品种类将越分越细，产品细分化将不可避免。在这种情况下，"产品内分工"概念的科学性将受到质疑。笔者认为争论有助于更清楚地把握现象背后的一般规律，究竟把在产品这一层面出现的分工形式界定为产品内分还是产业链分工，有待于大家共识的形成。但是对区域分工所呈现的深化细化的这一趋势大家还是取得了很大的共识，即区域分工从传统的产业间分工，产业内分工开始向产品内分工转化。而对分工形式的讨论对于中国各区域是否存在产业结构趋同的分析有着重要价值。各区域产业结构趋同的现象大家普遍认为这是地方保护主义等因素导致，势必会影响整体经济效率的提升，同时也被认为此种情况导致了中国各产业普遍出现产能过剩，但如果分工形式已经是产业内分工为主甚至是产品内分工，那么单纯依据联合国工发组织相似系数的测算而得出的各区域产业结构趋同的结论以及影响全国整体经济效率的判断显然有待商榷。

对文献进行追溯发现，赤松要的雁行理论是对日本明治维新以来产业发展路径的总结；弗农的产品生命周期理论则是对美国 20 世纪 60 年代以后，跨国公司对外投资活动的总结；小岛清的边际产业扩张理论则是对日本海外直接投资活动的梳理和解释。邓宁的国际生产折中理论也是基于企业对外投资和扩张行为的研究（陈建军，2009b）。因此，如果以上述几个代表性的产业转移理论对产业转移的内涵进行界定，则产业转移就是指：伴随跨国或跨区域的资本流动，企业生产活动的地点的变动或扩张。但以此界定产业转移与当前中国多数定量研究国内产业转移的文献所界定的产业转移范畴存在很大的区别。

（二）国内产业转移文献回顾

从国内研究现状看，产业转移研究也可大体分为两类，一类是把中国当成一个整体，以 FDI 为主要指标所进行的产业转移现象研究，这类研究可视为国际产业转移研究范畴。其中部分研究涉及 FDI 在中国不同区域分布问题，这类研究与本书所述的产业空间重构有一定关联，但是鉴于截至 2013 年东部地区外资企业数量和投资总额占全国的比重仍接近 80%，本书不再对此类文献进行单独考察。① 另一类对国内产业转移定量测度的文献，未对产业在不同省份分布的变化到底是因为国内产业转移还是因为国际产业转移做出区

---

① 2010 年之后中西部地区 FDI 有了较大幅度的增长，但其绝对量及占比仍然很低，各类产业产值中由外资企业贡献的产值无论是绝对量还是增量都相对较低，对于 2005 年以来中西部工业占全国比重大幅上升的贡献度有限。

分。因此关于国内产业转移文献的梳理主要以研究中国省际或区域间产业转移的相关文献为主。回顾国内此类文献，研究内容主要集中在产业转移的内涵和外延、产业转移的动因、产业转移的模式、产业转移的效应和产业转移的政策等几个方面。

产业转移的内涵和外延。几个代表性的关于产业转移内涵界定如下：产业转移就是经济发展过程中不同区域比较优势转化的结果，是发达国家或地区向落后国家或地区不断转移已经丧失优势的产业（陈计旺，1999）。该概念的提出主要是基于上述几个代表性的产业转移理论。但如果产业转移的内涵这样来界定，特别是把发达国家或地区丧失优势产业的空间变化界定为产业转移，这一概念的外延就显得有些过小了，因为这样界定根本无法解释产业内贸易，更不要说产品内分工所引起的产业活动的空间变化。因此中国学者根据发生在20世纪80年代以来的产业转移的新现象对产业转移的概念重新做了界定。代表性的观点如陈建军（2002）认为，产业转移是由于资源供给或产品需求条件变化后，某些产业从某一地区或国家转移到另一地区或国家的一种变化过程，产业转移常常以相关国家或地区间的投资、贸易以及技术转移等形式表现出来，很难将产业转移和国际或地区间的投资、贸易以及技术转移活动截然区分开来。陈建军所界定的产业转移概念与传统产业转移概念最大的区分在于他把可能不伴随资本流动的技术扩散也视为产业转移，同时也不再强调转移产业主要是发达地区丧失优势的产业。当然更多的学者仍然遵循了传统产业转移理论的界定，即产业转移着重指产业生产设施的空间扩张或迁移（陈刚等，2006）。这一概念较传统理论的界定区别在于产业转移不仅仅指丧失优势的产业，而且包括了一个国家或地区优势产业的空间迁移。吴晓军、赵海东（2004），刘秉镰、胡玉莹（2010）等在界定产业转移概念时进一步细分了不同类型的产业转移，即如果一个产业在一个国家仍然处于发展期，则此类产业转移称为成长型产业转移，反之则称为衰退型产业转移。

产业转移的动因（影响因素）。对产业转移影响因素的研究从实证研究和规范研究的视角可以分为两类：一是产业要不要转移的定性研究或规范研究；二是产业转移是否转移的实证研究。[①] 第一类文献研究的切入点主要是基于国际产业转移经验观察、产业转移理论的理论推断以及中国实施区域非均衡发展战略的初始构想等。相关文献如：各区域因经济发展水平差异客观存在的技术差异（谭介辉，1998）；东部地区因经济发展水平提升及由此带来的各种非贸易品要素的上升，如地价、房价等（王珺，2010）；各地区基于资源禀赋形成的区域竞争优势（陈刚、陈红儿，2001；张同升、梁进社等，2005）；国家政策的调整（李小建、覃成林等，

---

① 鉴于本书关注的重点，产业转移主要是指产业是否在东、中、西部地区间的转移，而非产业是否在一省之内或更小地理空间范围内的转移（城市区域范围内）。

2004）；劳动力等生产要素价格的区域间差异（罗浩，2003）。[①] 当然，也有不少文献指出产业（企业）区位的调整是多种因素共同作用的结果，无法仅基于某一因素就得出产业转移的结论（魏后凯，2003）。此类研究中也有一些文献指出为何没有出现产业转移，并分析了相关的影响因素（朱宜林，2005；李娅、伏润民，2010）。总体来看，早期文献以定性分析为主，要么以国家区域均衡发展的理想状态为出发点，得出产业需要转移的结论；要么从某些因素的横向对比得出产业需要转移或某类产业需要转移（如劳动密集型产业）的判断。然而对于产业要不要转移也有对立的观点，此类观点理论上主要基于新经济地理学，经验上则主要基于经济空间分布不均衡，持产业不应转移观点的学者主要担心人为干扰产业自身发展所形成的空间格局有可能会影响经济长期增长绩效（蔡昉、王美艳等，2009；陆铭，2011）。早期对产业是否转移的实证定量研究文献数量不多，结论也存在一定的争议。有学者认为当前中国并未出现成规模的产业由东部地区向中西部地区转移的现象（刘红光、刘卫东等，2011；冯根福、刘志勇等，2010；李娅等，2010），但当前多数研究均认为 2005 年前后，中国工业空间格局发生了改变，

---

① 劳动力的价格在不同区域间的差异是否会导致产业转移，在不同的假设下结论有较大的差别。如果仅基于国际产业转移的经验，各国工资水平的差异的确是产业转移的一个重要影响因素。但是如果在一国内无论是基于现实的观测还是理论的推演，产业是否会发生转移都是不确定的。熟悉新经济地理学的读者都知道，正是制造业工人的跨区域流动才导致了中心—外围的空间结构。

产业开始由东部地区向中西部地区转移（陈建军，2002；朱涛、邹双，2013；胡安俊、孙久文，2014；洪俊杰、刘志强等，2014）。①

此外，产业转移研究中还常见对产业转移模式的研究，如集成经济（石奇，2004）、网络型产业转移（赵张耀等，2005）等；产业转移效应的研究，如张公嵬等（2010）认为产业转移不仅存在产业结构互动升级、技术溢出、提升资源配置效率与管理水平等正面效应，同时也存在一定的负面效应，如侯伟丽等（2013）、何龙斌（2013）指出当前转入中西部地区的产业以污染性产业为主；也有学者从产业转出地区和产业转入地区的视角对产业转移进行研究（高新才等，2012；孙久文等，2012）；覃成林等（2012）则基于产业转移过程中政府行为对产业转移的影响进行了研究和相关文献梳理。②

回顾中国产业转移的相关研究，可以说是涉及方方面面，从各种角度对产业转移进行了详尽的讨论。与产业转移特别是关于东、中、西部地区间产业转移研究的相关文献，形成鲜明对比的是关于中国产业在省级层面集聚现象的研究。两

---

① 引起产业是否转移争议的一个重要原因在于，不同学者使用的产业数据的时间长度不一样，而且产业划分的细分程度也存在差异。在时间上，如果所使用产业数据的截止时间选择为 2007 年，那么得出产业并未发生向中西部转移或转移规模较小的结论并不足为奇，具体原因见本书第三章。

② 政府行为对产业转移的影响可分中央政府和地方政府，一般来说中央政府自1999 年之后出台的政策以促进产业转移为主，而地方政府（省级政府）对产业转移影响的分析则需从产业转入地和转出地进行区分，此外还需对产业性质（有污染和低污染、无污染）加以区分。相关讨论见覃成林等（2012）。

类文献之间的差异不仅是理论基础的不同，在研究方法上也存在极大的区别。简而言之，此类文献重点是对产业向东部集聚的事实进行理论解释（文玫，2004；罗勇、曹丽莉，2005；路江涌、陶志刚，2007），或对集聚所带来的影响进行量化分析，如集聚对生产效率的影响（彭向、蒋传海，2011）；或对重要理论中理论假说进行经验检验，如马歇尔外部性的识别（吴建峰、符育明，2012）等。相比较而言，此类文献定性研究或规范研究较少，定量的实证研究居多。此外，该类研究在理论推演上，特别是发表在主流经济类期刊的文献，能在一般均衡的分析框架内对问题进行讨论，避免了仅仅根据个别变量的横向对比或仅基于某一案例分析即得出结论，这种在逻辑上存在缺陷的分析。大量以产业集聚为标识的文献均指出：20 世纪 80 年代中后期至 2004 年，中国制造业呈现向中国东部地区不断集聚的态势。① 这种情况使得我们不难理解关于东、中、西部地区间产业转移的多数研究为何多属于定性研究或规范研究，以讨论产业应不应转移，哪些产业应该转移为主了。2004 年之前以产业转移为标识的文献鲜见定量分析，只有个别的文献基于企业调研的相关数据，对东部地区向中西部地区产业转移情况进行了类似案例研究性质的分析，如陈建军（2002）对浙江 105 家企业的问卷调查报告。2004 年之后有关国内产业转移研究的相关

---

① 此类文献因为与本书第二个关注的问题密切相关，不少研究并不区分经济集聚和产业集聚的区别，认为二者都属于对经济集聚现象的研究，故此类文献回顾放在下文关于经济集聚理论与文献回顾里。

文献，特别是定量研究的文献逐渐增多，此类文献的梳理放在文献述评里。

三 产业转移文献述评

回顾国内外对产业转移的研究，无论是关于国内产业转移（区际产业转移）的研究，还是关于国际产业转移研究，基本逻辑一致，多是基于 H－O－S 定理，即要素价格均等化定理。伴随着国际分工的不断深化，区域分工由产业间分工、产业内分工发展至当今的产品内分工，国外学者对产业转移研究的重点也在不断发生变化，如 Grossman 和 Helpman（2003，2005）、Antras（2004）对于产品内分工的一个研究焦点是跨国企业的生产组织方式，即选择企业间的外包还是选择 FDI 方式，很少再使用产业转移的概念。[①] 与国际产业转移研究相比，国内产业转移的研究特别是经验研究远远滞后于国际产业转移的研究，尤其是关于中国区际产业转移问题的研究。一个重要的障碍在于数据可得性差，从狭义上理解，产业转移是指企业将部分或全部生产功能由原生产地转移到其他地区的空间变换现象，

---

① 20 世纪 80 年前出现的，以资本跨国流动呈现的产业国际转移现象的相关研究，后来被中国学者称为产业转移的相关理论，之所以被称为产业转移理论，是因为当时的国际分工和国际贸易以产业间贸易为主，呈现为某种产业在一个国家"消失"而在另一个国家发展起来，以产业转移描述此种情况是较为贴切的。但当国际贸易以产业内贸易特别是当国际分工发展至产品内分工时，某种产品从开始就在全球不同地区协作生产，此时再以产业转移描述此种现象就显得很不贴切。而且对几个代表性的产业转移理论进行追索，基本上是以研究资本跨国流动为主的，只是研究角度存在差异。

而中国并没有公开的各省之间的资本流动数据，即使个别的省份公布了本省使用外省资金的总量，也没有公布这些资金投入了哪个产业，而且这些数据是不连续的，无法进行横向纵向的对比。

定量研究中国区域间产业转移的文献经历了一个从无到有，从少到多的过程，即2004年之前基本没有，之后才逐渐增多。近年来有如下几位学者在定量研究中国区域间产业转移上进行了一些尝试：张公嵬、梁琦（2010）根据各区域产业销售产值，运用赫芬达尔指数、区位熵与产业的绝对份额三个指标综合测度了中国产业的转移程度；刘秉镰、胡玉莹（2010），张文武（2013）也使用了类似方法对国内产业转移进行定量研究；刘红光、刘卫东、刘志高（2011）利用区域间投入产出模型建立了定量测算区域间产业转移规模的方法，并结合中国区域间投入产出表，测算了中国1997～2007年区域间产业转移规模；贺曲夫、刘友金（2012）则以不同产业比重（各地区产业总产值与该产业全国总产值之比）变化情况对中国区域间产业转移进行了定量研究；朱涛、邹双（2013），胡安俊、孙久文（2014），洪俊杰、刘志强、黄薇（2014）等也使用了此方法对区域间产业转移进行了研究，还有前文提到的陈建军以抽样调查方法进行的研究。①

---

① 文献的梳理可能存在遗漏，笔者在中国知网上对中国区域间产业转移定量研究的文献仅找到文中几篇。

比较对中国省际产业转移定量研究的相关文献，根据研究方法的不同大体上可以分以下三类。①抽样调查法。陈建军（2002）的研究即为此种方法。在中国省际资本流动数据缺失的情况下，不失为一种研究区域间产业转移的办法，而且此种方法不会在产业转移内涵界定上存在争议。但是此种方法涉及不同地区和不同产业下的众多企业，如何把握抽样的范围、样本大小，如何选择以使得调研数据满足经验研究的需要，显然不是个别学者所能完成的。因此用抽样调查法对产业转移进行研究，并做经验检验的文献很少。②根据中国公布的区域间投入产出表进行的产业转移研究。以刘红光等（2011）为代表。定量研究首先需要明确产业转移内涵的界定，刘红光等人所做的界定：产业转移不仅包括企业空间位置上的部分或整体迁移，还包括生产份额在区域间的此消彼长过程。作者举例说明，如果一个地区某产业占全国份额的增长是由其他区域需求引起，则可视为产业转移，但如果该产业占全国份额的增长是由本地区需求增加导致，则不可视为产业转移。作者强调不同地区需求，正是因为要强调这种变化是由产业转移造成的。但问题在于，中国编制的投入产出表仅把全国分为八个区域，如果研究的重点是八个区域内的一个省份，此种方法就不再适用。③根据产业产值（就业人数、企业个数）在不同省份的变化情况进行研究。使用此种方法的学者最多，但对产业转移内涵如何界定也最有争议，因为无法区分不同产业在各地区份额的变化是源于各地区产业自身发展所致还是由于产业转移所致，或者两种可能都存在。正如胡安俊、孙久文（2014）所言，以各地区产业份额变化界定的产业转移，既可能高估也可能低估产业转移的规模。

如果对上述第三类关于产业转移定量研究的文献进行细分会发现，不少学者把原本用于产业集聚研究的相关指标，如赫芬达尔指数、区位熵、EG 指数、产业集中度等用来研究中国的区域间产业转移现象。为什么这些指标可以用来研究产业转移问题呢？多数研究是基于以下几个方面的考虑。①经济学的基础理论有两个完全不同的理论假设，即竞争性市场或非竞争性市场、规模报酬不变或规模报酬递增。当前中国研究区域产业转移的多数文献是基于 H－O－S 定理，其理论假设即为竞争性市场和规模报酬不变。虽然这一理论在解释一些经济现象时仍然表现了一定的解释力，但近年来解释一个国家内部涉及空间问题时，受到的质疑也越来越多（梁琦，2005）。而非竞争性市场和规模报酬递增则是空间经济理论的基本假定，其对经济活动在地理空间上的解释力越来越受到广大学者的青睐。②中国公布了不同年份不同省份不同产业的产值、就业人数等数据，利用这些数据可以对产业集聚现象进行定量研究（有关产业在各省之间集聚现象的经验研究文献非常多）。如果发现产业集聚区域发生了变化，则可视为产业转移。③基于空间经济理论对产业集聚和扩散现象的解释，即产业转移是由产业集聚区域扩散，在另一区域再集聚，而这种情况也比较符合当前观察到的产业空间变化情况。因此，如果不是特别强调国内产业转移必须是东部地区企业将部分或全部生产设施由东部地区转入中西部地区，而是把不同产业在各区域间的集聚分散变化也界定为产业转移，则空间经济理论对此种现象的解释要比以往的经济理论更具说服力，同时也使得利用公开的年鉴数据对产业转移进行定量分析成为可能。

当前对东部地区工业比重，特别是制造业比重下降的原因，还没有给出综合各种因素以定量测度不同因素影响程度的相关文献，只是根据局部均衡的相关分析指出如下几个可能性：以土地为代表的非贸易品价格上涨因素（王珺，2010；范剑勇、邵挺，2011；陆铭，2011）；金融危机的冲击（许德友、梁琦，2011）；国家政策的影响（蔡昉等，2009）；以及前文提到的因为东、中、西部地区间环境管制的严格程度存在差异，导致污染型产业的转移（侯伟丽等，2013；何龙斌，2012）等。此外，很少见到就产业转移的空间规律和特征进行系统梳理的相关文献，更没有见到基于产业空间重构的视角对河南省近期经济发展滞后于中部地区其他省份的相关研究文献。[1]

---

① 胡安俊、孙久文（2014）关注了产业转移的空间次序，但其研究时间截止为2009年，同时该文研究所使用数据仅是2003年和2009年两年的一个混合截面数据，因此该文的一些结论也存在值得讨论的地方，但这篇文章是很少基于产业转移的空间次序进行研究的文献。对于本书关注的问题，延长观测时间是非常有必要的，同时该文在结论上并未对产业转移强度对各区域的影响进行比较和研究，而要解释中部六省工业增速的差异，需要从这个角度进行分析。

第二节　经济集聚理论与文献回顾

对于经济集聚现象的研究是空间经济学的核心部分，正是由于在各种空间尺度普遍出现的集聚现象催生了空间经济理论的诞生和发展（梁琦，2005）。尽管空间经济理论历史悠久，但是长久以来空间因素都没有被纳入主流经济学的研究范式里。20世纪90年代克鲁格曼提出CP模型（中心－外围模型）后，空间经济理论才逐渐被主流经济学接纳，从而也使得对空间因素的分析有了一般均衡意义上的经济学理论基础。因此，如果对空间经济理论按时间划分，空间经济理论可以分为两个明显的阶段——1990年之前的空间经济理论和1990年之后的空间经济理论。1990年之后的空间经济理论也被很多人称为新经济地理学（NEG）。[①] 但如果都以当代经济学建模的标准来进行理论梳理，难免会遗漏一些对我们所要研究的问题重要且富有启发意义的理论。就本书所关注的一个重要现象——河南省经济活动不向城市集聚，其理论基础为城市经济学，但截至目前城市经济理论的微观基础并

[①]　国内也有不少学者把新经济地理学称为空间经济学，如安虎森（2005）、梁琦（2003b）等，而把此前以空间（区位）研究为主的理论称为区位论、区域经济学、城市经济学、区域科学，其中经济学关于空间研究为主的理论常以前三种称谓命名，后一个称谓在当前中国的学科划分里常被划为地理学。具体这些名称的区别以及新经济地理学命名的由来，可参考梁琦（2005）、杨开忠（2008）等学者对此的详细介绍。本书对这些称谓不再做明细的划分，把凡是以经济活动的空间分布规律并对这种规律进行解释为主要内容的研究统一称为空间经济理论。

未达成一致意见（梁琦、钱学峰，2007；范剑勇、李方文，2011；Audretsch 和 Feldman，2003），而奥塔维亚诺（Ottaviano）和弗朗索瓦·蒂斯（Thisse）（2002）称 NEG 的主要贡献在于：用新菜单和工具组合旧材料。因此对以往那些以当代经济学标准显得不太完美的相关空间经济理论进行回顾，对于当前解读经济活动的地理空间现象仍然是有益的。

一　经济集聚理论回顾

（一）传统经济集聚理论

如果从对经济活动在空间上集聚现象进行解释算起，经济集聚理论和解释可追溯到亚当·斯密的《国富论》。亚当·斯密（1972）就曾指出劳动分工的收益受制于市场规模，但市场规模并不能使得所有产业受益，乡村地区成果丰硕的农业就是这样的产业，但制造业和商业则需要在大型的居住区开展相关活动。同时斯密指出这种大型的居住区——城市，往往位于交通体系最自然、最有效的地区：航道附近。

屠能（1826）对城市的考察与斯密完全不同，他以一个孤立城市已经存在作为假定前提，描述分析了在城市周边的农户，在地租和运输成本的约束下，在距离城市远近不同的土地上，确定种植何种农作物的问题。屠能的研究虽然不是针对经济活动为何向城市集聚的，但是对于理解城市经济活动的"离心力"却非常有益。阿隆索（1964）用"城市通勤者"代替农民，用中央商务区代替屠能理论中的孤立城市，其针对城市内土地利用问题所建立的单中心城市模型直到今天仍然是城市经济学研究和实证的基础。对比斯密和屠能以及后来大量城市经济学家在屠能分析的基础上形成的城市经济学分析基本框架，日后人们对经济活动的集聚现象、集聚的最优规模以及离散现象有了一个基本的研究思路——集聚收益与集聚成本共同决定了集聚规模。

马歇尔（1920）对经济集聚现象的解释至今对空间经济学都有着深远的影响。如 Duranton 和 Puga（2004）关于地理集聚对生产影响的解释：①共享——投入生产资料的共享允许供应者根据购买者的需求提供高度专业化的商品和服务；②匹配——对雇主而言，扩大了可利用技能的范围，对求职者而言，在雇主云集的地方工作，减少了失业的风险；③学习——毗邻而居加速了知识溢出。藤田昌久、克鲁格曼等（1999）把马歇尔对集聚现象的解释归纳为：①产业地理集中有助于专业化供应商的产生；②同行业厂商集聚有利于创造一个劳动力蓄水池；③地理上接近有利于信息传播。对比上述马歇尔和当代新经济地理学家对集聚现象的解释，多多少少都有着千丝万缕的联系。① 日后研究更进一步指出，马歇尔所论述的外部性问题实质为规模经济（克鲁格曼，1991）。规模扩大所带来的效益如果体现为企业内部收益增

---

① 虽然马歇尔把集聚现象归结为外部经济，但他对集聚现象的解释对日后新经济地理学和城市经济学等学科的发展无疑在认识上起到了很大的作用。藤田昌久、克鲁格曼等（1999）更是在他们对新经济地理学具有里程碑意义的专著里言明：本书的一个工作就是对马歇尔外部收益第一个来源的规范化和公式化表述。

加则称为内部规模经济，如果体现为行业或行业间收益增加则被称为外部规模经济或外部经济。外部经济如果是由于同类商品和服务生产者空间毗邻，则被称为地方化经济。后来阿罗和罗默对这种外部性进一步做了探讨，因此这类外部性也被称为 MAR 外部性或 MAR 外部经济；而不同行业集聚一个地方，所产生的外部性则为城市化经济，有时也被称为雅各布斯外部性。[①]

韦伯（1909）在论述工业区位时，也引入了包括集聚因素和分散因素的讨论，他使用等费用曲线的方法确定聚集的程度以及聚集的最佳地点，最终的结论是工业企业选择的最佳区位必须满足集聚节省的成本大于集聚增加的运费。因此，实际支付运费最小的地点，将会成为工业企业聚集的地点。胡佛（1948）继承了韦伯将运费视为影响工业企业区位重要因素分析的衣钵，他特别重视运输结构的影响。他认为运输距离、运输方向、运输量以及其他交通运输条件的变化，往往会引起经济活动区位选择的变化。他从运输费用的角度分析了在什么情况下企业的最佳区位应接近市场；什么情况下接近原料地；什么情况下企业布局在二者的中间地点。同时他也对产业集聚现象提出了他的看法，即产业集聚存在一个最佳规模。对任何一个产业而言，在一定区位上集聚的企业不能太多也不能太少。回顾韦伯和胡佛对区位问题的解读，

---

① 2009 年世界银行发展报告对以往关于规模经济的划分做了很好的归纳，共分为 12 项规模经济。具体可参见《2009 年世界发展报告——重塑世界经济地理》。

特别是在新古典经济学以规模报酬不变为基本假设下，企业只能作为价格接受者，从运输费用角度对企业区位问题进行分析无疑是一个不错的角度。但仅仅基于运输费用的节约对集聚现象进行解释是远远不够的，尽管日后在新经济地理学的多个模型中，运输费用都是解释集聚现象的一个重要解释变量。

亨德森（1974，1980）以及米尔斯（1967）等学者就城市外部经济与外部不经济问题进一步做了深入研究，他们指出，外部经济往往在特定产业或产业间发生，而外部不经济则由整个城市规模的增大而产生，而不论这个城市生产什么。这种不对称会产生两种影响，一是当城市规模所带来的外部不经济超过了某类产业集聚所带来的外部经济时，这类产业则会退出该城市，而这类产业集聚所带来的外部经济大小取决于该产业内部规模报酬递增情况以及这类产业与城市其他产业间的外部性；二是不同行业的外部经济差别很大，一些技术成熟产业间的知识溢出效应有限，而另外一些产业知识溢出效应则很强，如金融业、高科技产业等，因此一个城市的最佳规模取决于它的主导产业性质。

克里斯塔勒（1933）的中心地区理论，以及后来勒施（1939）对该理论的改进，则讨论了城市的空间布局问题以及城市层级的形成等问题。而后的艾萨德（1956）所做的工作则开创了一个新的学科——区域科学。空间经济理论与经济学的历史一样源远流长，鉴于本书关注的重点，本书对传统经济学有关经济集聚现象的理论和解释做了走马观花式的简要梳理，仅把当下对经济集聚现象进行研究时仍多次提及的部分做了回顾。但仍不难发现，尽管当时还没有掌握基于规模报酬递增的建模技术，[①] 但新经济地理学诞生之前有关集聚问题的分析还是为日后进一步的研究打下了基础。

（二）新经济地理学

与传统空间经济理论相比，当代空间经济理论（新经济地理学）开始以主流经济学的研究方法对经济活动的空间现象进行研究，从此也使得空间因素被纳入了主流经济学的研究视野里，并在过去的 30 年里获得了快速发展。新经济地理学的创立以克鲁格曼 1991 年创建的 CP 模型（中心－外围模型）的建立为标志。此后在藤田昌久（Fujita）、克鲁格曼（Krugman）、维纳布尔斯（Venables）、鲍德温（Richard Baldwin）、福斯里德（Rikard Forslid）、马丁（Philippe Martin）、奥塔维诺（Ottaviano）、普噶（Puga）等众多学者的努力推动下，1999 年出版了《空间经济学：城市、区域、国际贸易》（Fujita、Krugman、Venables），2003 年又出版了《经济地理和公共政策》（Baldwin、Forslid、Martin），初步形

---

① 1977 年经济学家迪克西特（Dixit）和斯蒂格利茨（Stiglitz）在《美国经济评论》发表的《垄断竞争和最优产品的多样性》一文，使得经济学开始掌握了以基于规模报酬递增为假设前提的一般均衡建模技术。但是 DS 模型并没有迅速在空间经济理论研究上引起响应，直至克鲁格曼 1991 年论文 *Increasing Returns and Economic Geography* 的发表才正式被主流经济学接纳，并迅速发展起来。

成了较为完整的空间经济学（新经济地理学）理论框架（安虎森，2005）。

当前发展日渐成熟的新经济地理学模型，多以 D－S 模型为基础，按消费者偏好效用函数是否与 D－S 模型假定一致，可以分为两大类，第一类沿用克鲁格曼 C－P 模型的建模思路，消费者对工业品集合和农产品消费的偏好，用两个层面的效用函数表示：用 C－D 效用函数（柯布－道格拉斯效用函数）表示对工业品集合和农产品的偏好；用 CES 效用函数（不变替代弹性效用函数）表示对多样化工业品的偏好；对运输成本以"冰山"型运输成本为假设。这类模型主要包括：克鲁格曼（1991）C－P 模型（中心－外围模型）；马丁和罗格斯（1995）FC 模型（自由资本模型）；福斯里德、奥塔维诺（1999，2001，2003）FE 模型（自由企业家模型）；鲍德温（1999）CC 模型（资本创造模型）；克鲁格曼、藤田昌久、维纳布尔斯（1995，1999）CPVL 模型（垂直核心－边缘模型）以及奥塔维诺（2002）的 FEVL 模型（垂直自由企业家模型）。

第二类模型放弃了 C－D 效用函数、CES 效用函数以及"冰山"型运输成本的假设，利用准线性二次效用函数及线性运输成本，并把该假设和第一类不同模型相结合。主要模型有奥塔维诺（2001）LFC 模型（线性自由资本模型）和奥塔维诺、塔布吉（Tabuchi）和蒂斯（2002）LFE 模型（线性自由企业家模型）。第二类模型与第一类模型最大的区别在于：第二类模型对消费者的偏好采用了准线性二次效用函数形式，使得其一阶条件满足线性关系，从而大大简化了模型，从而使得均衡状态下变量可以用解析解表示出来（安虎森，2005）。上述的两类新经济地理学研究范式也有学者以DCI框架和OTT框架加以划分（Baldwin等，2003）。上述各种模型的假设、模型设定、逻辑推理过程在很多新经济地理学的文献里都可以很方便地找到，在这里本书就不再一一介绍各种模型以及它们之间的差异。

本书仅就新经济地理学对集聚现象的一般逻辑做一个简要说明，严格规范的推导过程可参见了《空间经济学：城市、区域、国际贸易》第四章内容。较以往对空间因素的分析不同，新经济地理学对空间因素的分析采取了规模报酬递增的假定。这里面包括两层含义，一是厂商水平上的规模报酬递增。在非完全竞争的市场结构下（一般假设为垄断竞争的市场结构），一个厂商只生产一种差异化的产品或子产品，在这一个产品或子产品上，该厂商生产具有规模报酬递增性质。二是地区层面上的规模报酬递增。这类规模报酬递增由厂商层面的规模报酬递增和产品的运输成本共同决定：如果某地区集聚的制造业（非农产业）企业数量越多，则该地区市场规模越大，规模报酬递增情况就越明显；产品跨地区流动需要支付运费，产品从A地区运输到B地区，只有部分产品可以到达B地区（一般采用"冰山成本"假定）。在这两个假定条件下，我们以制造业部门工人的跨地区流动，对产业集聚的机制做一说明。

假定存在两个地区：A 地区和 B 地区。这两个地区资源禀赋、消者偏好完全一样（排除因自然资源地理分布不均对各地区产业分布的影响），制造业部门的劳动力可以跨地区流动。由于某种偶然的或历史因素，A 地区的制造业稍领先于 B 地区的制造业，随着时间流逝，我们会看到在下述机制的作用下制造业会向 A 地区集聚。制造业在地理空间上的集聚，能减少中间投入品在运输途中的损耗和成本，从而降低中间投入品的价格，进而降低了整个制造业产品的出厂价格指数。这样就会造成 A 地区由于制造业产品的价格指数低，A 地区工人的实际工资水平会高于 B 地区，因此 B 地区的劳动力开始向 A 地区迁移，于是就扩大了 A 地区的市场规模（本地市场效应）。在此影响下，一些在地理空间上有着较强后向联系（接近消费者）的制造业企业会从 B 地区向 A 地区迁移，促进 A 地区生产中间投入品的企业规模扩大，通俗地讲即为：A 地区相关配套产业会较 B 地区更快地得到发展，而这情况又会吸引前向联系的企业向 A 地区集聚。在上述两种机制的共同作用下，A 地区最终会变成以制造业为主的中心地区，而 B 地区则会成为以农业为主的外围地区。上述机制就是新经济地理学所述的货币指数效应（金融外部性）。

（三）经济集聚理论进展及简要评述

Fujita 和 Mori 在 2005 年的一篇文章曾对新经济地理学创建以来的理论研究进展情况作了回顾和总结：①新经济地理

学建立了空间经济分析的一般均衡模型，使 NEG 与传统区位理论和经济地理学在研究方法论有了本质的区别；②基于规模报酬递增的假设，避免了空间经济分析陷入后院资本主义的尴尬境地；③广义运输成本的引入，使得区位问题在经济分析中显得更加重要；④现有的多数模型对集聚现象的解释多是基于生产要素的跨区域流动或厂商间的关联性。中国学者范剑勇等（2011）则对有关经济集聚研究的文献回顾述评中，以研究空间范围和理论基础的不同，可以把相关文献划为：大地理空间范围经济集聚文献和小地理空间范围经济集聚文献。他进一步指出，新经济地理学是大地理空间上对经济集聚现象研究的理论基础，而小地理空间上对经济集聚现象研究的理论基础为城市经济学。本书借鉴该分类对相关理论和文献进行述评。

与在大地理空间上对经济集聚现象的理论和经验研究进展相比，空间经济理论在小地理空间上对经济集聚现象无论是理论研究还是相关经验研究都显得较为滞后。小地理空间范围经济集聚的理论基础是城市经济学，其产生的空间外部性是技术外部性（也被称为知识或技术外溢）。技术外部性着重强调的是一种基于技术交流和扩散的关联，企业间不一定存在投入－产出联系或交易关系。知识外溢（技术外溢）与经济集聚之间的逻辑关系，正如 Glaeser（1992）所述：知识穿越走廊和街道比起穿越大洋和大陆当然要容易得多。卢卡斯（1988）也曾就人口向城市集聚描述道：如果不是为了接近其他人，人们为何会居住在曼哈顿或芝加哥市中心付出高昂的租金？但是知识溢出与经济集聚的内生性问题至今也没有得到很好的解决。Fujita 和 Krugman（1999）以及 Audretsch 和 Feldman（2003）都曾指出：知识外溢如何测度以及其溢出机制当前都没有搞清楚，因此无法将知识溢出模型化。不仅知识溢出在构建模型时成为一个难题，而且究竟何种形式的产业集聚更有利于知识溢出也存在一定的争议。当前空间经济理论对于小地理空间范围的经济集聚现象的解释认为其源于技术外部性，但关于技术外部性的原因却存在争论，即 MAR 外部性（地方化经济）和 Jacobs 外部性（城市化经济）。MAR 外部性所强调的知识溢出是指同一个行业的大量企业集聚能促进该行业内企业间的技术或知识溢出；Jacobs（1969）则强调相比较 MAR 外部性所强调的专业化，不同行业的企业在地理空间上集聚，即差异化和多样化更有助于创新和发明。相应的经验研究也没有给出确定的答案。Glaeser 等（1992）基于美国 1956～1987 年，170 个城市 6 个产业的增长数据，试图通过考察地区专业化、多样化对地区增长率的相对重要性来考察 MAR 外部性和 Jacobs 外部性，结果发现对于城市的长期增长率而言 MAR 外部性不显著，但是 Jacobs 外部性得到了验证。Feldman 和 Audretsch（1999）基于美国 1982 年企业创新数据（SBIDB）所做的相关经验研究，回归结果表明，在产业水平上，多样化比专业化更有利创新，这就意味着 Jacobs 外部性得到了验证。但是 De Lucio

等（2002）基于西班牙 1978～1992 年 26 个制造业部门的数据所做的经验研究则表明，产业发展存在 MAR 外部性，而 Jacobs 外部性不显著。Blien 等（2004）基于德国的工业和服务业的相关数据以及 Kyoung-Hwie（2004）基于韩国制造业部门的数据，同时发现 MAR 外部性和 Jacobs 外部性对产业发展都存在显著的正影响。

因此，到目前为止，无论是在理论上还是在相关经验研究上，在小地理空间范围上对经济集聚现象的研究与在大地理空间范围上对经济集聚现象的研究相比，都是非常不充分的。尽管可以举出大量的证据表明技术和知识外溢与经济集聚之间确实存在相互影响，但当前在理论研究上并没有构建出技术外溢（知识外溢）与经济集聚之间的一般均衡意义上的理论模型，两者之间的内在机制仍然是一个未知的谜。

二　经济集聚实证研究文献回顾

（一）国外对经济集聚的相关实证研究

尽管在小地理空间范围内基于技术外部性的微观理论模型还没有最终构建出来，但在该空间尺度相关的经验研究仍然有了相当的进展。在小地理空间范围内对经济集聚与生产率之间的相关经验研究，基本上是从两个角度进行的：一是直接检验集聚对生产率的影响，如 Ciccone 和 Hall（1996）基于 1988 年美国各州工人平均产出数据，指出经济密度增加一倍劳动生产率提高 6%；Ciccone（2002）进一步使用欧洲

20世纪80年代标准统计单元目录非农产业工人平均增加值数据，指出就业密度增加一倍，生产率提高5%左右；Henderson（2001）使用韩国城市产业数据，指出同样的生产资料投入，地方自有企业雇用工人每增加10%，工厂产出率提高0.6%~0.8%。二是从企业距离集聚中心的距离远近检验集聚对生产率的影响。Hansen（1990）基于1980年巴西356家新制造业公司的调查数据，经验研究结论表明与城市中心的距离每增加1%，生产率下降0.13%；Henderson（1994）基于巴西和美国汽车零部件和农业机械公司数据发现，与区域市场中心距离每增加一倍，企业生产率将降低15%。

此外，不少学者则从另外的角度检验小地理范围上经济集聚与技术外部性的关系，即成熟的产业或已经标准化生产的产业，其技术外溢效应小于创新性或高科技产业，不少经验研究也证实了这一推论。Henderson（1997）基于美国数据指出，在美国非传统产品的生产更多地集中在多元化的大城市，而标准化的传统产品生产则更多地集中在较小的专业化城市；Feldman和Audretsch（1999）也指出在美国几乎所有产品创新都由大城市地区提供，产业多元化和城市规模都有利于产生创新成果；Fujita和Ishii（1998）、Duranton和Puga（2001）基于日本的数据发现试验性工厂多位于大城市，但当产品生产工艺成熟后，生产这类产品的企业则多位于小城市或农村地区；Henderson（2005）基于哥伦比亚、印度尼西亚、韩国和泰国的数据，指出当基础设施改善特别是当运输成本下降一定程度后，标准化生产的制造业会从租金高的大城市向较小的城市迁移，大城市主要进行服务业、非标准化生产的制造业和研发等生产活动；Glaeser 和 Kahn（2001）则指出服务业活动不像制造业活动一样，会随着生产工艺由试验性质向成熟性质转变而改变区位。[1] 虽然上述研究不是直接就技术外溢与经济集聚的检验，但还是可以从上述研究中看出两者之间存在密切的关系。

（二）国内对经济（产业）集聚的相关实证研究

中国对经济集聚现象的相关研究按大地理空间范围和小地理空间范围划分，多数研究是基于大地理空间范围对经济（产业）集聚现象的研究。[2] 范剑勇、张雁（2009），刘修岩、殷醒民（2007）等学者还基于市场潜能对新经济地理学相关理论进行了检验。[3] 国内对小地理空间范围的实证研究正如范剑勇等（2011）所述：国内这方面的文献相当少见，主要原因在于对技术外部性研究，适宜的空间尺度应该比较低，

---

① Puga（2009）对制造业活动会随着生产工艺变化而改变区位的现象做了进一步的研究，他指出制造业与服务业最大的不同在于它可以实现"播种"和"收割"的异地进行。半个世纪之前，远距离管理存在困难，这促使公司将其总部设在工厂附近，但运输通信成本的持续下降，为远距离管理生产活动提供了方便。结果许多公司实行管理和生产的空间分离，为二者谋求最佳区位，总部通常设在大城市以获取专业化服务，从事管理和创新活动，而生产环节则会因大城市非贸易品价格的上升，向一些小城市转移。详见《2009 年世界发展报告》。

② 在省级层面对产业集聚的研究是中国学者对经济集聚研究特别是经验研究最集中的领域。相关文献参见罗勇、曹丽莉（2005）；文玟（2004）；路江涌、陶志刚（2007）；吴建锋、付育明（2012）；赵曌、石敏俊、杨晶（2012）；彭向、蒋传海（2011）等。

③ 具体这些文献的异同请参见范剑勇、李方文（2011）。

适宜的行业层次应该比较细。但由于国内数据的可得性，国内文献研究多数选择空间尺度为省级层面，行业数据为二位数制造业数据。但空间尺度选为省级层面显然是不适宜的，中国很多省份不仅经济规模很大，产业门类较为齐全，而且空间范围过大，以此类数据对技术外部性考察显然不合适。中国公布的二位数制造业数据是一个划分较为粗略的数据，里面包含了大量差异显著的三位数或四位数产业数据。但近几年随着人们对空间问题的重视，还是有部分研究在空间尺度上达到了地级市甚至个别城市区级层面，如范剑勇（2006）、刘修岩（2009）、陈良文等（2008）；而在产业层次选择上，多数研究是基于二位数产业数据，仅有少数研究是从三位数或四位数产业数据做实证研究，如范剑勇、石灵云（2009），张卉等（2007）等，但国内学者基于中国城市数据所做工作基本上是检验经济集聚与劳动生产效率（工资水平）相关性的经验研究。

三 经济集聚文献评述

从对经济集聚相关理论的梳理来看，从理论上开始关注集聚现象，学者们就注意到了集聚收益与集聚成本的权衡问题，最具代表性的就是屠能有关城市周边农业圈层的思考。城市经济学的代表人物 Henderson 则系统论证了产业外部性对城市规模的影响及作用机制。新经济地理学的出现更是把空间因素重新纳入主流经济学的研究视野里，并在最近的三十多年获得了快速发展。虽然在小地理空间范围内基于知识溢出的微观理论还未达成共识，但相关的实证研究还是有了很大进展。与本书研究问题相关的理论是城市经济学对城市规模与产业外部性的论证，以及 Henderson 等人基于国外数据对不同类型产业集聚城市类别的实证研究。这为本书研究河南省经济未来向城市集聚提供了很好的思路和方向。回顾国内文献关于经济集聚研究的相关文献，空间尺度以省级层面为主，产业层次以二位数制造业为主，多数文献是基于大地理空间范围对产业集聚现象的研究，对小地理空间范围的集聚现象研究的文献相对较少。近几年，在城市层面对集聚现象进行研究的文献逐渐增多，但多以集聚与生产率之间的关系为主，即通过考察 MAR 外部性和 Jacobs 外部性对产业长期增长之间的关系，或通过考察就业密度与劳动生产率（工资水平）的关系，研究经济在小地理空间范围内的经济集聚。虽然当前基于城市层面对经济集聚研究的文献日渐增多，但国内关于一些省份和城市（含下辖县）的经济活动未向城市集聚的研究文献非常少见，这种情况或许和全国整体呈现显著的经济活动向城市集聚有关。因此河南、河北等省份呈现的经济活动未向城市集聚的相关研究基本没有。

专门对河南省经济空间结构进行研究的文献也曾揭示了河南省经济活动未向城市集聚的现象，如彭荣胜（2006）等，但这些文献都没有就现象做进一步的深入研究。相反，针对河南省与全国其他省份相比较为特殊的经济空间结构，更多的文献从河南经济活动主要分布于县及县以下区域的现实，从县级空间尺度对河南省的经济空间结构做了大量的研究，如樊新生、李小建（2005），彭宝玉、覃成林（2007），蒋国富、刘长运（2008），艾少伟，陈肖飞等（2012）；或者在空间尺度上不区分城市和下辖县对河南省经济空间结构进行相关研究，如胡良民、苗长虹等（2002），闫卫阳、王发曾等（2007），王发曾、吕金嵘（2011）等；也有不少文献把河南省分为中原城市群和其他地区，对河南省经济空间结构进行相关研究。

第三节　本章小结

通过对国内外相关文献的梳理与回顾，笔者发现：对于本书关注的第一个问题——在中国产业空间重构以来，中部六省工业增速严重分化——河南省工业增速显著滞后于中部地区的湖北、安徽、湖南、江西四省，从而导致了"中部崛起，河南塌陷"现象的出现。越来越多从产业转移角度或从产业集聚角度对中国工业空间格局进行研究的文献都指出：2005 年前后，中国工业开始由东部地区向中西部地区转移，但受限于数据、研究者关注的重点等方面的原因，国内对产业空间变化研究的文献，多从东部、中部、西部三大区域的角度来进行研究，这或许与国内学者更关注三大区域间的产业转移有关。贺曲夫、刘友金（2012）通过梳理 2000～2010 年中国区域间产业转移相关数据指出，对国内区域间产业转移的研究不宜从三大区域视角展开，但贺曲夫等只是把研究视角从三大区域改为八大区域，也未在省级层面对产业转移进行相应考察。[①] 而对于本书所关注的河南省近期工业增速滞后于中部地区其他省份的现象，仅从较大区域的视角进行研究，显然是不能解释该问题的。此外，梁琦（2004）曾指出，一国内产业空间变化会以集聚—扩散—再集聚的方式进行。但梳理针对产业在省级层面集聚现象的研究，中国学者基于中国数据对产业向东部地区集聚现象做了大量研究，但对于近期产业空间格局变化，产业空间格局变化呈现的再集聚现象研究则很少。这或许与当前工业特别是制造业仍然集聚在东部地区有关，谈论产业集聚中心向中西部地区转变还为时尚早。但 2005 年以来，东部地区工业占全国比重持续下降，比重由最高时的 59.84% 降至当前的 50.19%，虽然谈不上产业集聚中心发生改变，但工业特别是制造业在此过程中的确表现为产业再集聚现象，对此进行研究，特别是对产业再集聚空间规律进行相应研究，无疑是对产业集聚研究的一个重要补充。

---

① 贺曲夫等划分的八大区域分别为：北部沿海（京、津、翼、鲁）、东部沿海（沪、苏、浙）、南部沿海（闽、粤、桂、琼）、东北地区（辽、吉、黑）、黄河中游地区（晋、豫、陕、蒙）、长江中游地区（鄂、湘、赣、皖）、西南地区（渝、川、贵、云、藏）、西北地区（甘、宁、青、新）。详见贺曲夫、刘友金（2012）。

对于本书所关注的第二个问题——与全国多数省份相比，河南、河北等少数省份经济活动不向城市集聚的现象，国内基于地级及以上城市数据对经济集聚现象的实证研究文献关注重点是城市规模最优规模、经济集聚对劳动生产率影响等方面，对于一些省份经济活动不向城市集聚的文献基本无迹可寻。而专门针对河南省经济空间结构研究的文献，则视河南省经济活动不向城市集聚为一个既定事实，把研究重点放在了河南省经济活动县域空间的变化上，或者在空间尺度上不区别城市市区和下辖县，对河南省经济空间结构进行相关考察。虽然在回顾相关理论和文献，特别是国外文献时，有文献指出不同产业的外部经济差异较大，而空间集聚所产生的外部经济常常发生在特定产业或产业间，这会造成不同等级规模的城市同时出现，但这是否能解释河南省经济活动不向城市集聚的现象，需要进行相应的经验检验。

对上述两个问题进行实证研究特别是定量研究最大的困扰在于国内相关数据的可得性较差。对于第一个问题，中国没有公开的资料显示资本在不同省份间流动的相关数据。第二个问题，研究小地理空间范围的集聚现象，国外学者如 Henderson 等人采用的数据是邮政编码区层次的数据（范剑勇等，2011），而中国对此类问题的研究限于数据的可得性，最多达到了地级及以上城市的数据。虽然有个别文献采用了大城市的区级层面的数据，如陈良文等（2008）使用了北京市 8 个区的数据。但人们很清楚，在一个空间尺度上正确的东西，在另一个空间尺度上未必正确。尽管有数据可得性方面的影响，但根据关注的问题，选取适当的研究角度，对上述问题进行定量分析，用计量的方法做相应的经验研究也并非完全不可能。利用《中国工业统计年鉴》提供的分省份二位数制造业数据对近期产业空间重构所呈现的经验事实，梳理出产业在省级层面重构的空间次序和产业特征并非不可行，而当前国内并没有见到此类文献。第二个问题，本书显然更加关注为何河南省经济不向城市集聚，而不是不同形式的集聚对生产率的影响，因此利用《中国城市统计年鉴》所公布的城市数据对河南省经济不向城市集聚做定量回归分析是可行的。

第三章 产业空间重构对中部六省 产业增速差距的影响

2005 年以来，中国工业在四大区域间重新配置，在此推动下，一直困扰中国经济社会发展的地区差距问题逐渐得到缓解。但在中西部地区与东部地区间差距缩小的同时，中西部地区内不同省份间的经济增速特别是工业增速差距却在不断拉大。对比 1999 年以来中西部地区各省工业增速的变化，不少中西部地区的省份在全国工业空间格局调整以来工业增速有了明显提升。在中部地区，湖北、安徽、湖南三省在 2006 年之后的工业年均增速分别是 1999 ~ 2006 年工业年均增速的 2.46 倍、2.26 倍、1.5 倍，江西省更是在 2004 年就开始了工业加速发展。反观河南的工业增速，虽然自 1999 年以来，工业年均增速一直高于全国平均水平，但高出幅度在 2006 年之后开始收窄。[①] 基于上述背景，中部地区各省份工

---

① 本书全国工业增加值由 31 个省区市工业增加值加总得到，因此 2006 年之后河南高出全国工业增速幅度的缩小一方面是因为部分中西部省份工业增速大幅度提高，另一方面是因为河南工业 2006 年之后自身增速也较前期有所放缓，两种因素共同导致了此现象。因此除了对第一种原因进行分析外，还需对河南省工业增速放缓进行讨论。

业增速差异的扩大，特别是安徽、湖北等省份工业所呈现出来的"突然"加速极有可能是受全国产业空间重构的影响。众所周知，在国民经济行业分类以及各类统计年鉴中工业增加值或总产值的统计数据不仅包括制造业，还包括各类采掘业等高度依赖自然资源分布的产业，对这类产业从空间重构角度进行研究的经济学意义不大。[①] 因此本章主要在省级空间层面对制造业的空间重新配置情况进行考察，厘清制造业在省级层面空间重构过程中所呈现的空间特征，在此基础上分析河南省与中部地区工业增速差距拉大的原因。

第一节 数据及产业概况描述

一 产业划分、数据来源及相关情况说明

（一）产业划分

产业范畴较为宽泛，既可以指以三次产业对经济活动进行划分的第一产业、第二产业和第三产业，也可以指第二产业中的建筑业、工业（制造业），或是以国民经济行业分类标准（GB/T 4754 – 2011）进行划分的各类产业，即门类（如农林牧渔、采矿业、制造业等），大类（门类产业划分的细分，如制造业中的大类为农副食品加工业、食品制造业、纺织业、纺织服装服饰业等），中类（如农副食品加工业进

---

① 本书并不否认自然资源的分布对制造业空间分布的影响，仅指对采掘业本身的空间变化进行研究的经济学意义不大。

一步细分为饲料加工、植物油加工等），小类（如植物油加工进一步细分为食用植物油加工和非食用植物油加工等）。①本书中，产业指：非高度依赖自然资源分布，以国民经济行业分类标准进行划分，可以取得相关统计数据的二位数制造业。2011 年国家颁布的国民经济行业分类与《中国统计年鉴》以及《中国工业统计年鉴》（两类年鉴对产业的划分一致），关于制造业的分类稍有不同。国民经济行业分类把橡胶制品业和塑料制品业划分为一个产业——橡胶和塑料制品业，但统计年鉴上则把橡胶和塑料制品业划分为两个产业。国民经济行业分类把汽车制造业和铁路、船舶、航空航天其他运输设备制造业划分为两个产业，但统计年鉴则把上述产业划分为一个产业——交通输运设备制造业。其他产业划分，新国民经济行业分类与年鉴保持一致。参照新的国民经济行

---

① 国民经济行业分类中的门类以字母表示（如制造业用字母 C 表示，农林牧副渔业用字母 A 表示），大类、中类和小类则用门类加 2 位数字、3 位数字和 4 位数字的行业代码表示，因此大类、中类和小类也被称为二位数行业、三位数行业和四位数行业。行业划分越细，其研究的价值往往越高，特别是从空间经济学的角度研究时。例如对经济集聚的研究中 MAR 外部性着重强调同属一类行业企业的空间集聚更宜产生正外部性，但在二位数行业划分时，交通运输设备制造业包含铁路运输设备制造，航空、航天器及设备制造，摩托车制造，自行车制造等三位数行业，这些行业跨度非常大，如果我们使用二位数行业数据根据相关反映集聚程度的指标进行计算，可能指标显示二位数行业是集聚的，但这显然很难体现 MAR 所强调的外部性。但令人感到遗憾的是从各类公开出版的统计年鉴中我们无法获取到各地区二位数以下的行业数据。从部分研究文献中我们会发现作者称其所使用的产业数据为三位数或四位数数据，这类数据均源于国家统计局解密的"规模以上企业微观数据库"数据，而且该类数据在空间上精确到了企业所在的街道，从而使得研究者可以从更小的地理空间研究产业的空间分布问题。但该数据仅公布到了 2008 年，之后则再未见到此类数据。门类、大类、中类和小类的行业划分具体见国民经济行业分类（GB/T 4754 - 2011）。

业分类标准，以及考虑到本书数据来源于《中国统计年鉴》
《中国工业统计年鉴》，本书制造业的分类情况见表3－1。

表3－1 制造业分类

代码	产业名称	代码	产业名称
C13	农副食品加工业	C28	化学纤维制造业
C14	食品制造业	C29	橡胶制品业
C15	酒、饮料制造业	C30	塑料制品业
C16	烟草制品业	C31	非金属矿物制品业
C17	纺织业	C32	黑色金属冶炼及压延加工业
C18	纺织服装、鞋、帽制造业	C33	有色金属冶炼及压延加工业
C19	皮革、毛皮、羽毛（绒）及其制品业	C34	金属制品业
C20	木材加工及木、竹、藤、棕、草制品业	C35	通用设备制造业
C21	家具制造业	C36	专用设备制造业
C22	造纸及纸制品业	C37	交通运输设备制造业
C23	印刷业和记录媒介的复制	C38	电气机械及器材制造业
C24	文教、体育用品制造业	C39	通信设备、计算机及其他电子设备制造业
C25	石油加工、炼焦及核燃料加工业	C40	仪器仪表及文化、办公用机械制造业
C26	化学原料及化学制品制造业	C41	工艺品及其他制造业
C27	医药制造业	C42	废弃资源和废旧材料回收加工业

（二）数据来源及相关情况说明

考虑到中国工业数据统计口径的变化情况，本书对制造
业空间重构现象的研究起点为1999年，截止时间则选为

2011 年。① 本章制造业相关数据来源于历年《中国统计年鉴》和《中国工业统计年鉴》。《中国统计年鉴》只提供了全国范围二位数制造业的数据，并没有公布各省份的数据，因此各省份的二位数制造业数据主要来源于历年《中国工业统计年鉴》。但《中国工业统计年鉴》公布的各省份二位数制造业数据并不全面。1999 年以来存在数据缺失的产业共计 10 个，即：C18（纺织服装、鞋、帽制造业）、C19〔皮革、毛皮、羽毛（绒）及其制品业〕、C20（木材加工及木、竹、藤、棕、草制品业）、C21（家具制造业）、C23（印刷业和记录媒介的复制）、C24（文教、体育用品制造业）、C29（橡胶制品业）、C30（塑料制品业）、C41（工艺品及其他制造业）以及 C42（废弃资源和废旧材料回收加工业），其中 C18（纺织服装、鞋、帽制造业）的相关数据 2000～2005 年《中国工业统计年鉴》未提供，但自 2006 年《中国工业统计年鉴》又开始提供该产业相关数据。其他 9 个产业的数据自 2000 年开始《中国工业统计年鉴》就未公布分省的相关数据。因此，我们首先需要判断一

① 研究起点选为 1999 年主要原因在于：①1998 年《中国统计年鉴》对工业企业的统计口径改变，即由独立核算企业改为国有及规模以上非国有企业；②1999 年是我国区域发展战略由非均衡向均衡转变的年份；③本书重点关注的现象发生在 2005 年前后，在 2005 年之前中国制造业的空间格局的变动无一例外全部是向东部地区集聚，而截止时间选为 2011 年则主要是因为《中国工业统计年鉴》公布的分省分产业数据进行重大调整，如 2012 年之后不再统计分地区各产业的工业总产值、企业个数等数据，同时二位数行业划分也出现了变化（具体变化见下文）。如何对统计口径改变后的数据进行调整以使它们可以纵向可比，因缺少相关信息存在一定的难度，而且笔者发现东部地区工业占全国比重的下降主要发生在 2005～2011 年，虽然 2011～2013 年仍然在下降，但降幅的 90% 是在 2005～2011 年发生的。

下可得到数据的 20 个制造业产业各项指标能否有效反映全国制造业的总体变化情况。

对比表 3 - 2 数据，可以看出历年《中国工业统计年鉴》所公布的 20 个二位数制造业，从产值的角度基本上可以反映中国制造业的整体情况，但从就业的角度则存在一定程度的数据缺失。此外，本书计算了 2005 ~ 2011 年和 2007 ~ 2011 年不同产业对中国制造业产值增长的贡献度。2005 ~ 2011 年和2007 ~ 2011 年，分省数据缺失的 10 个二位数制造业对中国制造业产值和就业增长的贡献度分别为 10.1% （9.94%） 和11.67% （2.56%）。① 如果在 2005 年之后，在产业空间重构分析中把 C18 （纺织服装、鞋、帽制造业） 也加入进来，则无论是从产值的角度还是从就业的角度都可以最大限度地反映中国制造业分省重新配置的情况。因此，我们研究的起点

表 3 - 2　分省数据缺失的产业产值和
就业人数占制造业整体比重

单位：%

项目	类型	2005 年	2006 年	2007 年	2008 年	2009 年	2010 年	2011 年
10 产业	产值占比	11.11	10.98	10.91	10.81	11.12	10.91	10.40
	就业占比	21.88	22.17	22.11	21.89	21.36	20.63	19.20
9 产业	产值占比	8.83	8.74	8.76	8.67	8.95	8.88	8.56
	就业占比	16.05	16.22	16.06	15.96	15.54	15.30	14.45

资料来源：历年《中国统计年鉴》。

---

① 括号内数据为 2007 ~ 2011 年产值和就业贡献度；贡献度的计算方法为：某产业产值 （就业人数） 增量/同期制造业整体产值 （就业人数） 增量。

仍为 1999 年，但在 2005 年之后涉及就业问题的分析会把 C18（纺织服装、鞋、帽制造业）加入进来。

数据上还有两点需要说明的问题：一是统计年鉴给出的制造业数据是规模以上工业企业的数据，这些数据能否代表整体制造业的情况？二是 2007 年以后无论是《中国统计年鉴》还是《中国工业统计年鉴》都不再公布工业增加值数据，用工业总产值数据研究产业转移和集聚问题是否合适？

对于第一个问题，通过对比《中国统计年鉴》上给出的全国工业增加值数据，以及《中国工业统计年鉴》和《中国统计年鉴》上给出的全国规模以上工业企业工业增加值数据，发现 2005 年之前确实存在一定的问题，即规模以上工业企业工业增加值占全国工业增加值的比重偏低：1996～2002 年，该比重均低于 70%，但是之后规模以上工业企业工业增加值占全国工业增加值的比重逐渐上升，到 2006 年该比重就已达 88.79%，2007 年更是达到 94.9%。① 对于第二个问题，对于使用工业增加值，还是使用工业总产值研究产业集聚存在争议。喜欢用增加值的人会说，总产值中包括了中间投入品的价值，而中间投入品可能是从别的区域购入的，不能真实反映该地区对行业的真正贡献；喜欢用总产值的人会说，厂商地理位置的选择需要考虑中间投入品的运输成本，并且

---

① 造成这种情况可能的原因是规模以上工业企业的标准 1998 年确定的是主营业务收入 500 万元及以上，但随着企业的发展和通货膨胀等因素，越来越多的企业会达到统计口径。这些因素或许也是 2011 年中国重新把规模以上工业企业的标准由主营业务收入 500 万元提高到 2000 万元的重要原因。

总产值能更好地反映生产规模。文玫（2004）在研究中国制造业集聚问题时，曾分别计算增加值和总产值的分产业相关指标，发现二者的区别不大，并不影响对产业向某区域集聚趋势和程度的判断。当然，最好可以分别计算各产业的增加值和总产值，然后进行对比。但 2007 年之后，无论是《中国统计年鉴》还是《中国工业统计年鉴》都没有再公布规模以上工业企业的增加值数据；基于前人的对比研究，本书选取产业总产值作为分析产业空间重构的基础数据。

二 中国制造业近期发展概述

在分析中国制造业空间格局变化前，对中国制造业近期的发展情况做一下统计性梳理是很有必要的。厘清哪些产业是主导产业，哪些产业吸纳了更多的劳动力，哪些产业是劳动密集型或资本密集型，又有哪些产业有更高的利润率，以及哪些产业国有经济比重更高、私营经济或外资（包括港澳台）比重更高等各产业的基本信息，将为下文分析产业空间重构奠定基础。

统计性描述中国制造业发展情况的起点选择在 2005 年，而不是后文通过分析四大区域制造业数据所认定的制造业开始空间重构的起始年份——2004 年，这主要是因为《中国工业统计年鉴》给出的制造业数据并不全面，而描述制造业基本情况的数据来源于《中国统计年鉴》。2005 年《中国统计年鉴》没有公布各产业规模以上工业企业的产值等数据，而是给出了不同产业所有工业企业的产值等数据。这与此后历年《中国统计年鉴》和《中国工业统计年鉴》所发布的制造业数据统计口径不一致。为了保持数据的可比性，本书选择2005 年为起点对中国近期制造业发展情况进行统计性描述。此外，需要注意的是，2011 年起中国对规模以上工业企业的统计口径进行了调整，考虑到统计口径调整对分析可能带来的影响，特别是对一些规模普遍偏小的产业，本书在相应分析中会以 2010 年为一个节点进行相应分析。①

（一）制造业主导产业变化分析（产值角度）

2005 年中国制造业产值比重前十位的产业占制造业的产值比重为 68.64%（见表 3 -3）。2010 年中国制造业产值前十位的产业与 2005 年相比没有发生变化，但不同产业位次发生了改变；2011 年中国对规模以上工业企业统计口径进行了调整，C17（纺织业）滑落出前十名外，C33（有色金属冶炼及压延加工业）进入前十名，其他产业没有发生改变。产值前

---

① 2011 年中国国家统计局对规模以上工业企业统计口径由主营业务收入 500 万元，调整为主营业务收入 2000 万元。同时 2012 年之后的《中国统计年鉴》和《中国工业总计年鉴》开始以国民经济行业分类（GB/T 4754 - 2011）的二位数行业划分公布各行业的相关统计数据，行业划分与之前统计年鉴行业划分有所不同。具体区别为：采掘业中多出了一个开采辅助活动（二位数行业）；交通运输设备制造业被分为汽车制造业以及铁路、船舶、航空航天和其他运输设备制造业两个二位数行业；橡胶制品业和塑料制品业两个二位数行业被合为橡胶和塑料制品业一个二位数行业；仪器仪表及文化、办公用机械制造业被简化为仪器仪表制造业；工艺品及其他制造业则改为其他制造业；文教、体育用品制造业被改为文教、工美、体育和娱乐用品。此外，年鉴所公布的各行业统计数据也发生了变化，即不再公布工业总产值、各行业年均就业人数等数据。虽然年鉴公布的行业开始与国民经济行业分类的行业划分开始统一，但使之前的相关行业的对比存在困难，同时行业公布的统计数据类型的改变也使得纵向对比存在困难。文中一些具体问题笔者会以注释的方式加以说明。

表 3 – 3 制造业主导产业 2005 ~ 2011 年产值比重及贡献率

单位：%

2005 年		2005 ~ 2010 年		2005 ~ 2007 年		2007 ~ 2010 年		2010 年		2011 年	
产业	产值比重	产业	产值贡献率	产业	产值贡献率	产业	产值贡献率	产业	产值比重	产业	产值比重
C39	12. 39	C37	10. 14	C32	9. 01	C37	11. 06	C37	9. 10	C32	8. 73
C32	9. 86	C26	8. 06	C39	9. 01	C26	8. 25	C39	9. 02	C39	8. 69
C26	7. 51	C32	7. 75	C37	8. 42	C38	7. 55	C32	8. 50	C37	8. 62
C37	7. 21	C38	7. 52	C26	7. 69	C32	7. 08	C26	7. 86	C26	8. 29
C38	6. 38	C39	7. 14	C38	7. 45	C13	6. 81	C38	7. 11	C38	7. 01
C17	5. 82	C35	6. 26	C33	7. 43	C35	6. 53	C35	5. 76	C13	6. 01
C25	5. 51	C13	6. 21	C35	5. 75	C31	6. 45	C13	5. 73	C35	5. 58
C13	4. 87	C31	5. 84	C13	5. 07	C39	6. 15	C31	5. 26	C31	5. 47
C35	4. 87	C33	5. 15	C31	4. 69	C25	4. 45	C25	4. 80	C25	5. 03
C31	4. 22	C25	4. 40	C17	4. 46	C36	4. 29	C17	4. 68	C33	4. 89

资料来源：历年《中国统计年鉴》。

十位产业占制造业产值的比重为 68. 32% 。2005 ~ 2010 年，中国制造业的发展主要得益于 2011 年产值位前列十位的产业，这十个产业贡献了中国 2005 ~ 2010 年制造业产值增量的 68. 47% ；2007 ~ 2010 年中国制造业主导产业（除有色金属冶炼及压延加工业在此期间被专用设备制造业替代外），与 2005 ~ 2010 年产业相同，但位次发生了变化，同时贡献率提高至 68. 62% 。[①]

① 对各二位数制造业产值和就业的分析，正文中仅对产值和就业人数前 10 位的产业进行了分析，主要是因为其他产业无论是产值还是就业人员对制造业整体影响都很小。其他产业相关情况见本章附表 3 – 1。

对比 2005 年和 2010 年中国的十大制造业主导产业, 十大产业占制造业产值的比重分别为 68.64% 和 67.82%, 产值比重略有下降; 十大主导产业没有发生改变, 但十大主导产业的产值比重位次变化较大。这里特别需要注意的是 C39（通信设备、计算机及其他电子设备制造业）、C17（纺织业）、C32（黑色金属冶炼及压延加工业）、C25（石油加工、炼焦及核燃料加工业）和 C37（交通运输设备制造业）、C35（通用设备制造业）、C31（非金属矿物制品业）、C13（农副食品加工业）等八个产业。

C39（通信设备、计算机及其他电子设备制造业）、C17（纺织业）、C32（黑色金属冶炼及压延加工业）、C25（石油加工、炼焦及核燃料加工业）等四个产业产值占制造业比重在 2005～2010 年分别下降了 3.37 个、1.14 个、1.36 个和 0.71 个百分点, 近几年发展速度慢于制造业整体发展速度。特别是 C39（通信设备、计算机及其他电子设备制造业）、C17（纺织业）、C32（黑色金属冶炼及压延加工业）在 2007 年后对中国制造业的发展作用进一步下降。虽然 C39（通信设备、计算机及其他电子设备制造业）和 C32（黑色金属冶炼及压延加工业）在 2010 年从产值比重的角度仍然是中国最主要的产业, 但对中国制造业发展的促进作用较 2005 年之前有了较大幅度的下降。

C37（交通运输设备制造业）、C35（通用设备制造业）、C31（非金属矿物制品业）、C13（农副食品加工业）等四个产业产值比重分别上升了 1.88 个、0.89 个、1.04 个、0.86 个百分点，近几年发展速度快于中国制造业整体发展速度，同时这几个产业在 2007 年以后对中国制造来的增长作用进一步加强。同时也应重点关注 C36（专用设备制造业），虽然到目前为止从产值的角度该产业仍不是中国制造业的主导产业，但其在 2007~2010 年中国制造业空间格局重构最显著的几年间对中国制造业整体的增长贡献率挤进了前十位。①

（二）制造业主导产业变化分析（就业角度）

2005 年就业人数前十位的产业（见表 3 - 4）占制造业就业人数的比重为 62.79%；2010 年就业人数前十位的产业占制造业就业人数的比重为 63.38%；发生变化的产业是 C19〔皮革、毛皮、羽毛（绒）及其制品业〕退出前十，C13（农副食品加工业）由 2005 年的第 12 位上升为 2010 年的第 9 位；2011 年统计口径改变后就业前十位的产业没有发生改变，产业位次略有变化；2005~2010 年吸纳就业人员贡献率最高的前十位产业，较 2010 年就业人数前十位产业，不同的产业分别是 C34（金属制品业）、C36（专用设备制造业）；但

---

① 2012 年各类统计年鉴（中国统计年鉴、中国工业统计年鉴、各省市统计年鉴）对规模以上工业企业统计口径进行了调整，2013 年和 2014 年各类统计年鉴则对各行业的划分以及统计指标也进行了相应的调整。2013 年之后的年鉴不再统计各产业的工业总产值数据，改为了销售产值数据。从制造业的总体上看二者差别不大，但对细分的二位数制造业还是有相当程度的影响。具体二者区别参见 2012 年《中国统计年鉴》。如果以 2013 年和 2014 年年鉴所公布的产业和销售产值数据对 2011~2013 年制造业的增加的贡献度进行分析，那么前十位二位数制造业销售产值占制造业整体的比重有进一步提升，即由 68.32% 提升至 71.47%。销售产值贡献度前十的产业分别为：C26、C13、C37、C39、C32、C31、C33、C38、C34、C24（从左向右为一至十位）。

这两个产业对制造业吸纳劳动力的贡献率在 2007 年后又有所下降；2007～2010 年对制造业吸纳劳动力贡献率前十位的产业与 2010 年就业比重前十位产业一致，但位次有所不同。需要特别关注的产业除了 2010 年和 2011 年就业比重前十位的产业外，还应关注 C36（专用设备制造业）、C30（塑料制品业）、C34（金属制品业）等三个对中国近期就业增量贡献率较高的产业。

表 3 - 4　　制造业主导产业 2005～2011 年就业比重及贡献率

单位：%

2005 年		2005～2010 年		2005～2007 年		2007～2010 年		2010 年		2011 年	
产业	就业占比	产业	就业贡献率	产业	就业贡献率	产业	就业贡献率	产业	就业占比	产业	就业占比
C17	9.96	C39	13.56	C39	16.11	C39	12.03	C39	9.21	C39	10.17
C39	7.41	C38	9.65	C38	8.90	C37	10.75	C17	7.71	C38	7.44
C31	7.05	C37	9.01	C18	7.40	C38	10.10	C38	7.20	C17	7.31
C38	6.19	C35	7.50	C35	7.13	C35	7.73	C37	6.84	C37	7.19
C35	5.98	C13	5.96	C37	6.11	C13	6.78	C31	6.49	C31	6.42
C37	5.94	C26	5.46	C34	5.46	C31	6.26	C35	6.43	C35	6.14
C18	5.83	C31	5.15	C13	4.59	C26	6.11	C26	5.65	C26	5.65
C26	5.73	C34	4.94	C30	4.43	C36	5.06	C18	5.33	C18	4.75
C32	4.84	C36	4.65	C26	4.38	C34	4.63	C13	4.40	C13	4.48
C19	3.86	C18	4.11	C36	3.98	C30	3.86	C32	4.12	C32	4.22

资料来源：历年《中国统计年鉴》。

与从就业角度分析中国制造业发展一个密切相关的问题是中国哪些产业属于资本密集型产业，又有哪些产业属于劳动密集型产业。许多定性分析中国产业转移情况的文献，常常以东、中、西部地区间存在工资差距为据，指出劳动密集型产业应从东部地区转出，而中西部地区在承接产业转移时也应以承接此类产业为主。但很少见到相关文献对中国二位数制造业中哪些是劳动密集型产业而又有哪些是资本密集型产业进行界定。如果可以得到一个产业的资本量、就业人数以及人员工资的数据，那么根据柯布道格劳斯生产函数，可以清晰地界定出一个产业是劳动密集型产业还是资本密集型产业。但当前无论是《中国工业统计年鉴》还是其他相关统计年鉴都没有公布各二位数制造业的人员工资数据。考虑到中国劳动力的配置经过国企改革，国有及国有控股制造业占全部制造业的就业人员比例已经大幅度下降的情况，以及跨区域就业人数的上升。[①] 本书假设不同制造业企业所雇用的普通工人工资水平基本相当。根据不同产业资产量和就业人数占制造业整体资产量和就业人数的比例，对中国二位数制造业中哪些是劳动密集型产业，哪些是资本密集型产业做出一个较粗略的划分。具体划分方法如下。

如果一个产业就业人数占制造业整体就业人数的比重与其总资产占制造业整体总资产的比重，两者的比值大于1.1，则界定该产业为劳动密集型产业；比值小于0.9则界定该产

---

① 2011年国有及国有控股制造业就业人数占全部制造业的就业人数为13%。2000年中国人口普查数据显示中国流动人口为1.21亿，2005年为1.47亿，2010年为2.21亿，截至2013年中国流动人口为2.45亿。数据来自2014年《中国统计年鉴》，其中2000年和2010年为人口普查数据，其他年份为抽样估算数据。

业为资本密集型产业；比值处于 0.9～1.1 区间的则为不易鉴别产业类型的产业。

对比各产业就业比重与资产比重，以 2010 年的数据为依据，中国当前劳动密集型产业共计 16 个，资本密集型产业共计 10 个，不易划分产业类型的产业有 4 个。2010 年 16 个劳动密集型产业产值占制造业产值的比重为 40.21%（2005 年比重为 31.91%）；资本密集型产业产值占制造业产值的比重为 40.66%（2005 年比重为 53.91%）；不易划分产业类型的产业产值占制造业产值的比重为 17.91%（2005 年比重为 14.18%）。需要特别指出的是 C15（酒、饮料制造业）由资本密集型产业变为不易划分产业类型产业；C39（通信设备、计算机及其他电子设备制造业）由资本密集型产业变为劳动密集型产业；C42（废弃资源和废旧材料回收加工业）由不易划分产业类型产业变为资本密集型产业。其中 C39（通信设备、计算机及其他电子设备制造业）由资本密集型产业转变为劳动密集型产业是导致 2005～2010 年劳动密集型产业产值占制造业份额上升的主要因素（见表 3-5）。

表 3-5　制造业各产业总资产、就业人数及其占制造业比重

年份 产业	2005				2010			
	总资产（亿元）	比重（%）	就业（万人）	比重（%）	总资产（亿元）	比重（%）	就业（万人）	比重（%）
C13	5750.69	3.14	222.55	3.75	19725.22	3.84	360.71	4.48
C14	3252.85	1.78	121.02	2.04	8511.61	1.66	176.86	2.20

续表

年份 产业	2005				2010			
	总资产 (亿元)	比重 (%)	就业 (万人)	比重 (%)	总资产 (亿元)	比重 (%)	就业 (万人)	比重 (%)
C15	3513.79	1.92	89	1.50	9441.18	1.84	136.76	1.70
C16	3261.78	1.78	19.67	0.33	6169.25	1.20	19.93	0.25
C17	10357.97	5.66	590.96	9.96	19993.34	3.90	588.83	7.31
C18	3188.77	1.74	346.06	5.83	7468.3	1.45	382.41	4.75
C19	1955.44	1.07	228.84	3.86	4260.1	0.83	259.75	3.23
C20	1338.73	0.73	83.33	1.40	3797.46	0.74	128.68	1.60
C21	1032.78	0.56	71.27	1.20	2951.98	0.58	106.42	1.32
C22	4660	2.55	130.14	2.19	10933.74	2.13	146.75	1.82
C23	1772.83	0.97	66.9	1.13	3147.31	0.61	70.98	0.88
C24	1014.56	0.55	109.8	1.85	1790.52	0.35	110.32	1.37
C25	6490.77	3.55	74.4	1.25	18870.47	3.68	96.12	1.19
C26	15175.85	8.29	339.99	5.73	44919.06	8.75	454.86	5.65
C27	5549.83	3.03	123.44	2.08	13220.51	2.58	178.6	2.22
C28	2461.41	1.34	42.63	0.72	5236.96	1.02	46.27	0.57
C29	1956.28	1.07	79.64	1.34	4865.68	0.95	93.53	1.16
C30	4432.38	2.42	183.28	3.09	9640.09	1.88	254.19	3.16
C31	10370.69	5.67	418.18	7.05	29888.96	5.82	517.03	6.42
C32	18950.65	10.35	287.49	4.84	52025.12	10.14	339.92	4.22
C33	6569.49	3.59	130.74	2.20	23710.49	4.62	192.62	2.39
C34	4769.27	2.61	223.23	3.76	15191.47	2.96	311.51	3.87
C35	9886.06	5.40	355.12	5.98	29853.77	5.82	494.52	6.14
C36	6391.13	3.49	219.89	3.70	22778.01	4.44	323.41	4.02
C37	16108.05	8.80	352.4	5.94	54340.84	10.59	579.48	7.19
C38	11062.69	6.04	367.21	6.19	37583.86	7.32	599.61	7.44
C39	18063.24	9.87	439.64	7.41	41510.83	8.09	819.48	10.17
C40	2226.09	1.22	88.68	1.49	6076.74	1.18	124.49	1.55
C41	1365.98	0.75	125.51	2.11	4087.01	0.80	124.29	1.54
C42	126.37	0.07	4.24	0.07	1311.79	0.26	15.63	0.19

资料来源:历年《中国统计年鉴》。

（三）中国制造业其他相关情况

对产业空间重构进行研究，除了上文中提到的几个制造业指标外，还需关注一个产业的国有资本比重情况（见表3－6）。主要原因在于国有经济在要素使用效率和配置效率上与其他类型经济当前还存在较大差距（刘瑞明、石磊，2010；吴延兵，2012），同时国有经济成分比重较高的产业，产业空间重构分析时需要特别注意政策影响。

表3－6 二位数制造业国有及国有控股企业占各产业产值比重

单位：%

产业	2003年	2005年	2010年	2011年	产业	2003年	2005年	2010年	2011年
C13	17.57	10.27	5.64	5.43	C29	25.52	18.33	12.83	12.14
C14	17.93	12.61	7.20	5.81	C30	6.89	5.40	2.68	2.65
C15	38.08	27.31	16.05	16.47	C31	18.90	13.02	9.93	10.64
C16	98.71	99.02	99.35	99.35	C32	59.43	47.33	38.96	36.92
C17	15.45	7.29	2.41	2.36	C33	40.72	34.45	28.32	28.83
C18	3.45	2.21	1.35	1.36	C34	9.23	7.42	5.49	5.77
C19	1.82	0.70	0.30	0.30	C35	30.85	23.39	13.19	12.53
C20	11.94	9.44	2.31	2.30	C36	38.29	29.48	21.96	20.48
C21	3.46	3.76	2.55	1.75	C37	62.05	51.83	46.51	43.98
C22	20.46	12.59	7.93	6.94	C38	12.50	11.13	8.90	8.92
C23	27.08	19.97	12.34	11.51	C39	21.87	13.22	7.89	8.34
C24	3.53	2.07	1.16	1.16	C40	11.58	10.26	10.07	10.33
C25	85.40	79.65	70.92	68.59	C41	5.40	6.24	7.02	8.89
C26	38.90	30.70	19.30	18.66	C42	1.80	3.03	3.18	3.76
C27	36.80	23.94	12.86	11.83	制造业	32.60	26.05	20.10	19.64
C28	26.97	22.28	8.77	8.17	工业	37.54	33.28	26.61	26.18

资料来源：历年《中国统计年鉴》。

从整体上来看，中国制造业国有及国有控股企业产值占比已低于 20%，就业人数占比已不足 13%。除少数几个产业，非国有性质的企业已经在大多数产业里处于主导地位。国有及国有控股企业占比超过制造业平均国有经济占比的产业都是资本密集型产业；在 2005～2010 年对中国制造业产值增量贡献率位列前十的国有经济成分比重较高的产业为：C26（化学原料及化学制品制造业）、C25（石油加工、炼焦及核燃料加工业）和 C37（交通运输设备制造业）；对中国制造业就业增量贡献率位列前十的国有经济成分较高的产业为：C37（交通运输设备制造业）、C26（化学原料及化学制品制造业）和 C36（专用设备制造业）。

此外，鉴于研究问题的需要，本书又分别统计了各二位数制造业以下两个指标：①不同产业外商投资和港澳台商投资企业产值占各产业产值比重情况，主要是考虑到外商投资企业市场定位偏向国际市场，区位选择上会编向东部沿海地区，如果一个产业外商和港澳台资企业比重高，可能会对这类产业的空间区位造成影响；②不同产业的产业规模情况，主要是统计了不同产业内单个企业的总资产、固定资产和就业人数。主要是考虑到产业内单个企业的规模越大，越不易跨区域转移（见表 3-7）。

表 3 - 7　制造业各产业其他情况

产业	三资企业比重(%)		企业平均资产(万元)		企业劳均固定资产(元)		企业平均就业人数(个)		企业数(个)	
	2005年	2010年	2005年	2010年	2005年	2010年	2005年	2010年	2005年	2010年
C13	28.94	22.49	3946	3467	86970	148880	153	144	14575	25612
C14	36.43	31.84	5858	3931	90994	143036	218	192	5553	9152
C15	34.19	31.44	9985	6258	141615	195373	253	204	3519	6371
C16	0.24	0.07	171673	245726	321632	407147	1035	1397	190	151
C17	25.27	21.30	4589	2988	62711	96964	262	194	22569	33384
C18	46.03	37.52	2688	2293	24543	40079	292	241	11865	18547
C19	52.76	44.96	3140	2763	21523	34874	367	312	6227	8854
C20	23.35	11.80	2481	1437	62569	98680	154	125	5397	11366
C21	55.22	32.67	3360	2561	42078	66394	232	188	3074	5934
C22	34.95	30.49	6246	4042	158213	240494	174	154	7461	10270
C23	32.42	23.25	3673	2416	103063	134825	139	124	4826	6850
C24	60.76	52.26	3003	2247	26361	40400	325	265	3378	4827
C25	10.58	13.48	32617	29258	368962	712000	374	397	1990	2324
C26	25.66	26.27	8108	5853	168266	309593	182	161	18716	29504
C27	24.65	27.01	11164	8515	132993	174575	248	246	4971	7039
C28	27.82	31.62	18847	11165	250737	309838	326	227	1306	1939
C29	38.64	32.33	6448	4308	85860	146058	262	212	3034	4856
C30	42.74	31.49	3681	2484	80429	99144	152	135	12041	21033
C31	18.33	14.25	5157	3193	102468	190639	208	157	20111	34793
C32	12.82	13.20	28502	25114	232615	500803	432	439	6649	7881
C33	15.21	14.43	12724	12468	177229	353295	253	234	5163	8200
C34	36.53	25.33	3455	3025	58954	107392	162	134	13802	25703
C35	27.38	22.71	4948	4233	64398	133498	178	136	19981	39699
C36	24.79	24.95	6229	6201	70641	132431	214	166	10260	20083
C37	42.84	44.38	14236	14413	110175	180662	311	277	11315	20718
C38	37.87	31.41	7199	7621	63184	107030	239	219	15366	27537
C39	84.14	77.38	20369	15883	97287	135072	496	521	8868	14838
C40	66.46	48.36	5979	5877	56484	91337	238	214	3723	5828
C41	40.39	34.11	2662	2627	31766	58329	245	177	5131	7937
C42	33.23	18.36	2885	4790	56840	148082	97	107	438	1302
制造业	35.37	30.23	7279	5802	96071	163511	236	199	251499	422532

资料来源：历年《中国统计年鉴》。

第二节　制造业空间重构次序、影响及原因

本节内容主要是从产业空间重构的角度，解释制造业在四大区域间重新配置过程中，中部六省制造业增速差异拉大的原因。与以往国内学者基于各省份在资源禀赋、技术水平、非贸易品价格、劳动力工资等方面存在差异，从产业转移角度对上述现象进行解释不同，本书希望可以通过梳理近期制造业在省级层面重构的数据，厘清制造业在省级层面重构的空间规律或典型特征。从制造业空间重构在省级层面所呈现的规律或特征入手，解释为什么同属一个区域的不同省份，在产业空间重构过程中制造业增速差距拉大的原因。可能存在的问题是产业划分越细，就会如韦伯和胡佛所述"有些企业的最佳区位是接近市场，而另一些企业的最佳区位是接近原料地"。鉴于此，本书对产业在省级层面重构可能存在的规律分析，限于制造业整体。而对各二位数制造业在省级层面重构的分析，则主要借鉴对产业集聚的研究方法，即使用反映不同产业在省级层面集聚情况的指标（空间基尼系数和集中度）进行相关分析。本书对产业和东部各省是否存在产业空间重构的界定标准均以东部地区制造业占全国比重下降程度为判别依据，因此首先需要对制造业以及细分产业在四大区域间的重构情况做一个基本分析。

一 四大区域间制造业重构概述

本书中产业空间重构的空间范围指中国 31 个省份或指东部地区、中部地区、西部地区和东北地区四大区域。

从产业的角度，如何界定一个产业是否发生空间重构，是定量分析的前提。本书对产业空间重构进行考察，主要是因为猜想 2005 年以来这种变化对中西部地区不同省份的制造业增速造成了影响。鉴于 2005 年之前，中国制造业整体上均高度集聚在东部地区，我们更关心产业在东、中、西部地区间的重构情况。因此，本书界定一个产业是否发生产业空间重构时，以该产业东部地区占全国比重下降幅度是否超过东部地区制造业整体占全国比重下降程度进行判别，即根据本书对产业的划分，如果某一个产业东部地区占全国该产业比重的下降百分比，大于东部地区制造业占全国比重的下降百分比，则称此产业发生了产业空间重构，例如，2004～2011年，东部地区农副食品加工业产值占全国该产业产值的比重下降了 18.41 个百分点，同期东部地区制造业占全国比重下降了 9.96 个百分点，则可以判定农副产品加工业发生了产业空间重构。如果一个产业东部地区产值占比下降程度小于东部地区制造业或工业下降比重，但也有一定程度的下降。例如，通信设备、计算机及其他电子设备制造业东部地区在 2004～2011 年，占全国比重下降了 6.98 个百分点，则称该产业发生了不明显的产业空间重构，即如果一个产业东部地区占全国比重下降百分比小于东部地区制造业整体下降百分比，但大于东部地区制造业下降百分比的一半，则称该产业发生了不明显的产业空间重构。其他情况在本书中则界定为没有发生产业空间重构。例如，在对中国产业空间重构的考察期间内，东部地区某产业占全国比重上升，鉴于本书研究主题则同样视该产业没有发生产业空间重构现象。考虑到偶然性因素的影响，本书对产业空间重构加以必要的限定，即产业在考察期间其比重需连续下降并达到上述标准。

此外由于我们关心产业空间重构在省级层面所呈现的规律和特征，在省级层面，对于东部地区某一个省（直辖市）是否发生产业空间重构现象则以该省制造业占全国比重下降幅度是否大于同期东部地区制造业占全国比重的变化幅度来进行界定。例如，2004～2011年广东省制造业占全国的比重降幅达23.49%，超过了同期东部地区制造业占全国比重的下降幅度14.15%，则可界定广东省发生了制造业的空间重构。同样，考虑到偶然性因素的影响，本书对东部地区各省份是否发生产业空间重构加以必要的限定，即产业在考察期间其比重需连续下降并达到上述标准。

如图3－1所示，2004年之前中国制造业持续向东部地区集聚。[①] 2004～2011年东部地区制造业占全国比重由70.35%，下降为60.39%，下降了9.96个百分点；中部地

---

① 本章节所述制造业均指《中国工业统计年鉴》上公布相关数据的20个产业数据。中国学者范剑勇、李方文使用国家统计局解密的"规模以上企业微观数据库数据"，通过更详尽的数据也发现2004年是中国制造业空间格局（转下页注）

区制造业占全国比重由 12.25%，上升为 18.58%，上升了
6.33 个百分点；西部地区制造业占全国比重由 9.94%，上升
为 12.68%，上升了 2.74 个百分点；东北地区占全国的份额
基本保持不变。此外，东部地区制造业重构速度在 2007 年之
后明显加快。2004~2007 年，东部地区制造业占全国比重年
均下降 0.65%，2007 年之后年均下降 1.84%。制造业在四
大区域的变化情况与工业在四大区域的比重变化不同。中部
地区制造业占全国比重上升幅度大于其工业占全国比重上升
幅度，中部地区近几年经济发展主要得益于制造业的发展。
而西部地区制造业占全国比重上升幅度远小于其工业占全国
比重上升幅度，西部地区的发展则主要得益于采矿业和电力、

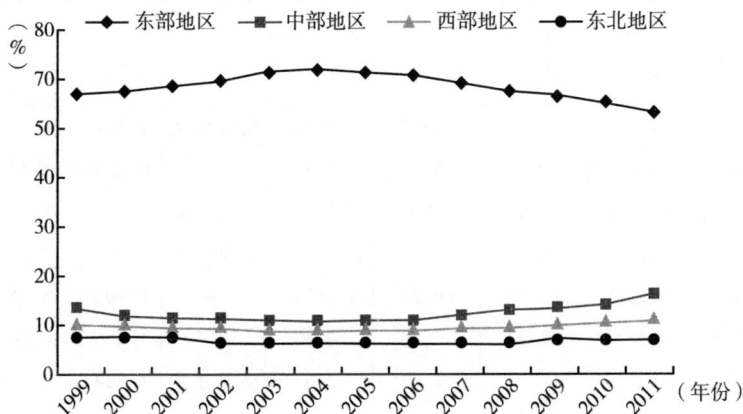

图 3-1　东、中、西部及东北地区制造业产值占全国比重

资料来源：历年《中国工业统计年鉴》。

（接上页注①）变化的一个拐点。详见范剑勇、李方文（2011）。中国制造业在
　　1999 年之前的集聚情况可参见文玫（2004）。

热力、燃气及水生产和供应业的发展。截至 2011 年，中国制造业整体上仍然高度集聚在东部地区。

各二位数制造业在四大区域间重构情况见表 3 - 8。根据本书对产业空间重构的界定标准，东部地区产值比重下降超过 10% 的产业是：C13（农副食品加工业）、C14（食品制造业）、C15（酒、饮料制造业）、C22（造纸及纸制品业）、C31（非金属矿物制品业）、C34（金属制品业）、C35（通用设备制造业）、C36（专用设备制造业）和 C38（电气机械及器材制造业，其中有四个产业是中国当前的主导产业（C31、

表 3 - 8   2004 ~ 2011 年东、中、西部及东北地区
各制造业产值比重变化情况

产业	东部地区比重（%）	中部地区比重（%）	西部地区比重（%）	东北地区比重（%）	产业类型	劳动资产比	贡献度（%）
C31	- 19. 09	10. 13	4. 09	4. 88	劳动密集	1. 102	5. 84
C15	- 18. 54	8. 29	8. 51	1. 74	—	0. 923	1. 55
C13	- 18. 41	9. 67	2. 01	6. 73	劳动密集	1. 165	6. 21
C34	- 13. 65	6. 86	3. 54	3. 25	劳动密集	1. 307	3. 47
C36	- 13. 59	10. 47	0. 35	2. 77	—	0. 905	3. 95
C35	- 13. 12	6. 37	2. 38	4. 37	—	1. 056	6. 26
C14	- 12. 10	7. 73	1. 91	2. 47	劳动密集	1. 324	1. 93
C22	- 11. 84	7. 49	2. 90	1. 45	资本密集	0. 855	1. 60
C38	- 11. 14	7. 84	2. 32	0. 98	—	1. 017	7. 52
C17	- 8. 53	7. 05	1. 72	- 0. 24	劳动密集	1. 877	4. 04
C27	- 8. 45	6. 56	- 0. 15	2. 04	资本密集	0. 861	1. 91
C33	- 7. 77	9. 28	- 0. 31	- 1. 20	资本密集	0. 518	5. 15
C39	- 6. 98	4. 02	3. 30	- 0. 34	劳动密集	1. 258	7. 14
C40	- 6. 60	5. 98	0. 11	0. 53	劳动密集	1. 306	0. 92

续表

产业	东部地区比重(%)	中部地区比重(%)	西部地区比重(%)	东北地区比重(%)	产业类型	劳动资产比	贡献度(%)
C26	-6.52	5.46	1.60	-0.53	资本密集	0.645	8.06
C32	-2.53	1.84	2.30	-1.61	资本密集	0.416	7.75
C16	-0.15	1.99	-2.53	0.69	资本密集	0.206	0.77
C37	0.03	2.14	0.41	-2.59	资本密集	0.680	10.14
C28	4.04	-2.64	1.82	-3.23	资本密集	0.563	0.60
C25	4.06	-2.71	5.12	-6.47	资本密集	0.325	4.40

注：贡献度是指的是 2005~2010 年中国不同制造业对制造业在此期间产值增量的贡献度；劳动资产比是指某产业就业量占制造业的就业比重与该产业总资产占制造业的资产比重之比。

资料来源：历年《中国工业统计年鉴》。

C13、C35 和 C38）；产值比重下降超过 5% 的主业是：C17（纺织业）、C26（化学原料及化学制品制造业）、C27（医药制造业）、C33（有色金属冶炼及压延加工业）、C39（通信设备、计算机及其他电子设备制造业）和 C40（仪器仪表及文化、办公用机械制造业），其中有三个产业是中国当前的主导产业（C39、C33 和 26）。上述 7 个主导产业，在产业空间重构过程中均以中部地区为主要的再集聚区域。其他非主导产业除 C15（酒、饮料制造业）外，发生空间重构现象的产业也均以中部地区为主要再集聚区域。另外三个主导产业中 C32（黑色金属冶炼及压延加工业）和 C25（石油加工、炼焦及核燃料加工业）西部地区份额上升幅度较大，特别是 C25（石油加工、炼焦及核燃料加工业）自 2004 年起对西部地区制造业的发展有较大的促进作用。

在四大区域间重构的二位数制造业特征描述如下。

（一）发生空间重构的产业以劳动密集型产业为主

东部地区产值比重下降超过 10% 的产业除了 C22（造纸及纸制品业）属于资本密集型产业以及 C15（酒、饮料制造业）、C35（通用设备制造业）、C36（专用设备制造业）、C38（电气机械及器材制造业）等 4 个不易判别是劳动密集型产业还是资本密集型产业外，其他 5 个产业全是劳动密集型产业。东部地区产值比重下降超过 5% 的产业，C17（纺织业）、C39（通信设备、计算机及其他电子设备制造业）和 C40（仪器仪表及文化、办公用机械制造业）是劳动密集型产业；C26（化学原料及化学制品制造业）、C27（医药制造业）和 C33（有色金属冶炼及压延加工业）是资本密集型产业。而没有发生产业空间重构的产业则全部是资本密集型产业。

（二）国有经济比重较高的产业空间黏性较强

在未发生产业空间重构的 5 个产业里，除 C28（化学纤维制造业）外，国有经济成分占比均高于制造业国有经济占比的平均水平；而发生空间重构的 9 个产业里除 C36（专用设备制造业）外，其他 8 个产业国有经济成分均显著低于制造业国有经济占比的平均水平。同时国有经济比重在 2005 ～ 2011 年降幅越大的产业，越易发生产业空间重构（见图 3 - 2）。

（三）企业平均资产和产值规模越大，产业空间重构越不明显

在未发生产业空间重构的 5 个产业，企业平均资产和产

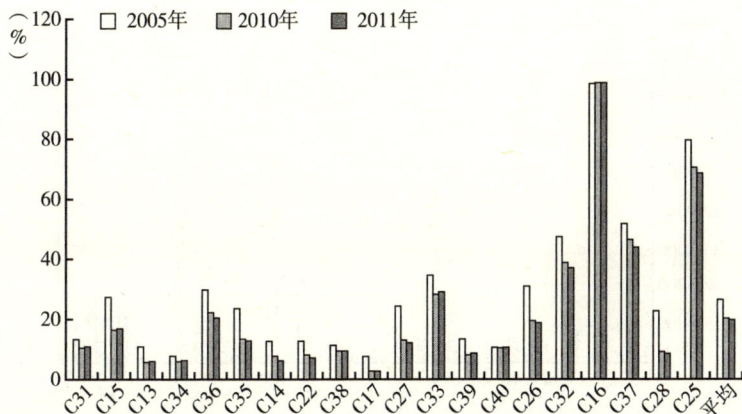

图3-2 制造业各产业国有及国有控股企业产值比重

资料来源：历年《中国统计年鉴》。

值均显著高于制造业企业平均资产和产值；发生产业空间重构的9个产业里，除了C15（酒、饮料制造业）、C36（专用设备制造业）、C38（电气机械及器材制造业）（C15和C36企业平均资产略高于制造业平均水平）其他6个产业企业平均资产均显著低于制造业平均企业资产规模；在发生了不明显的产业空间重构的6个产业里，只有C17（纺织业）企业平均资产低于制造业平均企业资产规模，其他5个产业企业平均资产均高于制造业平均企业资产规模（见图3-3）。

外资投资和港澳台投资工业在不同产业中的份额高低，对产业空间重构影响不明显。这类性质的企业和私营企业一样，当外部因素变化后，企业会对投入的各种要素比例以及企业所处的空间地点进行调整，以最大限度地实现企业利润最大化。

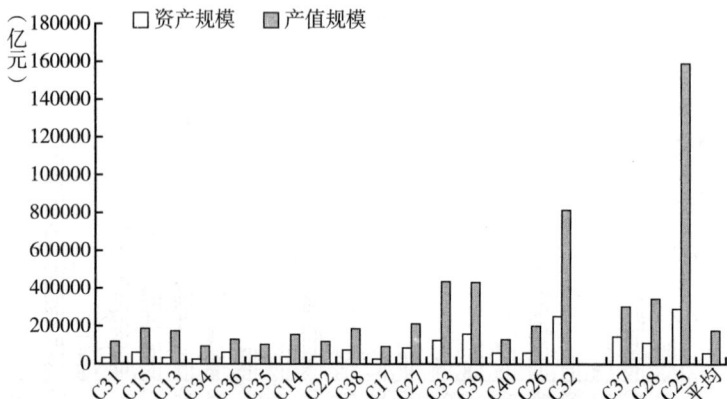

图 3 - 3　制造业各产业企业平均资产和产值规模

注：图中未标出 C16（烟草制品业），因该产业无论是企业平均资产规模还是产值规模均远大于其他产业企业平均资产和产值规模，会造成图形其他产业产值柱状图过低而不易观察比较。

资料来源：历年《中国统计年鉴》。

二　省级层面制造业重构空间次序

如图 3 - 4 和表 3 - 9 所示，东部地区各省份并非所有省份都发生了产业空间重构现象。根本本书对东部各省是否发生产业空间重构的界定，2004 ~ 2011 年，发生产业空间重构的东部省份为：广东（降 3.43%）、上海（降 3.40%）、浙江（降 2.23%）、北京（降 1.48%）、天津（0.62%）。[①] 福建和江苏两省虽然也略有下降，但下降幅度没达到界定标准而且上述两省制造业占全国比重也非一直下降，故福建和江苏两省属于未发生产业空间重构的省份；海南、河北和山东

―――――――――

① 各省括号内数据为各省在此期间制造业占全国比重的下降百分比。

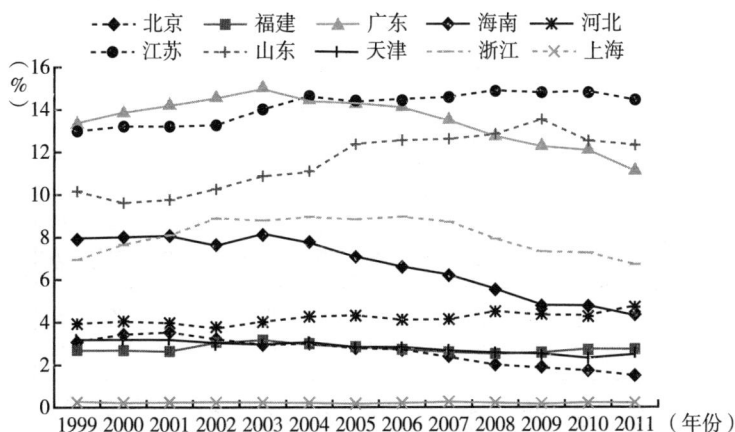

图 3 - 4　东部地区各省制造业产值占全国制造业比重

资料来源：历年《中国工业统计年鉴》。

省在该时期内，制造业占全国比重进一步上升，特别是山东比重上升了 1.13 个百分点。此外，前文已经指出东部地区整体产业空间重构在 2007 年之后明显提速。根据表 3 - 9 数据可知，2004 ~ 2007 年浙江省未发生产业空间重构。广东、上海、北京三省（市）在 2007 年之后产业重构进一步加快，而天津产业空间重构速度减缓。

由于图表较多，中西部地区各省制造业 1999 ~ 2011 年占全国比重变化情况见本章附表 3 - 2 和附表 3 - 3。下面本书就仅中部地区 1999 ~ 2011 年整体及各省制造业增长情况做一个简要说明。中部地区整体 2004 年之前制造业占全国比重呈下降趋势，各省与中部地区整体情况一致。2004 年东部地区制造业开始重构以来，中部地区制造业占全国比重开始上升，2007 年以后增速明显较之前提升。2004 ~ 2011 年，中部地区

表3-9 东部地区各省制造业产值占全国比重变化

单位：%

年份	1999	2000	2001	2002	2003	2004	2005	2006	2007	2008	2009	2010	2011
北京	3.05	3.49	3.50	3.33	3.01	3.05	3.01	2.76	2.48	2.07	1.97	1.82	1.57
福建	2.78	2.74	2.74	3.11	3.14	3.02	2.86	2.78	2.68	2.58	2.59	2.72	2.84
广东	13.35	13.79	14.23	14.59	15.09	14.56	14.27	14.15	13.57	12.79	12.30	12.15	11.14
海南	0.28	0.24	0.24	0.24	0.24	0.20	0.18	0.21	0.27	0.24	0.21	0.22	0.21
河北	3.99	3.96	3.90	3.78	3.97	4.23	4.31	4.17	4.15	4.53	4.35	4.37	4.62
江苏	13.01	13.25	13.21	13.20	13.96	14.52	14.31	14.38	14.50	14.83	14.82	14.73	14.38
山东	10.11	9.56	9.68	10.19	10.73	11.06	12.32	12.46	12.61	12.78	13.48	12.46	12.18
天津	3.21	3.19	3.23	3.07	2.94	3.09	2.84	2.86	2.66	2.58	2.47	2.40	2.47
浙江	6.95	7.65	8.04	8.82	8.78	8.93	8.80	8.91	8.66	7.91	7.30	7.23	6.70
上海	7.89	7.96	8.03	7.68	8.03	7.70	7.02	6.58	6.18	5.48	4.83	4.80	4.30
东部地区	64.61	65.81	66.79	68.01	69.90	70.35	69.91	69.26	67.75	65.80	64.32	62.90	60.39

资料来源：历年《中国工业统计年鉴》。

除山西省制造业占全国比重呈下降趋势外，其他五省制造业
占全国比重均有提升。其中，江西省制造业是 2004～2007 年
中部地区制造业增速最快的省份。2007～2011 年，安徽、湖
南、湖北三省制造业也开始加速发展。在此期间尽管河南省制
造业增速仍快于中国整体制造业增速，但与上述四个省份制造
业增速差距开始不断大拉。也正是由于河南省与上述四省制造
业增速的差距拉大，河南省工业增速与中部地区整体差距拉
大。是什么因素使得江西省制造业在 2004 年就开始快速增长，
安徽、湖南、湖北三省制造业在 2007 年也开始了快速增长了
呢？从省级空间上看，我们发现只有毗邻东部地区发生产业空
间重构省份的中西部省份，制造业发展才会受中国产业空间重
构的影响，而远离产业重构省份的中西部省份如中部地区的河
南和山西两省，制造业增速在此期间则表现差强人意。

具体情况如下（见图 3-5）：东部地区主要发生产业空
间重构的省份是广东、上海、浙江、北京、天津，这五个省
份，制造业产值占全国的比重 2011 年较 2004 年下降了 11.16
个百分点（东部地区在此期间制造业产值比重下降了 9.96
个百分点），同时这五个省份均在 2007～2011 年较 2004～
2007 年，产业空间重构加速。其中北京、上海和广东产业空
间重构的开始时间早于 2004 年分别为：2001 年和 2003 年
（上海和广东时间一致）。在地理空间上与这五个省份紧邻的
省份分别为：山东、河北紧邻北京、天津；江苏、浙江紧邻
上海；安徽、江西紧邻浙江；福建、江西、湖南紧邻广东。

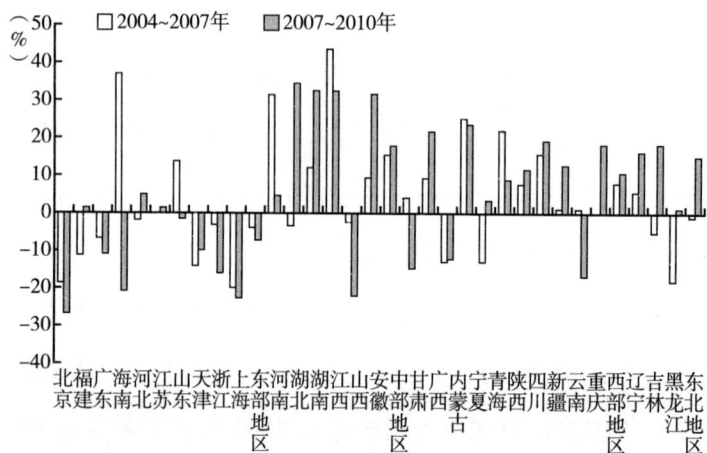

a. 制造业占全国比重变化

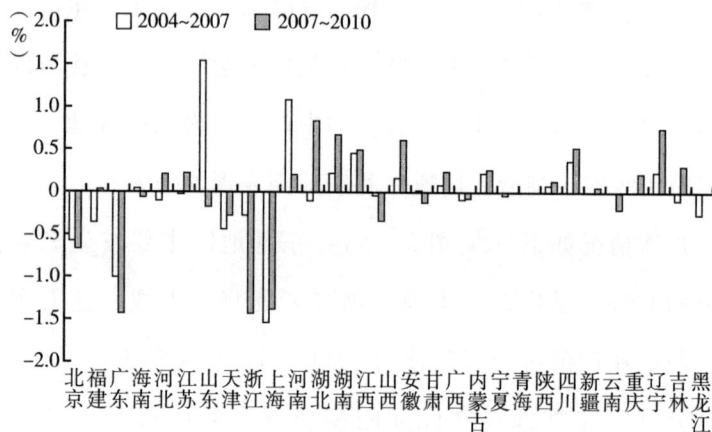

b. 制造业占全国份额变化

图 3 - 5 各省 2004 ~ 2007 年和 2007 ~ 2010 年制造业
占全国比重变化幅度及份额变化

注：由于 2011 年统计口径调整，比较幅度变化时，为了使前后口径一致，图中使用了 2010 年的数据。

在 2004 年中国制造业整体空间重构的过程中，无一例外毗邻效应都发挥了重要作用。2007 年之前制造业重构主要是在北京、上海、广东、天津四省（市），紧邻这四省（市）的省份，制造业的发展速度均高于中国其他省份；2007 年之后，上述四省（市）产业空间重构进一步加速，浙江也开始了产业空间重构。[①] 在 2007 年之前中部六省仅有江西和湖南紧邻产业重构省份广东，2004～2007 年，江西是中部六省制造业增长速度最快的区域，在此期间江西省制造业占全国的比重上升幅度高达 43.81%，远高于中部地区平均 15.32% 的增幅；湖南虽不如江西突出，但在此期间其制造业占全国比重增幅也位列中部六省第三位；2007 年之后，紧邻产业重构省份的中部六省新增安徽省，2007～2010 年，江西、湖南、安徽三省制造业占全国比重上升幅度分别为 32.49%、32.74%、32%。湖北省虽然未在地理空间上紧邻产业重构省份，但是便利的长江河运大大降低了湖北与上海、浙江等产业重构区域的由距离导致的交易成本，因此湖北在 2007～2010 年，其制造业产值占全国的比重上升幅度也高达 34.68%。而远离制造业空间重构区域的中部省份，河南和山西表现则差强人意，河南在此期间制造业占全国比重上升幅度为 5%，远低于中部地区平均 18.25% 的增幅；山西省制造业比重还出现了较大幅度的下降。

比较时间节点选取了 2010 年主要是因为 2011 年中国规模以上工业统计口径发生了改变，如果这种改变对全国数据影响不太显著的话，对分析一个省的变化情况则会产生较大

---

① 2004～2007 年浙江制造业产值占全国比重下降了 0.27 个百分点，但变化幅度小，未达到本书对发生产业空间重构省份的界定标准。

影响。即使是比较 2007 ~ 2011 年的数据，结论不会有任何的改变，只是程度上有所差别。需要说明的 3 个省份是青海、内蒙古和吉林。青海变动幅度大主要是因为青海制造业占全国的比重过低所致：2004 ~ 2007 年以及 2007 ~ 2010 年青海制造业占全国的比重仅分别增加了 0.03% 和 0.01%；内蒙古则受本省两个高度依赖自然资源的产业——有色金属冶炼及压延和黑色金属冶炼及压延，两个产业贡献了该省 2004 ~ 2010 年制造业产值增量的 32.49%；吉林则受益于自 2007 年以来交通运输设备制造业的快速发展，该产业贡献了吉林省制造业 2007 年以来产值增量的 30.91%。在西部各省中 2007 年后制造业增速有明显提升的省份分别为四川和重庆。但如图 3 - 5 中部地区四省的变化最为凸显。因此可以说从省级层面，中国 2004 年以来的产业空间重构具有明显的空间毗邻效应。

三 产业空间重构毗邻效应的解释

毗邻效应是指：距离经济集聚区越近的区域，其经济发展速度较远离经济集聚中心的区域，经济发展速度更快，更容易从经济集聚区的溢出效应中受益。[①] 2009 年世界银行发

---

① 毗邻效应有时也被称为邻里效应。对毗邻效应的研究如同空间理论对大地理空间范围和小地理空间范围对集聚现象进行研究一样，也从不同的角度进行。在大地理空间范围对毗邻效应的研究主要是基于距离而造成的以运输成本为主的交易成本增加的影响；在小地理空间范围对毗邻效应的研究则主要是研究距离增加对知识溢出、劳动力匹配等方面的影响。两者的具体差异参见亨德森、蒂斯主编的《区域经济学手册》第 4 卷，第 50 章（邻里效应）和《2009 年世界发展报告》。

展报告用大量的事实论证了毗邻繁荣地区的重要性。在国际范围内考虑到贸易政策等因素造成的市场准入性，毗邻繁荣地区不构成充分条件，但对比市场准入条件相当的国家，毗邻效应的作用则尤其明显。当然，经济学上的距离概念显然不同于物理学上的距离概念，尽管二者紧密相关，但也并非直来直往。经济学意义上的距离是指商品、劳务、服务、信息等穿越空间的难易程度。在经济学意义测度距离应包括货币成本和时间成本。因此在空间上相邻的两个区域，如果因为政策、宗教等因素导致两个地区无法开展交易和分工，在经济学意义上也无法认定为毗邻地区。此外，与毗邻效应密切相关的因素包括各区域间的交通运输条件，同样的物理距离，可采用水运方式与他国（或地区）进行贸易的国家（或地区）通常比采用其他方式的国家经济距离更近。

那么为什么中国产业在省级层面的空间重构过程中，只有毗邻的省份间才有明显的产业空间重构现象呢？早在 20 世纪六七十年代，人们就注意到资源禀赋相似的国家贸易额在快速增长，80 年代之后产业内贸易更是完全超过了产业间贸易。如今，国际分工已深入同一产品生产过程中的工序和工艺间（卢峰，2004）。以往人们总是认为随着运输成本的下降，远距离国际贸易量会大幅度提高。但现实数据却显示随着运输成本的下降，毗邻的国家和区域间的贸易量增幅远远超过远距离国家间的贸易量。究其原因，发现随着运输成本的下降，在相邻地区间开展更细化的专业化分工成为可能，但区域间的专业化分工会带来大量中间产品的运输。而区域间中间产品的交易比最终产品的交易对运输成本的敏感程度要大得多。这就导致随着运输成本的下降，反而是毗邻区域或国家间的贸易量有了更大幅度的提升。在一个国家内，不同区域间的分工不可能仅仅是产业间的分工。2004 年以来，东、中、西部地区间的产业空间重构，可能是东部地区的企业在非贸易品价格和劳动力成本等因素的影响下，把部分生产环节由东部地区转向了中西部地区。在东、中、西部地区形成了类似国际贸易的产业内分工和产品内分工。这种分工形式会导致东部地区与中西部地区间大量中间产品的运输。正如上文所述，中间产品交易对运输成本有着更高的弹性，因距离变远所导致运输成本的些许增加就会极大减少区域间中间产品的可交易量。此外，2012 年中国制造业整体的利润率不足 7%，这也会使区域间的分工不可能在距离较远的区域间开展。因此，如果 2004 年以来东部地区的企业将产品生产的某些环节转移出来，那么这些环节的生产地点就不可能选择距离更远的区域。

当然上述解释只是根据 2004 年以来制造业整体在省级层面空间重构中所呈现的只有毗邻省份间才有产业空间重构的一个猜想。由于时间短，中国产业空间重构主要发生在 2007～2011 年，东部地区在此期间制造业占全国比重下降幅度占整个 2004 年以来的 74%。同时 2010 年和 2011 年工业企业的统计口径有了较大幅度的调整。产业空间重构涉及的省份也不多，主要是东部地区五省和中部地区四省（而且东部五省中还包括三个直辖市）。因此对毗邻效应进行相关计量检验存在较大的困难。如果使用分产业的数据对毗邻效应进行相关的计量检验，困难同样很大，因为产业划分越细，产业无论是自身的产业特性还是空间特性差异就会变很大。而且从上文对产业在东、中、西部地区间的重构概述，也不难发现，制造业整体上以中部地区为主要重构区域。但具体到不同的二位数制造业就有了较大差异。如 C25 （石油加工、炼焦及核燃料加工业）就主要向西部地区转移，中部地区该产业同期占全国比重还有一定程度的下降。

第三节 二位数制造业空间重构分析

基于省级层面和制造业整体的数据，1999 年以来中国制造业空间重构过程中毗邻效应是产业空间重构的重要机制。但不同的二位数制造业具有较强的产业特性，我们不再寻求二位数制造业空间重构的一般规律，对产业空间重构以来中部地区间产业增速差异扩大的现象进行解释，而是借鉴国内学者对产业转移和省级层面对产业集聚的研究方法，分析不同二位数制造业在省级层面空间重构情况对中部地区不同省份近期所呈现的增速差异进行解释。如前文所述，本书对省级层面二位数制造业空间重构的分析，主要采用空间基尼系数和集中度两个指标。这两个指标也是国内学者对产业转移和产业集聚研究常用的指标，通过对不同产业空间基尼系数的测算可以反映不同二位数制造业在省级层面的集散情况，而产业集中度则可以明晰各产业主要向哪几个省份集中。因此本节共有两方面的内容：一是测算不同二位数制造业在省级层面的集聚变化情况和主要集聚省份的变化；二是进一步从分产业的角度对比分析河南省与中部地区其他省份增速差距拉大的原因。

一 二位数制造业在省份间重构指标选择

与二位数制造业在四大区域以及制造业整体在各省间的空间重构相对容易界定不同，在分析二位数制造业在省级层面的空间重构时，由于在产业划分和空间层面同时细化，在省级层面对二位数制造业是否发生空间重构界定时会面临：一个省份的二位数制造业产值微小变化就会引起该省份某二位数制造业占全国比重较大幅度的变化。因此，本书对二位数制造业在省份间重构的考察，借鉴国内对区域间产业转移研究时通常采用的产业集聚指标，通过考察产业集聚程度的变化情况来判断产业转移的方法。产业在地理空间上的集聚现象一直以来都受到经济学家和地理学者的高度关注，对集聚程度的测度方法历来都是区域经济学研究的重要课题。自 20 世纪 90 年代以来，随着新经济地理学的兴起，有关产业集聚程度的测算方法不断地发展和完善，经历了由集中度、赫芬达尔指数、空间基尼系数、EG 指数等发展历程。随着对集聚经济研究的深入，Ellison 和 Glaeser（1997）指出传统集聚经济的测度方法存在明显的漏洞，因为它们没有考虑企业规模的差异。例如，某一地区存在着一个规模很大的企业，可能会造成该地区在该产业上有较高的集中度，但实际上该区域并无企业集群现象的出现，并不是真正意义上的集聚经济。因此传统意义上的测度产业集聚现象的各种指数从严格意义上来说只是测算了产业地理空间上分布非均衡的程度。

EG指数充分考虑了企业规模及区域差异带来的影响，弥补了传统经济集聚测算方法的缺陷，EG指数一经推出立刻受到广大研究者的推崇，中国也出现了大量使用EG指数研究经济集聚现象的文献。但EG指数也存在一定的问题，一是它的计算对数据要求很高，需要企业层面的数据（当前中国并没有公开出版过企业层面的数据）；二是计算方法较为复杂；三是存在一定程度的信息遗漏问题（乔彬、李国平等，2007）。

选取什么样的指标取决于所要研究问题的需要，在满足研究需要的前提下，指标对数据的要求"越低越好"（要求"低"是指能否使用中国统计年鉴上公布的宏观数据）；指标计算方法简单、直观，比起不必要的复杂运算更好。本章主要关注的问题是制造业和二位数制造业在全国不同省份的空间重构情况。上文中提到的EG指数，主要是研究者更关心产业的集聚对区域的长期增长或要素使用效率是否有影响时所采用的测度产业集聚程度的指标。研究者关心的不仅是产值（就业人数）等数据在地理空间上的不均衡程度，而且更关注这些不均衡是由大型企业造成的还是因为众多企业地理空间上的彼此接近所引起的，因为只有众多企业在地理空间上的集聚才会产生空间经济学所着重强调的知识溢出、企业的前后向关联等理论逻辑。当然产业在地理空间上的分布不均衡程度是计算 EG 指数的基础，EG 指数的计算本身就包含了反映产业地理集中度的赫芬达尔指数。但本书限于数据的可得性，我们无法按照 EG 指数的要求来计算不同产业的 EG 指数。[①]

根据本章研究主题的需求，本书选取集中度和空间基尼系数作为描述各产业在省级层面格局变化的指标。选取这两类指标主要是因为这两类指标在研究产业的空间分布上是常用指标，便于与其他研究进行对比，而且公开可得到的数据满足这两类指标计算对数据的要求。下面对这两类指标的计算方法做一下简单的说明。

（1）集中度。它是用规模最大的几个地区有关数值 X（如产业的总产值、销售额、就业人数等）占整个产业的份额来度量某产业在一国内不同区域间的分布非均衡程度。

$$CR_n = \frac{\sum\limits_{i=1}^{n} X_i}{\sum\limits_{i=1}^{N} X_i}$$

注：n 根据需要可以取不同数值，如果取值为 3 则表明计算的是某产业产值（或就业人数等）最大的三个区域的产值（或就业人数）占全国的比重。

[①] 中国有学者修改了 EG 指数的计算方法，用产业层面的数据计算了相应的 EG 指数。但笔者认为这种方法并不十分可取，主要是 EG 指数的推出就是为了避免因企业规模的差异带来的产业地理空间集聚程度的影响，使用产业层面的数据显然是无法满足这一要求。详见罗勇、曹丽莉（2005）。

集中度的计算方法简单、直观，但问题也同样突出，比如集中度仅反映了最大的几个区域某产业产值占全国的比重，那么最大的几个区域间的分布情况和其他区域该产业的分布情况就不得而知了。正因如此，很少有学者单独使用该指标来测度产业的空间分布情况，但作为一个辅助指标，集中度还是可以在很多文献中见到。

（2）空间基尼系数。基尼系数本来是用来研究收入分配公平程度的统计指标。Krugman（1991）最早使用基尼系数来测定美国制造业的集聚程度。中国也有不少学者如梁琦（2003a），张同升、梁进社、宋金平（2005）等使用空间基尼系数研究中国制造业的空间分布情况。通过对比不同时期产业的空间基尼系数，可以判断出该产业在区域之间分布的不均衡程度和变动趋势。因此结合产业集中度，可以对某产业的区域间分布不均衡程度和变动趋势做出判断，同时又可以直观地得出该产业主要集中的区域。本书产业空间基尼系数的计算方法如下。

基尼系数的计算与洛伦茨曲线密切相关，不妨设洛伦茨曲线与45度线之间图形的面积为 S_1，与横轴的面积为 S_2，且设 $S_1 + S_2 = 0.5$。假设计算 N 个区域某产业的空间基尼系数，该产业总产值从低到高排列后，得到 Z_i（$i = 1, 2, \cdots, N$），$W_i = \sum_{j-1}^{i} Z_j$（$i = 1, 2, \cdots, N; j = 1, 2, \cdots, i$），再有 $W_0 = 0$，则区位基尼系数计算公式的推导过程具体如下：

$$GINI = \frac{S_1}{S_1 + S_2} = \frac{S_1}{0.5} = \frac{0.5 - S_2}{0.5} = 1 - 2S_2$$

$$= 1 - 2 \sum_{i=1}^{N} \frac{\frac{W_{i-1}}{W_N} + \frac{W_i}{W_N}}{2N} = 1 - \frac{1}{N} \sum_{i=1}^{N} \left(\frac{W_{i-1}}{W_N} + \frac{W_i}{W_N} \right)$$

$$= 1 - \frac{1}{N} \left(2 \sum_{i=1}^{N} \frac{W_i}{W_N} - \frac{W_N}{W_N} \right) = 1 - \frac{1}{N} \left(2 \sum_{i=1}^{N} \frac{W_i}{W_N} - 1 \right)$$

$$= 1 - \frac{1}{NW_N} \left(2 \sum_{i=1}^{N} W_i - W_N \right)$$

空间基尼系数的取值范围在 [0, 1] 区间, 产业的空间基尼系数越大, 代表着该产业在空间上越集中。本书参考张同升等 (2005) 对产业空间基尼系数聚集程度的划分方法, 具体见表 3 – 10。

表 3 – 10   区位基尼系数与产业的地区分布类型

区位基尼系数	行业的地区分布类型
< 0.20	高度分散
0.20 ~ 0.30	比较分散
0.30 ~ 0.35	相对分散
0.35 ~ 0.40	相对集中
0.40 ~ 0.50	比较集中
> 0.50	高度集中

二   二位数制造业空间重构概述

根据前文所述, 本节首先计算了可得到相关数据的 20 个二位数制造业的空间基尼系数以及各产业产值排名前 5 位省份产值占比情况, 具体见表 3 – 11。

表 3 – 11 制造业各年基尼系数及 CR5

产业	1999 年		2004 年		2007 年		2010 年		2011 年	
	基尼系数	CR5（%）	基尼系数	CR5（%）	基尼系数	CR5（%）	基尼系数	CR5（%）	基尼系数	CR5（%）
C13	0.5367	50.93	0.5802	54.55	0.5860	54.87	0.5508	48.97	0.5411	46.57
C14	0.5257	49.58	0.5336	46.57	0.5515	51.45	0.5097	47.55	0.4967	44.70
C15	0.5027	46.60	0.4923	47.69	0.4833	46.82	0.4871	45.55	0.4946	46.21
C16	0.5737	53.58	0.5387	50.26	0.5254	49.28	0.5149	48.11	0.5117	49.12
C17	0.6975	68.44	0.7518	76.72	0.7543	77.17	0.7383	74.40	0.7283	71.39
C22	0.5950	57.96	0.6715	67.82	0.6476	68.83	0.6171	62.39	0.6058	59.65
C25	0.5467	49.68	0.5353	47.75	0.4894	45.77	0.4790	44.41	0.4784	44.75
C26	0.5235	48.92	0.5734	57.22	0.5902	59.69	0.5840	57.08	0.5742	55.80
C27	0.4456	40.60	0.4698	44.54	0.4877	45.57	0.4928	45.56	0.4970	45.11
C28	0.6909	72.41	0.7790	78.99	0.7829	81.72	0.8000	85.06	0.7987	85.74
C31	0.5394	50.76	0.5706	54.38	0.5895	55.44	0.5450	51.32	0.5339	48.94
C32	0.5179	48.15	0.5305	52.05	0.5156	51.44	0.5253	51.48	0.5228	51.08
C33	0.4025	37.85	0.4483	44.94	0.4737	45.36	0.5029	47.21	0.4962	46.19
C34	0.6866	67.45	0.7190	73.38	0.6809	70.95	0.6560	63.74	0.6358	60.75
C35	0.6394	63.42	0.6639	67.61	0.6431	66.01	0.6428	62.26	0.6258	59.11
C36	0.6271	58.93	0.5914	56.38	0.5625	54.37	0.5695	52.14	0.5729	53.58
C37	0.5616	51.77	0.5462	45.72	0.5479	45.58	0.5499	46.24	0.5468	45.59
C38	0.6848	71.10	0.7217	75.47	0.6849	72.85	0.6702	67.06	0.6777	67.01
C39	0.7454	72.35	0.8010	80.44	0.7760	79.55	0.7866	79.30	0.7679	76.39
C40	0.7309	74.58	0.7585	77.04	0.7222	75.07	0.7161	71.26	0.7287	72.25

注：计算空间基尼系数时如果一个产业在 31 个省份都有产值数据，那么基尼系数是包含 31 个省份的基尼系数，如果个别省份只有 29 个省份有该产业产值数据，那么计算出来的基尼系数只包含 29 个省份的基尼系数；CR5 是指产值位列某产业全国前 5 位省份的产值占全国该产业产值的比重。

资料来源：历年《中国工业统计年鉴》。

从各产业的空间基尼系数上来看，中国制造业在省级层面的分布是非常不均衡的。以 2010 年各产业的空间基尼系数来看，所有产业的空间基尼系数均高于 0.4（比较集中），只有三个产业空间基尼系数低于 0.5（高度集中），制造业整体省级层面空间基尼系数达 0.592，[①] CR5 指标也反映了同样的情况，所有产业产值前五位的省份产值比重均超过 40%。同时这种情况从前文分析中国四大区域制造业的空间分布时也可以看出，尽管 2004 年后中国制造业开始由东部地区向中西部地区扩散，但截至 2011 年东部地区制造业产值占全国比重仍然高达 60% 以上，西部十二省份比重仅为 12.68%。因此使用基尼系数进行分析时，不宜单纯从一般意义上以超过 0.5 就认为一个产业空间分布就极不均衡为标准。

本书计算和比较不同产业的空间基尼系数主要是为了鉴别各二位数制造业有无在省级层面的空间重构情况。如果一个产业在省级层面不存在空间重构，那么河南省在此产业上与中部其他省份间增速差距拉大的原因就不是由产业空间重构导致的，而是其他原因造成的。同时，把不同二位数制造业空间基尼系数与制造业整体空间基尼系数进行比较，如果

---

① 本书各产业空间基尼系数与其他文献比较说明：空间基尼系数是当前中国研究产业集聚现象一个常用的指标，但本书与其他文献在该指标的比较上有一定的出入。例如，梁琦也使用了《中国工业统计年鉴》分省的二位数制造业的产值数据计算了中国 20 个产业的基尼系数，但是与本书所计算的数据差距较大，可能的问题一是本书使用的基尼系数计算方法与其不一致，二是产业的划分上，本书使用的是最新的国民经济行业划分标准。具体各产业基尼系数详见梁琦（2004）；但本书所计算出来的产业空间基尼系数与使用同样数据，且以产业值计算空间基尼数的学者文玫的结论基本一致，详见文玫（2004）。

一个二位数制造业空间基尼系数高于制造业整体的空间基尼素数，那么这个产业属于在省级层面上高度集聚的产业。反之，该产业则属于在省级层面上相对分散的产业。做出这样的区分意义在于，如果一个省份的制造业以在省级层面集聚度高的产业为主，那么该省在未来的经济发展就可以更长时间依托此类产业进行发展。反之，如果一个省份制造业的主导产业以在省级层面分散的产业为主，那么当此类产业在该集聚达到一定程度后，该产业在该省的增速就会放慢，其长期促进作用会小于那些省级层面上相对集中的产业。[①] 产业集中度 CR5 所反映的信息与产业空间基尼系数一致，即当一个产业空间基尼系数下降时，CR5 则就变小，反之亦然。具体各二位数制造业 2004 年以来的 CR5 集中度以及前 5 名省份，见本章附表 3-6。

对比 2004 年和 2010 年不同产业空间基尼系数，中国共有 15 个产业在省级层面上发生了扩散，5 个产业趋向集中。与各年制造业整体空间基尼系数的对比，共有 12 个产业空间上相对分散，8 个产业空间上相对集中（见表 3-12）。

各产业在此期间空间格局变动趋势又有所不同：C13（农副食品加工业）、C14（食品制造业）、C26（化学原料及化学制品制造业）、C31（非金属矿物制品业）、C17（纺织业）

[①] 规模经济、资源禀赋、运输成本、地方保护主义等因素都会影响产业集聚程度，具体分析参见路江涌、陶志刚（2007）。

表 3 – 12　制造业各产业空间基尼系数及 **CR5** 变动情况

项目	产业	基尼系数			2004 ~ 2010 年	CR5（％）		
		2004 年	2007 年	2010 年	变动幅度（％）	2004 年	2007 年	2010 年
基尼系数低于平均水平的产业	C13	0.5802	0.5860	0.5508	- 5.07	54.55	54.87	48.97
	C14	0.5336	0.5515	0.5097	- 4.48	46.57	51.45	47.55
	C15	0.4923	0.4833	0.4871	- 1.04	47.69	46.82	45.55
	C16	0.5387	0.5254	0.5149	- 4.42	50.26	49.28	48.11
	C25	0.5353	0.4894	0.4790	- 10.52	47.75	45.77	44.41
	C26	0.5734	0.5902	0.5840	1.85	57.22	59.69	57.08
	C27	0.4698	0.4877	0.4928	4.89	44.54	45.57	45.56
	C31	0.5706	0.5895	0.5450	- 4.50	54.38	55.44	51.32
	C32	0.5305	0.5156	0.5253	- 0.97	52.05	51.44	51.48
	C33	0.4483	0.4737	0.5029	12.17	44.94	45.36	47.21
	C37	0.5462	0.5479	0.5499	0.67	45.72	45.58	46.24
	C36	0.5914	0.5625	0.5695	- 3.70	56.38	54.37	52.14
基尼系数高于平均水平的产业	C17	0.7518	0.7543	0.7383	- 1.79	76.72	77.17	74.40
	C22	0.6715	0.6476	0.6171	- 8.11	67.82	68.83	62.39
	C28	0.7790	0.7829	0.8000	2.70	78.99	81.72	85.06
	C34	0.7190	0.6809	0.6560	- 8.76	73.38	70.95	63.74
	C35	0.6639	0.6431	0.6428	- 3.18	67.61	66.01	62.26
	C38	0.7217	0.6849	0.6702	- 7.14	75.47	72.85	67.06
	C39	0.8010	0.7760	0.7866	- 1.80	80.44	79.55	79.30
	C40	0.7585	0.7222	0.7161	- 5.59	77.04	75.07	71.26

　　注：2004 年和 2007 年是中国制造业空间格局变动的两个重要节点：2004 年之前，制造业总体上高度集聚于东部地区，2004 年之后产业开始由东部地区向中西部地区扩散，2007 年之后这种扩散进一步加速；截止时间选取 2010 年而非 2011 年，是因为中国规模以上工业企业的统计口径变化较大。

　　资料来源：历年《中国工业统计年鉴》。

在 2004～2007 年进一步集中，2007 年之后开始分散（其中 C26，在 2010 年的集聚度仍高于 2004 年）；C16（烟草制品业）、C25（石油加工、炼焦及核燃料加工业）、C22（造纸及纸制品业）、C34（金属制品业）、C35（通用设备制造业）、C38（电气机械及器材制造业）、C40（仪器仪表及文化、办公用机械制造业）等 7 个产业在 2004～2010 年持续分散；C15（酒、饮料制造业）、C32（黑色金属冶炼及压延加工业）、C39（通信设备、计算机及其他电子设备制造业）、C36（专用设备制造业）等 4 个产业在 2004～2007 年扩散，2007 年之后再集聚；C27（医药制造业）、C33（有色金属冶炼及压延加工业）、C37（交通运输设备制造业）、C28（化学纤维制造业）等 4 个产业在 2004 年以来仍持续了集聚态势。

结合前文对不同产业在东、中、西部地区间重构情况的分析，2004 年以来发生产业空间重构的 9 个产业里，4 个产业属于省级层面分布相对集中的产业，5 个产业属于省级层面相对分散的产业。对于另外 6 个空间重构不明显的产业，有 3 个属于省级层面相对分散的产业，另外 3 个则属于省级层面相对集中的产业。近期东、中、西部地区间的产业重构，产业在省级层面所表现的空间属性并不是一个系统影响东、中、西部地区间产业重构的因素。

三　中部六省二位数制造业增速差异分析

鉴于中国制造业空间重构主要在东部地区与中部地区之

间，而且本书主要是关注河南省与中部地区制造业增速差距拉大的问题，在二位数制造业的分析中仅就中部六省制造业增速差异进行相关分析。本书对中部六省制造业相关问题分析所使用的数据仍源于历年《中国工业统计年鉴》，但前文已经指出该年鉴所给出的二位数制造业数据并不全面。中部六省各省份历年统计年鉴，提供了分省制造业的数据。但是有些省份给出了制造业产值的数据，而没有给出增加值数据（如湖北省）；有些省份仅给出了制造业增加值的数据，而没有提供产值数据（如河南省）。本书在对比分析中部六省制造业发展情况时为使数据口径一致具有可比性，仍使用历年《中国工业统计年鉴》数据，虽然该年鉴给出的数据遗漏了10个产业，但是所给出数据的20个产业从产值角度可以较好代表各省制造业的整体发展情况。本书只有在具体分析中部地区某个省份制造业发展情况时才会使用该省份统计年鉴所公布的制造业数据。

截止到2011年，河南省在中部六省中仍然是制造业产值规模最大的省份，其产值占中部地区制造业产值的比重达28.82%，同时在细分的二位数制造业上，河南省也在多个产业上领先中部其他省份。但如图3－6所示，自2007年以来河南省制造业增速慢于中部其他省份（山西除外），制造业占中部地区的份额也由最高时的32.23%，下降为28.82%。可以看出，主要是因为河南省制造业2007年以来较中部地区其他省份发展的相对滞后，导致河南省经济发展速度与中部

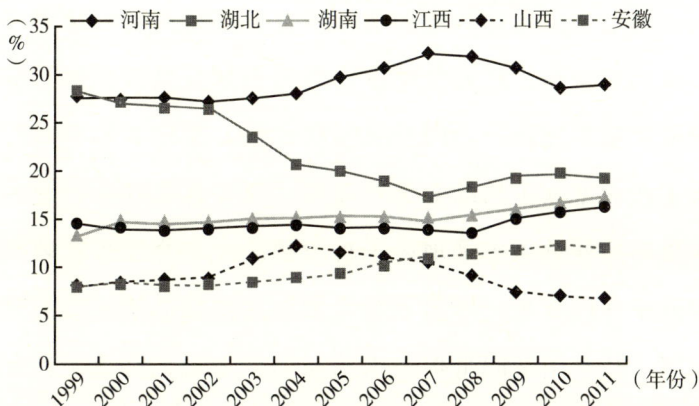

图 3-6　中部地区各省制造业历年产值份额

资料来源：历年《中国工业统计年鉴》。

其他省份差距不断拉大。

中部六省 2004 年和 2010 年，各省二位数制造业占全国产值比重及全国排名情况见本章附表 3-5。以 2010 年产值占全国比重为基准，河南省共有 14 个产业位列中部六省第一位，其中 C31、C15、C13、C36、C14、C33 位列全国前三名；20 个产业里只有 C39 和 C28 在 2004～2010 年占全国比重下降，其他 18 个产业产值占全国比重均有所提升。但在此期间，河南省制造业占全国比重的提升幅度明显低于中部地区其他四省（山西省在此期间比重下降，故不包括山西省）。2004～2011 年，河南省制造业产值占全国比重由 4.01% 提高到 4.78%，提升幅度为 19.20%，同期中部四省产值占全国比重由 11.61% 提高到 15.54%，提升幅度为 33.85%。河南省在此期间制造业整体增速明显滞后于中部地区其他四省。

上文我们基于制造业整体情况从空间的视角分析了产业

空间重构对中部地区各省制造业增速差距拉大的原因做了分析。从产业视角，产业空间重构是否仍然是导致中部地区各省制造业增速差距拉大的影响因素呢？从表 3 - 13 可以看出：在发生产业空间重构的 9 个产业里，河南省有 6 个产业占全国比重的增幅低于中部地区平均增幅。在 4 个发生产业空间重构的主导产业里，河南省有 3 个产业增幅低于中部地区平均增幅。在 6 个空间重构不太明显的产业里，有 3 个产业增幅低于中部地区平均增幅。可以看出，发生产业空间重构的产业，河南省在此类产业上多数慢于中部地区增速。而不发生产业空间重构的产业河南省与中部地区增速则无太大差异。因此，从产业视角看，产业空间重构仍是中部各省制造业增速差距拉大的主要影响因素。

表 3 - 13　河南省和中部地区（山西除外）2004～2010 年
各产业全国比重增幅

单位：%

产业	河南省	中部四省
C31	42.19	51.98
C15	54.15	48.64
C13	7.89	87.35
C34	64.82	85.89
C36	11.19	93.64
C35	76.11	48.82
C14	43.51	38.22
C22	38.01	46.02
C38	52.37	88.52
C17	58.52	50.90

续表

产业	河南省	中部四省
C27	50.79	39.03
C33	11.61	52.07
C39	-1.37	112.95
C40	114.89	111.66
C26	14.68	61.08

资料来源：历年《中国工业统计年鉴》。

　　如果说中国产业空间重构的毗邻效应是导致河南省制造业发展相对中部地区其他省份滞后的主要因素，那么河南省自身制造业的空间特性则是河南近期较中部其他省份发展滞后的另一个重要影响因素。表3-14列举了2007年、2010年、2011年产值比重前十位的产业，以及2007~2011年各产业对河南制造业产值增量贡献率前十位的产业。各年河南省产值前十位的制造业没有变化，但各产业的位次有所调整，需要注意的是2011年统计口径的调整对产业排序有较大的影响。2007~2011年对河南省制造业增长贡献率前十位的产业除C14（食品制造业）被C38（电气机械及器材制造业）取代外，其他产业一致。河南省的主导产业（产值前十位的产业），产值比重及历年贡献率均在77%以上，河南省十大主导产业中有7个同时也是中国制造业的主导产业，依次为：C31（非金属矿物制品业）、C13（农副食品加工业）、C33（有色金属冶炼及压延加工业）、C32（黑色金属冶炼及压延加工业）、C37（交通运输设备制造业）、C25（石油加工、

炼焦及核燃料加工业）、C35（通用设备制造业）。上述 7 个
产业占河南省制造业产值的比重为 61.27%，即河南省近期
制造业发展滞后并非因河南省主导产业本身萎缩所致。但河
南省十大主导产业有 8 个在省级层面上属于空间分布较为分
散的产业，该种类型的产业 CR5 平均值为 48.8%，即产值前
5 位省份中每个省份占全国份额平均为 9.76%，而空间分布
较为集中产业的 CR5 平均值为 70.68%，产值前 5 位省份中
每个省份占全国份额平均可达 14.14%。河南省主导产业在
空间上的这种特性使得河南省 8 个主导产业不会像省级层面
分布相对集中的产业那样高度集聚在少数几个省份。当此类
产业在一个省份发展到一定程度后，进一步在该省的发展空
间就会因产业自身空间特性的原因发展放缓。

表 3-14　河南省主导产业产值比重及空间特性

2007 年		2007~2011 年		空间特性	2010 年		2011 年		空间特性
产业	比重（%）	产业	贡献率（%）		产业	比重（%）	产业	比重（%）	
C31	12.65	C31	15.65	分散	C31	14.53	C31	14.43	分散
C33	12.08	C13	10.08	分散	C13	10.73	C33	10.58	分散
C13	11.26	C33	9.55	分散	C33	10.68	C13	10.56	分散
C32	10.27	C35	7.18	—	C32	7.46	C26	7.21	分散
C26	7.40	C26	7.08	分散	C26	6.81	C32	6.99	分散
C36	5.56	C36	6.38	分散	C35	6.30	C35	6.27	—
C17	5.47	C37	6.14	分散	C36	6.24	C36	6.05	分散
C35	4.95	C17	5.33	—	C37	5.37	C37	5.45	分散
C37	4.44	C38	4.87	—	C17	5.09	C17	5.39	—
C14	4.24	C32	4.74	分散	C14	4.62	C14	4.42	分散

资料来源：历年《中国工业统计年鉴》。

分产业的情况，选取 2010 年和 2011 年河南省产值比重前十位的产业。河南省 10 个主导产业里，有 5 个产业发生了东、中、西部地区间的产业重构，但这些产业除 C35（通用设备制造业）外，全部属于省级层面分散的产业，同时 C31（非金属矿物制品业）和 C14（食品制造业）河南省比重已经超过 CR5 均值水平，在这 5 个产业里也仅有 C35（通用设备制造业）在近期河南省增速快于中部地区平均增速；有 3 个产业发生了东、中、西部地区间不明显的重构，其中仅有 C17（纺织业）属于省级层面集中的产业，也只有 C17（纺织业）河南省近期增速超过了中部地区平均增速（见表 3 - 15）。

因此，河南省自 2007 年以来制造业增速慢于中部地区其他省份的主要原因在于：产业空间重构的毗邻效应和河南省主导产业在省级层面以分散布局为主的产业空间属性所致。

表 3 - 15　河南省主导产业相关情况

单位：%

产业	排名	比重	CR5 均值	是否重构	产业	排名	比重	CR5 均值	是否重构
C31	2	11.76	10.26	重构	C17	5	4.63	14.88	不明显
C13	3	7.98	9.79	重构	C33	3	9.86	9.44	不明显
C14	2	10.58	9.51	重构	C26	7	3.69	11.42	不明显
C35	7	4.66	12.45	重构	C37	13	2.51	9.25	未重构
C36	3	7.51	10.43	重构	C32	9	3.74	10.30	未重构

注：排名是指河南省该产业产值全国排名；比重指河南省该产业产值占全国比重；CR5 均值指该产业产值 5 省份产值占全国比重的均值；重构、不明显、未重构均是指是否发生东、中、西部地区间的产业重构。

资料来源：2011 年《中国工业统计年鉴》。

第四节　本章小结

（1）通过对近期全国工业和制造业数据的梳理、分析，在一定程度上明晰了中西部地区与东部地区经济发展水平缩小的原因——中部地区主要依托制造业的快速发展，而西部地区则主要依托采掘业的发展。同时我们发现制造业在省级层面空间重构过程中存在显著的毗邻效应。制造业的空间重构基本上在相邻省份间进行，特别是经济发展存在级差的邻近省份间。而在此期间与河南省相邻的东部省份并没有发生产业空间重构，因此河南省受2004年以来中国产业空间重构的影响较少，而同期安徽、江西、湖南和湖北四省则在全国产业空间重构的推动下，制造业增速较之前都有了大幅度的提升，从而使其增速远远快于河南省制造业的增速。此外，通过对河南省制造业主导产业的分析，我们发现，如果属于省级层面相对分散的产业，则此类产业2007年以来的增速会显著慢于中部其他省份（山西省除外），但如果产业属于省级层面相对集中的产业，那么河南省此类产业增速则并未显著滞后于中部地区其他省份。因此，河南省主导产业多数属于在省级层面相对分散的产业也是导致河南省近期制造业表现不佳的一个重要影响因素。

（2）山东和江苏两省2011年制造业产值占全国的比重较2010年均有一定程度的下降，但考虑到2011年中国规模以上工业企业统计口径有较大程度的改变，从当前数据看，尚不能确定这种变化是否主要源于统计口径的改变，因此上述两省是否已发生或将要发生产业空间重构需要进一步观察。

（3）本书从产业空间重构在省级层面规律入手分析河南省产业增速与其他省份的差距，除了希望可以厘清为什么河南省在全国产业空间重构过程中与中部地区其他省份制造业增速差距不断拉大，更想说明要素在空间上的变化规律与要素在部门间的调整并无本质区别，均是在既定约束下企业追逐利润最大化行为所致，区别仅在于一个体现在空间区位的变化上，一个体现在不同产业间的调整上。从表 3 - 16 中我们可以很清楚地看出：2004～2011 年在东、中、西部地区间发生空间重构的产业，其产值在不同区域的变动幅度显著低于该产业在不同区域利润的变动幅度。如果产业主要发生在东部地区和中部地区间，则中部地区该产业的利润率（产业利润额除以产业生产总值）会显著高于西部地区和东北地区（如农副食品加工业、食品制造业等）；如果产业重构主要发生在东部地区和西部地区间，则西部地区该产业的利润率会显著高于中部地区和东北地区（如酒、饮料制造业）。因此企业区位调整的动因已经包含在经济理论的基本前提内而无须研究。① 至于是什么因素使得发生空间重构的产业在不同区域利润率产生了变化，那需要我们从不同产业的生产成本、

---

① 一些以产业转移为标识的文献在题目中指明研究产业转移的动因，此种提法是很值得商榷的，至少从经济学的视角研究产业转移的动因毫无必要，除非我们想以行政手段干预经济的空间分布。

表3-16 东、中、西部及东北地区各产业产值及利润占比变化情况

单位：%

地区	东部地区				中部地区				西部地区				东北地区			
	2004年		2010年		2004年		2010年		2004年		2010年		2004年		2010年	
产业	产比	利比	产比	利比	产比	利比	产比	利比	产比	利比	产比	利比	产比	利比	产比	利比
C31	65.02	68.51	49.00	46.22	18.34	18.72	25.93	29.90	11.12	8.08	14.69	14.58	5.51	4.68	10.39	9.30
C15	56.66	52.76	40.30	33.10	15.68	10.68	22.67	22.28	20.62	33.29	27.93	38.73	7.04	3.26	9.10	5.89
C13	60.62	56.55	45.61	38.80	15.43	16.77	22.61	28.06	14.09	18.13	15.79	17.41	9.87	8.55	15.99	15.73
C34	85.57	90.24	74.40	70.73	6.70	5.54	11.79	15.02	3.60	1.70	6.37	6.15	4.14	2.52	7.44	8.10
C36	68.79	79.55	58.30	56.78	14.78	10.85	21.50	25.00	9.56	4.77	10.11	8.94	6.87	4.83	10.09	9.28
C35	76.49	83.44	66.20	65.93	9.18	5.22	13.25	15.99	6.41	5.87	8.21	7.45	7.92	5.46	12.35	10.63
C14	61.95	67.46	51.04	49.83	16.76	13.95	22.75	24.43	14.50	12.91	16.47	16.41	6.79	5.66	9.74	9.33
C22	77.05	79.70	68.22	66.85	12.77	16.88	18.04	21.51	7.11	4.24	9.53	7.71	3.08	-0.82	4.22	3.92
C38	84.73	88.50	75.33	72.94	7.50	5.71	13.18	15.30	4.44	3.19	6.60	7.04	3.34	2.62	4.90	4.72

注：产比：产值占全国比重，利比：利润占全国比重。

资料来源：历年《中国工业统计年鉴》。

销售收入、运费、企业直接或间接运行费用等诸多因素去考察。但鉴于本书的研究重点，我们不再去分析空间重构产业在不同区域利润率变化的影响因素了。

最后需要说明的一点：多年以来，笔者在河南很多市县的调研中多次听到市县级相关领导反映不少招商引资企业对当地政府的"逆向寻租"问题，即不少招商引资来的企业存在实际投资金额远低于承诺投资金额、大量圈地挪为他用或待地方政府承诺的税收、土地等优惠政策到期后搬离等情况，此种情况在县里（县级市）尤为常见。我们是否也可以想一下，企业区位对于企业发展具有重要影响，企业所有者比政府更清楚企业应在何处发展，以大笔财政资金对招商而来的企业进行补贴是否得不偿失。

需说明的相关问题：①本书未对毗邻效应进行相应的计量检验，除了时间较短、可得样本较小的原因外，还需要理论工作者特别是计量经济学专家进一步在空间计量的技术上有更大的突破；[①] ②由于本书关注产业空间重构过程中河南省与中部地区其他省份制造业增速差距的原因和解释，对于是什么原因导致了产业空间重构现象并未进行相关研究；③产业空间重构的设定标准有一定的主观性，以此为基础梳理的产业空间重构规律也可能存在一定问题。

[①] 新经济地理学的经验研究远落后于理论上的进展，新经济地理学的理论模型存在很强的非线性特征，模型的一些假设也极不易处理，在分析中很难用计量模型和数据把空间作用刻画清楚，同时经济地理作用也需要更长时间观察。具体评述详见陆铭（2013）。当前可查到的，基于中国二位数制造业数据，分析对二位数制造业空间分布规律进行研究的文献，仅有赵罂、石敏俊、杨晶（2012）。

附表3-1　各二位数制造业2005~2011年产值和就业人数占制造业份额及产值贡献率

单位：%

产业\年份	产值占比 2005	产值占比 2010	产值占比 2011	贡献率 2005~2010	贡献率 2007~2010	贡献率 2010~2011	就业占比 2005	就业占比 2010	就业占比 2011	贡献率 2005~2010	贡献率 2007~2010
C13	4.87	5.73	6.01	6.21	6.81	7.39	3.75	4.40	4.48	5.96	6.78
C14	1.73	1.86	1.91	1.93	2.06	2.17	2.04	2.10	2.20	2.23	2.66
C15	1.42	1.50	1.61	1.55	1.59	2.16	1.50	1.55	1.70	1.67	1.89
C16	1.30	0.96	0.93	0.77	0.81	0.77	0.33	0.25	0.25	0.06	0.16
C17	5.82	4.68	4.45	4.04	3.82	3.33	9.96	7.71	7.31	2.29	1.37
C18	2.28	2.02	1.84	1.88	1.85	0.97	5.83	5.33	4.75	4.11	2.14
C19	1.59	1.30	1.22	1.13	1.07	0.83	3.86	3.29	3.23	1.94	1.26
C20	0.84	1.21	1.23	1.42	1.51	1.29	1.40	1.70	1.60	2.40	2.35
C21	0.66	0.72	0.69	0.76	0.78	0.54	1.20	1.33	1.32	1.65	1.33
C22	1.91	1.71	1.65	1.60	1.61	1.32	2.19	1.88	1.82	1.13	1.28
C23	0.66	0.58	0.53	0.54	0.56	0.24	1.13	1.01	0.88	0.74	0.83
C24	0.68	0.51	0.44	0.42	0.41	0.06	1.85	1.53	1.37	0.75	0.57

续表

年份／产业	产值占比 2005	产值占比 2010	产值占比 2011	贡献率 2005～2010	贡献率 2007～2010	贡献率 2010～2011	就业占比 2005	就业占比 2010	就业占比 2011	贡献率 2005～2010	贡献率 2007～2010
C25	5.51	4.80	5.03	4.40	4.45	6.15	1.25	1.10	1.19	0.72	0.75
C26	7.51	7.86	8.29	8.06	8.25	10.37	5.73	5.65	5.65	5.46	6.11
C27	1.95	1.93	2.04	1.91	2.10	2.57	2.08	2.06	2.22	2.02	2.33
C28	1.20	0.81	0.91	0.60	0.33	1.38	0.72	0.52	0.57	0.05	-0.09
C29	1.01	0.97	1.00	0.95	0.96	1.14	1.34	1.23	1.16	0.95	1.00
C30	2.33	2.28	2.12	2.25	2.25	1.37	3.09	3.38	3.16	4.07	3.86
C31	4.22	5.26	5.47	5.84	6.45	6.53	7.05	6.49	6.42	5.15	6.26
C32	9.86	8.50	8.73	7.75	7.08	9.83	4.84	4.12	4.22	2.37	2.68
C33	3.64	4.61	4.89	5.15	3.94	6.26	2.20	2.28	2.39	2.48	2.30
C34	3.01	3.30	3.18	3.47	3.39	2.58	3.76	4.11	3.87	4.94	4.63
C35	4.87	5.76	5.58	6.26	6.53	4.71	5.98	6.43	6.14	7.50	7.73
C36	2.79	3.54	3.56	3.95	4.29	3.69	3.70	3.98	4.02	4.65	5.06
C37	7.21	9.10	8.62	10.14	11.06	6.27	5.94	6.84	7.19	9.01	10.75
C38	6.38	7.11	7.01	7.52	7.55	6.50	6.19	7.20	7.44	9.65	10.10
C39	12.39	9.02	8.69	7.14	6.15	7.09	7.41	9.21	10.17	13.56	12.03

续表

年份＼产业	2005 产值占比	2010 产值占比	2011 产值占比	2005~2010 贡献率	2007~2010 贡献率	2010~2011 贡献率	2005 就业占比	2010 就业占比	2011 就业占比	2005~2010 贡献率	2007~2010 贡献率
C40	1.28	1.05	1.04	0.92	0.82	0.99	1.49	1.49	1.55	1.47	1.16
C41	0.93	0.93	0.98	0.93	0.89	1.23	2.11	1.67	1.54	0.61	0.23
C42	0.13	0.38	0.36	0.51	0.64	0.26	0.07	0.17	0.19	0.39	0.47

资料来源：历年《中国统计年鉴》。

附表 3－2　中部地区制造业占全国比重变化

单位：%

年份	1999	2000	2001	2002	2003	2004	2005	2006	2007	2008	2009	2010	2011
河南	4.25	3.86	3.80	3.61	3.49	3.45	3.79	4.01	4.55	4.89	4.77	4.78	5.36
湖北	4.32	3.87	3.66	3.51	2.99	2.54	2.54	2.45	2.46	2.80	2.99	3.32	3.60
湖南	2.07	2.04	1.99	1.95	1.90	1.88	1.94	1.97	2.11	2.35	2.51	2.80	3.22
江西	1.25	1.15	1.12	1.09	1.05	1.08	1.17	1.35	1.55	1.74	1.83	2.06	2.22
山西	1.20	1.20	1.19	1.18	1.35	1.52	1.49	1.41	1.49	1.43	1.11	1.16	1.19
安徽	2.19	1.99	1.89	1.87	1.81	1.78	1.77	1.85	1.96	2.11	2.33	2.59	3.00
中部地区	15.27	14.11	13.65	13.21	12.58	12.25	12.70	13.02	14.13	15.31	15.54	16.70	18.58

资料来源：历年《中国工业统计年鉴》。

附表 3－3　西部地区制造业占全国比重变化

单位：%

年份	1999	2000	2001	2002	2003	2004	2005	2006	2007	2008	2009	2010	2011
甘肃	0.83	0.91	0.91	0.81	0.64	0.77	0.79	0.79	0.80	0.72	0.68	0.69	0.70
广西	1.50	1.23	1.18	1.13	1.11	1.06	1.05	1.11	1.16	1.22	1.28	1.41	1.56
贵州	0.73	0.72	0.69	0.63	0.65	0.57	0.56	0.51	0.50	0.48	0.47	0.44	0.48
内蒙古	0.80	0.76	0.76	0.78	0.90	0.93	1.04	1.10	1.17	1.35	1.56	1.45	1.49
宁夏	0.22	0.23	0.23	0.20	0.21	0.24	0.23	0.23	0.23	0.23	0.23	0.24	0.23
青海	0.17	0.15	0.14	0.12	0.12	0.12	0.12	0.13	0.14	0.16	0.16	0.15	0.18
陕西	1.35	1.26	1.25	1.22	1.11	1.11	1.10	1.18	1.20	1.21	1.30	1.34	1.40
四川	2.82	2.62	2.56	2.57	2.55	2.34	2.50	2.54	2.72	2.88	3.27	3.25	3.56
新疆	0.61	0.66	0.70	0.66	0.45	0.55	0.55	0.55	0.56	0.59	0.58	0.63	0.64
云南	1.46	1.33	1.29	1.22	1.15	1.07	1.07	1.09	1.08	1.02	0.93	0.90	0.90
重庆	1.11	1.22	1.24	1.22	1.32	1.18	1.12	1.12	1.18	1.22	1.33	1.41	1.52
西部地区	11.61	11.10	10.95	10.57	10.20	9.94	10.12	10.36	10.74	11.09	11.79	11.91	12.68

资料来源：历年《中国工业统计年鉴》。

附表 3 - 4　东部地区制造业不同产值占该产业产值变动情况

单位：%

产业	1999 年	2000 年	2001 年	2002 年	2003 年	2004 年	2005 年	2006 年	2007 年	2008 年	2009 年	2010 年	2011 年
C13	56.51	57.43	59.21	59.64	59.49	60.62	57.87	56.06	54.11	51.33	48.79	45.61	42.21
C14	59.36	66.86	66.35	64.00	63.03	61.95	60.81	58.40	56.79	53.93	53.12	51.04	49.85
C15	55.65	56.24	56.46	56.19	56.95	56.66	54.15	50.68	47.93	44.90	43.15	40.30	38.12
C16	26.78	28.06	30.56	33.90	34.94	36.52	34.71	35.71	36.08	36.51	34.83	37.63	36.36
C17	77.45	77.43	79.75	81.44	82.73	84.83	84.58	84.09	82.67	81.70	80.23	79.12	76.30
C22	69.64	71.70	72.45	73.96	75.54	77.05	76.27	75.79	74.32	72.51	69.82	68.22	65.20
C25	50.84	51.25	48.65	50.15	50.32	48.62	50.11	49.94	51.03	49.97	50.70	52.81	52.67
C26	61.60	62.50	66.23	80.94	68.65	69.70	68.49	69.25	68.29	66.72	66.19	64.65	63.18
C27	55.80	56.17	57.11	57.63	58.72	59.64	59.01	57.91	56.63	55.28	55.30	54.23	51.19
C28	80.75	81.51	80.01	80.94	84.12	83.73	85.20	86.66	85.78	86.41	87.27	87.31	87.77
C31	59.21	59.38	60.62	61.12	62.12	65.02	63.64	62.20	59.31	55.92	51.98	49.00	45.93
C32	52.62	53.82	55.33	55.45	57.46	58.79	59.83	60.58	59.71	58.73	58.61	57.21	56.26
C33	40.92	39.94	40.86	42.00	43.68	46.43	45.20	44.29	42.21	41.71	43.08	41.49	38.65
C34	80.76	82.22	82.81	84.16	85.57	85.65	84.85	83.58	82.57	79.23	76.07	74.40	72.00
C35	71.25	72.08	73.54	73.65	75.55	76.49	74.99	74.07	72.84	70.52	68.00	66.20	63.37
C36	67.66	69.54	69.94	69.80	65.89	68.79	66.95	65.50	63.54	61.41	58.64	58.30	55.19
C37	55.29	52.94	51.90	52.56	56.00	55.98	57.64	58.00	57.36	57.53	57.62	57.10	56.02
C38	80.77	81.31	82.36	83.16	83.77	84.73	83.48	82.98	81.27	79.36	76.93	75.33	73.59
C39	85.37	86.82	88.36	89.36	91.78	93.69	94.20	94.05	93.44	92.77	91.52	90.60	86.70
C40	83.61	85.12	84.73	84.57	87.72	88.02	88.17	87.50	86.15	83.51	81.56	81.70	81.42

资料来源：历年《中国工业统计年鉴》。

附表 3－5 中部地区各省不同产业占全国比重及排名

单位：%

省份	C31 2004年 排名	占比	C31 2010年 排名	占比	C15 2004年 排名	占比	C15 2010年 排名	占比	C13 2004年 排名	占比	C13 2010年 排名	占比	C34 2004年 排名	占比	C34 2010年 排名	占比
山西	17	1.35	21	0.91	20	1.26	25	0.98	26	0.52	25	0.55	19	0.50	24	0.24
安徽	13	2.38	13	2.92	12	2.99	10	3.30	15	2.01	11	3.74	14	1.20	12	2.48
江西	15	1.58	12	3.28	23	1.12	21	1.42	20	1.15	17	1.91	17	0.56	15	1.27
河南	4	8.27	2	11.76	7	4.85	3	7.47	3	7.39	3	7.98	11	1.88	9	3.09
湖北	14	2.31	11	3.40	9	3.99	6	6.20	14	2.14	8	4.40	12	1.45	10	2.68
湖南	12	2.45	10	3.65	19	1.47	11	3.30	13	2.23	9	4.04	15	0.97	14	2.03
中部地区	—	18.34	—	25.93	—	15.68	—	22.67	—	15.43	—	22.61	—	6.56	—	11.79

省份	C36 2004年 排名	占比	C36 2010年 排名	占比	C35 2004年 排名	占比	C35 2010年 排名	占比	C14 2004年 排名	占比	C14 2010年 排名	占比	C22 2004年 排名	占比	C22 2010年 排名	占比
山西	14	1.69	16	1.71	18	1.21	21	0.65	20	1.10	24	0.71	26	0.18	28	0.11
安徽	15	1.64	11	2.44	15	1.51	10	2.55	17	1.99	17	2.08	15	1.22	13	1.78
江西	25	0.48	23	0.81	20	0.48	20	0.71	21	1.07	16	2.13	19	0.72	15	1.63
河南	6	6.75	3	7.51	7	2.64	7	4.66	3	7.37	2	10.58	5	5.67	5	7.83
湖北	20	1.29	17	1.66	13	1.98	12	2.27	13	2.35	14	3.40	10	2.10	12	2.28
湖南	10	2.93	4	7.38	16	1.36	11	2.40	12	2.88	9	3.84	9	2.88	7	4.42
中部地区	—	14.78	—	21.50	—	9.18	—	13.25	—	16.76	—	22.75	—	12.77	—	18.04

续表

省份	C38 2004年 排名	C38 2004年 占比	C38 2010年 排名	C38 2010年 占比	C17 2004年 排名	C17 2004年 占比	C17 2010年 排名	C17 2010年 占比	C27 2004年 排名	C27 2004年 占比	C27 2010年 排名	C27 2010年 占比	C33 2004年 排名	C33 2004年 占比	C33 2010年 排名	C33 2010年 占比
山西	22	0.28	25	0.21	24	0.27	25	0.11	22	1.32	25	0.90	12	3.12	20	1.44
安徽	6	2.96	5	4.60	10	1.46	11	1.73	24	1.26	16	2.10	13	2.93	9	4.16
江西	19	0.59	11	2.11	15	0.74	10	1.89	13	2.92	9	3.99	9	4.26	4	8.90
河南	12	1.75	9	2.66	8	2.92	5	4.63	8	4.20	5	6.34	3	8.83	3	9.86
湖北	14	0.96	12	1.85	9	2.41	8	3.32	15	2.87	10	3.51	17	2.23	15	2.09
湖南	15	0.96	14	1.75	14	0.96	13	1.47	17	2.16	13	3.22	6	4.48	7	5.99
中部地区	—	7.50	—	13.18	—	8.76	—	13.15	—	14.74	—	20.06	—	25.85	—	32.43

省份	C39 2004年 排名	C39 2004年 占比	C39 2010年 排名	C39 2010年 占比	C40 2004年 排名	C40 2004年 占比	C40 2010年 排名	C40 2010年 占比	C26 2004年 排名	C26 2004年 占比	C26 2010年 排名	C26 2010年 占比	C32 2004年 排名	C32 2004年 占比	C32 2010年 排名	C32 2010年 占比
山西	24	0.05	20	0.23	24	0.22	22	0.29	17	1.64	21	1.06	6	5.09	7	3.85
安徽	15	0.35	14	0.54	14	0.79	13	1.44	16	1.77	13	2.39	14	2.32	13	2.63
江西	19	0.14	12	0.69	17	0.59	18	0.88	22	0.84	12	2.57	18	1.50	18	1.79
河南	14	0.37	19	0.36	12	1.33	10	2.85	8	3.22	7	3.69	11	3.14	9	3.74
湖北	11	0.64	11	1.42	13	0.85	16	1.02	14	2.32	9	3.34	8	3.64	6	4.71
湖南	13	0.38	13	0.58	15	0.75	8	2.95	15	2.23	10	3.24	15	2.24	15	2.33
中部地区	—	1.93	—	3.81	—	4.52	—	9.43	—	12.01	—	16.29	—	17.93	—	19.05

续表

省份	C16 2004年 排名	C16 2004年 占比	C16 2010年 排名	C16 2010年 占比	C37 2004年 排名	C37 2004年 占比	C37 2010年 排名	C37 2010年 占比	C28 2004年 排名	C28 2004年 占比	C28 2010年 排名	C28 2010年 占比	C25 2004年 排名	C25 2004年 占比	C25 2010年 排名	C25 2010年 占比
山西	25	0.42	26	0.45	24	0.36	23	0.41	21	0.19	24	0.02	7	5.55	6	5.00
安徽	10	4.11	10	3.87	13	2.22	12	3.18	13	1.12	10	1.13	18	1.47	23	1.13
江西	15	1.94	19	1.60	21	1.38	20	1.30	14	1.12	14	0.74	19	1.43	22	1.24
河南	7	4.76	9	4.81	16	1.97	13	2.51	5	3.80	6	2.41	14	2.85	12	3.25
湖北	9	4.51	4	6.19	6	7.37	6	6.95	15	1.05	15	0.67	15	2.77	17	2.08
湖南	2	9.00	3	9.09	19	1.54	19	1.81	12	1.14	16	0.62	16	2.67	18	1.75
中部地区	—	24.75	—	26.02	—	14.85	—	16.16	—	8.41	—	5.59	—	16.74	—	14.46

资料来源：历年《中国工业统计年鉴》。

附表 3-6 二位数制造业 2004 年、2007 年、2010 年、2011 年产值占全国比重前 5 名省份及排名

单位：%

产业	2004年 1	2	3	4	5	2007年 1	2	3	4	5	2010年 1	2	3	4	5	2011年 1	2	3	4	5
C26	江苏 18.85	山东 13.03	广东 11.32	浙江 8.02	上海 6.01	江苏 19.31	山东 16.70	广东 9.62	浙江 8.00	上海 6.06	江苏 19.14	山东 17.30	广东 8.54	浙江 7.33	上海 4.77	江苏 19.30	山东 16.72	广东 8.13	浙江 7.48	河南 4.17
C37	上海 10.91	吉林 9.63	广东 9.08	江苏 8.71	山东 7.40	广东 10.84	江苏 9.04	山东 8.79	上海 8.69	吉林 8.22	江苏 11.64	山东 9.70	广东 9.34	上海 8.07	吉林 7.50	江苏 12.08	山东 9.14	m	上海 7.94	吉林 7.73
C13	山东 27.11	广东 7.73	河南 7.31	江苏 7.36	河北 4.96	山东 26.62	河南 9.23	江苏 6.62	广东 6.41	辽宁 5.99	山东 21.33	辽宁 7.98	河南 7.98	江苏 6.45	四川 5.23	山东 19.18	河南 8.43	辽宁 7.81	江苏 5.81	湖北 5.34
C25	辽宁 14.89	山东 10.46	广东 8.85	上海 7.51	黑龙江 6.04	山东 12.94	辽宁 12.73	广东 9.08	山西 5.56	上海 5.45	山东 13.87	辽宁 10.75	广东 9.44	河北 5.24	江苏 5.12	山东 14.62	辽宁 10.58	广东 8.83	河北 5.61	江苏 5.12
C34	广东 23.06	江苏 12.78	浙江	上海 10.94	山东 9.00	广东 22.89	山东 17.48	m	山东 10.62	上海 7.27	广东 20.33	山东 17.60	山东 9.83	浙江 9.79	辽宁 6.19	广东 18.75	河南 16.40	山东 9.74	浙江 8.95	天津 6.92
C14	山东 14.99	广东 11.43	河南 7.37	上海 6.55	内蒙古 6.24	山东 19.42	河南 10.01	广东 9.76	内蒙古 6.33	河北 5.94	山东 16.49	河南 10.58	广东 9.1	内蒙古 5.70	福建 4.89	山东 14.57	河南 11.08	广东 9.20	福建 5.02	天津 4.83

续表

产业	2004 年					2007 年					2010 年					2011 年				
	1	2	3	4	5	1	2	3	4	5	1	2	3	4	5	1	2	3	4	5
C35	江苏19.54	浙江15.99	山东13.57	上海12.07	广东6.44	江苏18.00	山东15.94	浙江14.03	上海10.27	辽宁7.77	江苏17.60	山东16.80	浙江10.75	辽宁10.29	上海6.82	山东17.02	江苏15.84	辽宁10.37	浙江9.56	上海6.34
C16	云南21.29	湖南9.00	上海7.61	江苏6.42	广东5.95	云南19.85	湖南9.44	上海7.48	江苏6.42	广东6.09	云南17.67	上海9.22	湖南9.09	湖北6.19	江苏5.93	云南17.42	上海9.94	湖南9.03	湖北6.81	江苏5.93
C27	江苏11.47	山东9.79	浙江m	广东7.99	上海6.05	山东13.72	江苏10.10	浙江9.06	广东6.79	河南5.91	山东13.76	江苏12.09	广东6.82	浙江6.56	河南6.34	山东13.54	江苏12.11	河南7.25	广东6.16	四川6.03
C40	广东35.21	江苏15.27	上海11.44	浙江5.67	北京31.00	广东18.95	江苏11.55	浙江7.27	上海6.3(1	山东2693	江苏21.89	广东11.45	浙江5.54	上海5.45	山东32.16	江苏20.01	广东9.53	浙江5.74	山东4.73	
C15	山东12.69	广东10.33	四川9.74	江苏7.71	浙江7.22	四川12.26	山东11.91	广东8.48	广东7.78	山东7.76	四川14.65	山东9.70	河南7.47	广东7.10	广东6.63	四川15.92	山东8.53	河南7.63	广东7.15	湖北6.99
C33	江苏11.21	浙江9.35	河南m	广东7.78	山东7.76	江苏10.62	河南9.61	山东8.92	浙江8.43	河南5.67	江苏10.33	山东9.91	河南m	江西8.90	广东8.22	山东10.91	河南10.38	m	江苏8.32	湖南6.92
C22	山东21.36	广东17.08	江苏11.97	江苏11.75	河南5.67	山东21.27	广东15.79	江苏n9d	浙江11.37	河南8.44	山东17.91	江苏15.87	江苏10.72	浙江10.06	河南7.83	山东17.82	广东14.10	江苏9.94	浙江9.24	河南8.55
C36	山东17.11	江苏14.53	广东9.02	浙江8.18	上海7.53	山东16.40	江苏13.46	广东8.72	浙江8.26	河南7.53	江苏15.41	山东14.55	河南7.51	湖南7.38	辽宁7.29	江苏15.03	山东14.04	湖南9.53	河南8.15	辽宁6.82

续表

产业	2004年					2007年					2010年					2011年				
	1	2	3	4	5	1	2	3	4	5	1	2	3	4	5	1	2	3	4	5
C38	广东 26.54	江苏 15.67	浙江 13.33	山东 11.76	上海 8.17	广东 25.99	江苏 16.75	浙江 12.80	山东 10.76	上海 6.55	广东 21.58	江苏 20.19	浙江 10.84	山东 9.86	安徽 4.60	江苏 22.66	广东 19.49	浙江 9.92	山东 8.92	安徽 6.02
C39	广东 36.39	江苏 19.58	上海 12.78	天津 6.15	北京 5.55	广东 34.11	江苏 20.90	上海 12.71	北京 6.79	天津 5.05	广东 34.98	江苏 23.53	上海 10.96	山东 5.63	福建 4.20	广东 33.70	江苏 23.30	上海 9.54	山东 5.66	福建 4.21
C17	江苏 24.88	浙江 23.85	山东 15.14	广东 9.20	福建 3.64	江苏 23.03	浙江 22.37	山东 19.65	广东 7.93	河南 4.19	江苏 20.92	山东 20.06	浙江 19.55	广东 9.23	河南 4.63	山东 20.73	江苏 18.64	浙江 17.70	广东 8.51	河南 5.81
C31	山东 16.83	广东 11.89	江苏 9.92	河南 8.27	浙江 7.47	山东 17.96	河南 11.66	广东 11.50	江苏 8.46	浙江 5.86	山东 14.65	河南 11.76	广东 9.53	江苏 8.14	辽宁 7.23	山东 13.66	河南 12.65	广东 7.98	江苏 7.86	辽宁 6.79
C32	河北 15.43	江苏 13.87	辽宁 8.77	山东 7.62	上海 6.37	河北 15.59	江苏 15.26	山东 8.38	辽宁 7.05	山西 5.15	河北 17.42	江苏 13.73	辽宁 7.74	山东 7.29	天津 5.29	河北 17.89	江苏 13.04	山东 7.61	辽宁 7.06	天津 5.48
C28	浙江 37.43	江苏 26.69	山东 7.17	上海 3.90	河南 3.80	浙江 37.21	江苏 31.38	福建 5.50	广东 4.08	河南 3.55	浙江 37.51	江苏 33.97	福建 662	广东 3.80	山东 3.17	浙江 38.75	江苏 33.99	福建 7.17	广东 2.93	山东 2.91

注：各省下面的百分比为各省产业产值占该产业全国产值的比重。

资料来源：历年《中国工业统计年鉴》。

第四章　中国各省经济城市集聚状况

　　越是富裕的国家，经济越集聚且集聚规模越大。大量的理论和经验研究都表明经济集聚对生产效率提高有显著的促进作用。然而如图4－1所示，河南省经济活动没有像全国多数省份一样向城市集聚：1995年以来河南城市经济比重始终在30%左右徘徊。[①] 但仅以河南省城市经济比重与全国总体

[①] 本书选取1995年来观测城市经济占全国经济总量比重的变化情况而非《中国城市统计年鉴》开始公布相关数据的1985年，主要是因为我国是一个典型由计划经济向市场经济转轨的国家。自新中国成立乃至后来的改革开放均是以计划经济为主导，直至1994年我国才正式提出建立社会主义市场经济，在此之前各类生产要素无论是在部门间还是空间上的配置，均由中央以及各级政府主导，而非经济主体行为最优化的结果。在此种情况下研究经济活动的空间分布意义不大。此外，在此之前以城市为界，对比我国工业的空间分布不难发现，城市经济比重自20世纪80年代中后期至90年代中期整体上处于下降趋势。究其原因正如蔡昉（1995）就中国乡镇企业和国有企业的对比分析：截至1993年中国乡镇企业工业产值份额占全国工业总产值的比重为44.5%，高于国有企业43.13%的比重。而乡镇企业就如同对企业前加的定语，这类企业自开始出现就受到制度性约束，即三就地原则——就地办厂、就地取材和就地销售，后来就地取材和就地销售渐渐放宽了，但就地办厂的制度束缚却一直保持到了20世纪90年代中后期。因此对比20世纪80年代中后期至1995年前后，不少省份特别是乡镇企业发达省份的城市经济比重都呈现下降趋势。但1995年之后，随着企业选址障碍的逐渐消除，中国城市经济占全国经济总量的比重开始了一个快速上升的过程。

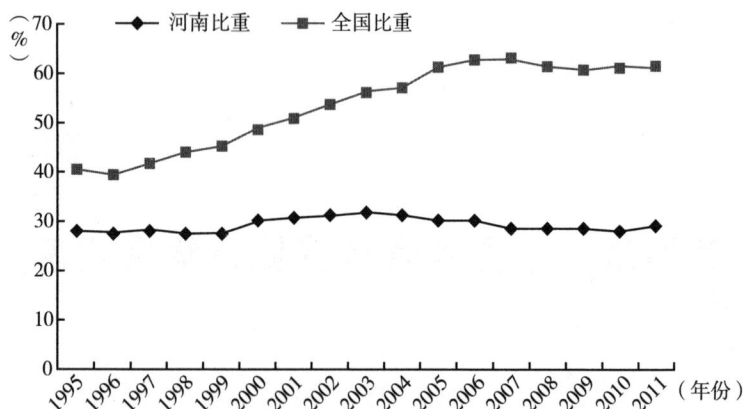

图 4 - 1　河南省及中国地级及以上城市 GDP 占全省和全国比重

资料来源：1995～2005 年是作者根据历年《中国城市统计年鉴》计算得出；2006～2011 年是历年《中国统计年鉴》和《河南统计年鉴》数据。

水平存在较大差异，并不足以说明河南省经济在空间分布上存在"异常"。正如 2007 年国际复兴开发银行所公布的世界不同收入水平国家人口集聚规模数据，经济发展水平是影响一个地区经济集聚规模的重要影响因素。[①] 中国不同省份经济发展水平显然存在较大差异，同时各省、自治区、直辖市的行政区划设置也存在一定差别。本书所述城市经济指的是地级及以上城市市辖区内所创造的经济量，不同省份的城市数量存在较大差异，一些省份城市经济占比低可能主要源于

---

① 2007 年国际复兴开发银行公布了世界不同收入水平国家的人口集聚规模数据：低收入国家 73% 的人口居住在 2 万人以下的小规模居住区，16% 的人口居住在 2 万～100 万人的中等规模居住区，11% 的人口居住在 100 万人以上的大规模居住区；而中等收入国家不同规模居住区的人口比例分别为 55%、25%、20%；高收入国家不同规模居住区的人口比例分别为 22%、26%、52%（世界银行，2009）。

行政区域而非经济活动在空间上存在问题。此外，城市经济
比重并不是一个规范意义上对经济集聚程度考量的指标，河
南省城市经济比重低并不能代表河南省城市经济的集聚程度
低。如果河南省城市的经济密度高于全国水平或经济发展水
平相当省份的城市经济密度，那么导致河南省城市经济比重
低的原因或许主要源于河南受到了更为严厉的土地制度约束，
城市难以扩展。此外，即使排除了相关影响因素后，仍然会
发现河南城市经济比重低，这样也仅能表明河南省经济活动
不向城市集聚（尽管这是本书最关心的现象），而忽视了经
济在县级层面可能出现的集聚情况。因此，要厘清河南省经
济活动在空间分布上可能存在的"异常"问题，需要对全国
不同省份经济活动向城市层面的集聚情况进行更为全面的梳
理和对比。

第一节　各省经济城市集聚的内涵和衡量指标

一　经济城市集聚的内涵

各省经济城市集聚有两层含义：一是各省经济活动是否
向城市集聚；二是各省城市的经济集聚程度（经济密度）。
经济活动在地理空间上的集聚现象，国内外不同学者称呼不
尽相同，有的用"聚集"，有的用"集中"，还有的用"集聚
经济"，在本书中这些词内涵是一致的。无论如何界定经济

集聚现象，经济集聚一定是指在较小的地理空间上集聚了更多的经济活动，即经济集聚区域的经济密度和规模远高于其他地区。

中国的行政区划以省、市、县、乡为主，省级层面分为省、自治区和直辖市，省（自治区、直辖市）以下区划以市、县为主，个别省份在市级层面和县级层面有其他行政同级区划。[①] 截至目前，中国共有 288 个地级及以上城市，1942 个县（县级市、县、自治县），40466 个乡镇。以城市以及城市以外区域作为划分，当前中国经济活动 63.87% 集中在 288 个城市，其中第二产业城市占全国比重为 66.2%，第三产业城市占全国比重为 67.76%，城市国土面积占全国的比重为 6.7%。中国城市数据非常好地诠释了经济集聚现象。

本书以各省城市经济占比作为反映各省经济集聚状况的原因如下：①城市经济比重能更好地反映各省的经济集聚状况和集聚规模；②王小鲁、夏小林（1999）、王小鲁（2010）、Au 和 Henderson（2006）等基于中国城市数据的经济研究均指出，当前中国普遍存在城市规模偏小的情况；钟宁桦（2011）对全国县以下企业经验研究表明，县以下企业无论是对缩小城乡差距还是吸纳农村剩余劳动人口的作用在 1998 年后都呈现显著下降的趋势；③中国乡镇企业的发展历程清楚地显示第三产业发展依赖于城市和经济集聚规模，但需要注意的问题是，仅以城市经济占比来表明各省经济集聚

---

① 行政区划即界定了相应的行政级别也同时界定了相应的地理空间。

情况，会忽视各省经济在县及县以下区域可能出现的集聚现象。国内不少以产业集聚或产业集聚群为主题的相关研究，不少都涉及地理空间尺度更低的经济集聚情况，如在乡镇甚至街道层面的集聚情况。乡镇和街道层面的经济集聚现象不是本书关注的重点，而且中国并没有系统公布乡镇层面的相关统计数据，很多对乡镇层面产业集聚的研究多以案例分析为主。

二 衡量指标

根据本书对各省经济城市集聚度内涵的界定，各省经济城市集聚度的考察涉及两个层面的问题：一是城市经济占各省的比重；二是城市的经济密度。二者的区别：前者反映各省经济活动是否向城市集聚，后者反映各省城市的经济集聚程度。

（一）各省城市经济比重对比分析时注意事项

单就一个省份考察经济活动是否向城市集聚不会存在太多问题，直接以城市经济占本省的比重或以各市市区经济占市域（包括下辖县）比重为指标进行考察即可。但如果对比分析不同省的城市经济比重，应注意以下两方面的影响。

1. 行政区划设置的影响

中国多数省份行政区域划分为省、市、县（县级市）、乡（镇、街道办事处）、村，但有些省份设有其他类型的行政区划。例如，内蒙古自治区，除市、县外还包括盟（相当于地级市）和旗（相当于县）；新疆除市、县（县级市）行政区划外还设有地区和自治州的划分（其行政级别均相当于地级市）。此外，各省城市数量的设置也存在较大差异。如果一个省份设置的城市数量多，而设置的县（县级市）数量较小，显然也会影响一个省的城市经济比重。例如，广东有21个城市，67个县（县级市）；新疆仅有2个城市，而县级行政区划数则多达88个。因此广东城市经济比重比新疆高既有经济集聚因素的影响，显然也和行政区划有着密切的关系。而四个直辖市在分析城市经济比重时，行政区划设置影响因素则更为凸显。例如，1995年以来北京市城市比重的上升有因经济集聚带来的规模经济的影响，但我们也应注意到，北京市下辖县（县级市）由1995年的6个变为2011年的2个，其他3个直辖市也有类似情况。如果不剔除行政区划调整带来的影响，单纯比较各省城市经济比重的高低显然是存在问题的。

截至2011年，中国共有地级及以上城市288个，包括4个直辖市，15个副省级城市和269个地级市。[①] 其中四个直辖市属于较为特殊的行政区划，其行政级别与其他省份相当，但其下辖区域范围与其他省份差别较大，考察城市经济比重

---

① 2012年中国地级及以上城市新增加一个——三沙市，但该市情况相对特殊（以群岛设市的地级行政区），同时鉴于《中国城市统计年鉴》截至目前仅公布到2011年数据，故本书所涉及地级及以上城市仍以2011年前设立的地级及以上城市为准。

时应单独处理。15 个副省级城市与其他 269 个地级市差别仅在于行政管理权限，① 而且这些城市也分散各省范围，对各省城市经济比重的影响可视为与一般地级城市一致。因此全国各省份平均设立的城市为 10 个或 11 个。② 以各省城市经济比重对比各省经济活动相对空间集聚程度时，应注意各省行政区域方式和城市数量。

表 4-1　各省份城市数量（地级及以上城市）

东部	城市	县	中部	城市	县	西部	城市	县	东北	城市	县
河北	11	136	山西	11	96	内蒙古	9	28	辽宁	14	44
江苏	13	49	安徽	16	62	广西	14	75	吉林	8	40
浙江	11	58	江西	11	81	四川	18	137	黑龙江	12	64
福建	9	59	河南	17	109	贵州	6	74			
山东	17	91	湖北	12	64	云南	8	116			
广东	21	67	湖南	13	87	陕西	10	83			
海南	2	16				甘肃	12	69			
						青海	1	39			
						宁夏	5	13			
						新疆	2	88			

注：县的数量包括县、县级市和自治县；以下省份除了地级及以上城市区划外，还包括同等行政级别的其他行政区划：内蒙古（3 个盟）、吉林（1 自治州）、黑龙江（1 个地区）、四川（3 个州）、贵州（3 个州）、云南（8 个州）、甘肃（2 个州）、青海（1 个地区、5 个州）、新疆（7 个地区、5 个州）。

资料来源：2012 年《中国统计年鉴》。

---

① 具体差别详见中央机构编制委员会印发《关于副省级市若干问题的意见》的通知，中编发〔1995〕5 号。
② 剔除 4 个直辖市和西藏，26 个省份平均每个省平均城市数量为 10.98 个。

2. 行政区划调整的影响

如果仅是在同一年份对比分析各省城市经济比重，那么只要注意各省的行政区划设置对各省城市经济比重的影响即可。但如果要在更长时间比较各省城市经济比重的变化情况，那么还需要注意各省行政区划调整所带来的影响。行政区划调整包括两个方面：一是城市设置数量的增加。1995～2011年，全国城市数量由 213 个增加为 288 个，各省城市变化见表 4-2。各省城市增量差异较大，例如云南省 1995 年仅有 2 个城市，2011 年增加为 8 个，城市数量增加了 3 倍。因此云南省城市经济比重上升受城市数量变动的影响，比其他城市数量增加较少或不变的省份要大。

除了城市数量增加影响各省份以城市经济比重为指标的经济集聚水平外，市辖区数量增多也会对该指标造成一定程度的影响。1995 年中国城市市辖区的数量为 706 个，2011 年市辖区数量增至 857 个。市辖区数量的变动有两种情况：一是城市数量增多导致市辖区数量增多；二是城市数量不变，但一些城市下辖区数量增多。第一种情况在控制城市数量变动对指标造成影响时即可得到控制。第二种情况因《中国城市统计年鉴》没有公布各市市辖区的相关数据而较难处理。但对比各省市辖区增加数，不难发现各省市辖区主要是因为城市数量增多所致。而且一些城市市辖区数量的增加对全省城市经济比重影响较弱，因此本书在比较各省城市经济比重时，不再单独计算市辖区数增加对该指标的影响。当然还存在一种情况，即城市市辖区数量没有增加但空间在扩张，也会对城市经济占比造成影响，对此种情况我们会在城市经济密度、建成区面积等指标上加以控制。

表 4 - 2　各省城市数量 1995 年与 2011 年变动情况

东部	1995年	2011年	中部	1995年	2011年	西部	1995年	2011年	东北	1995年	2011年
河北	10	11	山西	6	11	内蒙古	4	9	辽宁	14	14
江苏	11	13	安徽	10	16	广西	8	14	吉林	8	8
浙江	10	11	江西	6	11	四川	14	18	黑龙江	11	12
福建	7	9	河南	13	17	贵州	2	6			
山东	14	17	湖北	10	12	云南	2	8			
广东	21	21	湖南	11	13	陕西	5	10			
海南	2	2				甘肃	5	12			
						青海	1	1			
						宁夏	2	5			
						新疆	2	2			

资料来源：历年《中国统计年鉴》。

表 4 - 3　各省市辖区数量 1995 年与 2011 年变动情况

东部	1995年	2011年	中部	1995年	2011年	西部	1995年	2011年	东北	1995年	2011年
北京	10	14	山西	18	23	内蒙古	16	21	辽宁	56	56
天津	13	13	安徽	35	43	广西	28	34	吉林	19	20
河北	34	36	江西	15	19	四川	34	44	黑龙江	64	64
上海	14	16	河南	41	50	贵州	6	13			
江苏	42	55	湖北	33	38	云南	4	13			
浙江	23	32	湖南	32	35	陕西	15	24			
福建	18	26				甘肃	10	17			
山东	44	49				青海	4	4			
广东	42	54				宁夏	6	9			
海南	3	4				新疆	11	11			

资料来源：历年《中国统计年鉴》。其中 1995 年四川省城市数为 1997 年数据，重庆 1997 年市辖区数量为 13 个，2011 年数量为 19 个。

（二）经济集聚程度衡量指标

理论层面对经济集聚程度的考察指标为经济密度，即单位平方公里产出。一个地区经济密度越大，表明其经济集聚程度越高。一般来说，在全球范围以国家或在一个国家内部以省或州等（较大地理空间行政区划）为对象，[①] 对经济集聚现象进行研究时，地域都较为清晰可辨，同时也容易得到反映经济活动的相关数据。但在城市层面对集聚现象进行研究时，把对经济活动的测量精确到该空间尺度上并非易事，主要原因在于行政区划的城市边界往往与经济意义上的城市边界不一致。例如，Glaeser、Kolko 和 Saiz（2001）认为城市是一个地理区域，但更是一个经济区域，即城市是经济活动行为者的集聚地。当然国际上通用对城市的定义：城市是指一个以居民"一天生活圈子"为地理边界的非农经济系统的集聚地。[②] 然而以此为定义的"城市"常常与行政区划意义上的城市在地理边界上不一致。这使得计算城市经济密度成了一个难题，因为基于地理边界对经济活动的测算多是基于国家界定的范围开展，如省、州或市（行政区划意义上的城

---

① 例如对中国制造业地理集聚现象的研究中，一般都是中国四大区域或以省为地理边界，此时地理边界都十分明确。省在本书中代表较大的行政区划，用以区分本书中城市等较小的区域范围。各国情况有所不同，例如美国是以"州"代表国家内部较大的行政区划；在日本相当于中国省级行政区划则共分为一都（东京都）、一道（北海道）、二府（大阪府、京都府）和43县。

② 联合国基于可比较世界各国城市化水平而开发的"世界城市化前景"数据库，在确定城市边界时采用：以到达城市中心的最长旅程时间为基础计算城市的边界，测量旅程时间采用成本——距离模式，该模式利用运输网的地理信息体系数据，其标准基本上和国际上通用界定城市边界的方法一致。

市）。虽然在省、州层面不像城市那样存在地理边界不清的问题，但是在省或州的地域空间范围内常常也会包含大量以第一产业为主的区域，会导致经济密度趋于平均化。

1. 跨国比较时常用经济集聚度指标

由于在地方层次上通常难以得到系统的产出和投入数据，在对比不同国家地方层次上经济集聚程度时常常使用人口密度代替经济密度，以人口集聚规模代替经济集聚规模。但使用人口密度代替经济密度，特别是以城市化率表示的人口集散情况替代经济密度进行跨国比较时也非易事，主要原因在于不同国家对城市的定义大相径庭。例如赞比亚和沙特阿拉伯把5000人或5000人以上的居住区界定为城市地区。以此为标准，印度将会有1.13亿人被计入城市人口，城市化率将大幅度提高。墨西哥的官方标准更是把2500人或以上的人口居住区界定为城市地区（世界银行，2009）。如果以墨西哥的标准，中国2012年的城市化率绝不会仅52.57%。中国很多村庄，特别是在人口较多省份的村庄，单个自然村的人口规模就可以达到这样的标准。美国对城市的界定相对复杂：美国人口普查局的城市概念使用了多种定义：城市化地区、大城市地区和城市地区。其中城市化地区指：至少包括一个大的中心城市，同时该区域人口密度超过1000人/英亩，区域总人口至少达到5万人。相比较而言，韩国对城市的界定标准不再仅以人口数量为单一标准：①区域人口超过5万；②建成区内居住人口超过区域总人口的60%；③从事非农产业的人数超过 60% （赵安顺，2005）。

正因为各国对城市区域界定标准的差异，联合国开发了可供跨国对比城市化率的"世界城市化前景"数据库，该数据库提供了世界 229 个国家的城市人口比例数据。该项目重要的工作就是建立起可供跨国比较的集聚区（城市）新的测量方法。[①] 虽然通过集聚指数可以对不同国家的经济集聚程度进行横向对比，但仍然存在一些统计处理方法的技术问题。例如"大城市"不同的界定标准会对城市化率的高低带来很大的影响：如果"大城市"界定为最低人口规模 5 万，那么 2000 年世界城市化率为 47%；如果"大城市"最低人口规模界定为 10 万，世界城市化率则为 44%。而这种影响对一个国家的影响则更为突出。根据不同的"大城市"界定标准，中国的城市化率可能是 24%、31% 或 73%（Satterthwaite、David，2007）。[②] 此外，不同国家的人口规模有着巨大的差异，在人口较多的国家和人口相对较少的国家对"大城市"的界定理应有所区别，但目前该数据库并没有就如何针对不同国家的人口规模设定出普遍接受的"大城市"标准。多数研究文献仍然使用各国自定标准所公布的城市

---

① "世界城市化前景"数据库提出的方法：通过计算各国的集聚指数来进行跨国比较，集聚指数明确了哪些地区可以划归"城市"（最小人口规模、最小人口密度和通过公路达到大城市的最长旅途时间）。该数据库由美国哥伦比亚大学国际地球科学信息网中心负责具体运作参见 http//sedac. ciesin. columbia. edu/ gpw/index. jsp。

② 集聚指数计算时把通过公路一小时可抵达大城市的区域统称为城市区域。但是各国公路交通情况差别非常大，在交通条件较好的地区以此为标准，所覆盖的范围较那些交通条件差的区域实际要大得多。

化率，具体应用这些数据进行跨国比较时应注意各国城市化率统计口径的可比性，特别是在以城镇化水平替代经济密度，以城市人口规模替代经济集聚规模对经济集聚现象进行研究时。

2. 各省城市经济集聚度的考察指标

无论是国外还是国内，理论研究上常使用一个地区的人口规模和人口密度来表示一个地区的经济规模和经济密度。在对各国经济集聚程度进行跨国比较时，通常使用各国的城市化率。那么对中国各省内不同城市经济集聚情况的考察以人口规模或以人口密度进行对比是否合适呢？中国整体上也呈现经济规模越大的城市其常住人口也越多。但当前中国地级及以上城市 GDP 占全国的比重为 63.87%，常住人口占全国的比重仅为 29.54%。这种情况的出现使得在中国显然不宜仅采用人口密度来替代经济密度、人口规模替代经济规模对经济活动的集聚现象进行研究。历年《中国城市统计年鉴》较为详细系统地公布了各省地级及以上城市市辖区 GDP、人口、就业、三次产业产值、固定资产投入、市域面积、建成区面积等相关数据。这些数据使得对各省城市经济集聚程度的考察以经济密度为指标更为适宜。正如 Aut 和 Herdenson（2006）所指出的那样，正是由于中国城市数据统计的全面性使得对城市最优规模等相关问题进行计量研究成为可能。①

---

① 城市最优规模是城市经济学的一个重要研究领域，但对其进行计量研究的文献非常少，主要原因是城市的投入产出数据不易取得，鲜见的几篇对城市最优规模进行计量研究的文献无一例外都是基于中国城市的数据。详见王小鲁（2010）。

第二节　中国各省经济城市集聚现状与历史对比

虽然从河南省城市经济比重与全国城市经济比重存在较大差距上可以初步判定河南省经济活动较全国多数省份存在经济活动不向城市集聚的情况，但一个地区经济活动的集聚规模取决于该地区的经济发展水平，如果河南省城市经济比重低是因为河南省经济发展水平较全国有较大差距，那么河南省城市经济比重低就不是一个异常的现象。因此，要把河南省经济空间结构的问题厘清，需要考虑不同省份的经济发展水平、所在区域以及行政区划等影响因素，并进行相应分组考察。如果在控制以上影响因素后，河南省城市经济比重低于同类地区，那么河南省经济活动不向城市集聚的问题就不是因经济发展水平等因素造成的，需要进行相应研究找出河南省经济活动不向城市集聚的原因。此外，也需要对河南省城市的经济密度进行相应考察，如果河南省城市经济密度高于全国或同类省份，那么导致河南省城市经济比重低的原因很有可能是其他因素所致，如土地制度等。此外，考虑到经济集聚影响存在时间滞后性，需要从更长时间对上述情况进行相应考察。

一　中国各省经济城市集聚现状

2011 年中国 288 个地级及以上城市 GDP、第二产业和第三产业占全国的比重分别为 63.87% 、66.2% 、67.76% 。河南省城市 GDP、第二产业和第三产业占全省的比重分别为 29.48% 、27.31% 、42.82% ，在全国 30 个省级行政区划里，河南省城市经济的比重最低，不及全国平均水平的一半，特别是第二产业的城市比重仅为全国平均水平的 41.25% ，河南省经济活动特别是第二产业主要分布于县及县以下区域。[①]

（一）中国各省城市经济比重

城市经济比重计算公式：城市生产总值（三次产业增加值）/全省生产总值（三次产业增加值）。城市指地级及以上城市。城市生产总值仅计算市辖区范围内的相关数据。

河南省城市经济比重低的原因是否源于行政区划的影响呢？结合表 4-1，河南省城市数量为 17 个，高于全国省级行政区划平均设立的城市数量 10 个或 11 个。[②] 河南省城市数量和山东一样，位列全国第 3 位。但是河南省县级行政区划数量较多，共有 109 个（21 个县级市和 88 个县），高于全国平均水平。[③] 综合考虑城市数量和县（县级市）的数量，河南省城市经济比重明显低于全国水平，并非行政区划设置所致。[④] 而且正如表 4-4 所示，河南省城市经济比重还低于青

[①]　由于西藏数据缺失较多，本书对比各省份经济城市集聚情况不包括西藏。

[②]　剔除 4 个直辖市和西藏，全国 26 个省级行政区划共设有城市 283 个，平均每个省设立 10 个或 11 个城市。

[③]　剔除 4 个直辖市和西藏，全国 26 个省级行政区划共设有县级区划（县级市、自治县、旗等）1899 个，平均每个省设立 73 个县（县级市）。

[④]　26 省级行政区划里，平均每个城市下辖 6.7 个县（县级市），而河南省平均每个城市下辖的县（县级市）为 6.4 个。

表 4-4 全国各省（市）城市 GDP 及二、三产业占本省比重

单位：%

地区	GDP 比重	二产比重	三产比重	地区	GDP 比重	二产比重	三产比重	地区	GDP 比重	二产比重	三产比重
北京	98.54	97.47	99.06	山西	40.90	33.60	57.65	广西	49.64	50.96	59.88
天津	92.76	92.88	93.63	安徽	52.73	56.78	59.55	重庆	77.40	78.77	81.15
河北	33.52	32.58	44.01	江西	40.76	43.37	47.17	四川	48.69	50.02	58.41
上海	98.83	98.40	99.31	河南	29.48	27.31	42.82	贵州	34.54	32.35	35.15
江苏	52.57	52.96	56.48	湖北	54.26	58.03	63.17	云南	36.12	43.04	39.51
浙江	46.66	44.18	51.90	湖南	45.38	50.21	51.46	陕西	46.09	41.74	60.16
福建	44.67	43.89	52.89	辽宁	68.81	67.39	83.08	甘肃	54.76	62.05	56.17
山东	46.27	47.07	51.93	吉林	54.33	59.88	61.07	青海	31.89	23.62	55.48
广东	85.71	84.22	93.74	黑龙江	67.60	83.40	65.15	宁夏	53.59	49.73	62.58
海南	39.52	33.69	58.58	内蒙古	47.41	40.34	67.16	新疆	37.48	45.58	43.89

注：比重计算方法为：各省市城市 GDP、第二产业增加值、第三产业增加值分别除以各省 GDP、第二产业和第三产业增加值。

资料来源：2012 年《中国城市统计年鉴》；各省数据源于 2012 年《中国统计年鉴》。

海、新疆等仅有 1 ~ 2 个城市的省份。

考虑到全国城市经济占比高可能受 4 个直辖市影响，特别是北京、上海、天津 3 个直辖市当前基本无下辖县的区划设置。剔除 4 个直辖市和西藏对全国城市经济占比的影响，在全国 26 个省级行政区划里，城市 GDP 占比为 51.66%，这其中包括青海（1 个城市）、新疆（2 个城市）、海南（2 个城市）等此类行政区划较为"特殊"的省份。如果把青海等城市设置数量较少的省份剔除，以省级行政区划设置城市数量不低于 8 个为标准（共涉及 21 个省级行政区划），全国城市经济占比为 52.55%。

把可比的 21 个省级行政区划以东、中、西部和东北地区进行分组：东部地区（剔除 3 个直辖市和海南省）城市经济（仅计算第二产业和第三产业）比重为 58.47%；中部地区城市经济比重为 47.28%；西部地区（剔除重庆、贵州、青海、宁夏和新疆）城市经济比重为 51.18%；东北地区城市经济比重为 71.19%。四个组别中东北地区城市经济占比最高，其次为东部地区、西部地区和中部地区，而 4 个地区以人均 GDP 表示的经济发展水平依次为东部地区、东北地区、中部地区和西部地区。因此城市经济比重除受经济发展水平的影响外，其他因素如国有经济比重等也是影响城市经济比重的因素。在中部地区组内，如果把河南省剔除，仅计算中部其他五省的城市经济占比，则城市经济占比为 52.34%（与全国平均水平持平）。因此在考虑经济发展水平影响的分组讨论中，河南省城市经济占比依然显著偏低。

把经济活动进一步分解为第二产业和第三产业。除云南、新疆两省外，各省城市第三产业比重都高于第二产业比重。[①]在可比的 21 个省级行政区划里，第二产业平均比重为52.22%，第三产业平均比重为 61.28%。河南省第二产业比重最低，为平均水平的 52.3%；第三产业比重也仅高于云南省，为平均水平的 69.9%。因此无论基于什么样的视角，河南省城市经济比重低，经济活动未向城市集聚是河南省经济在空间上的典型特征。

（二）各省城市经济密度对比

如前文所述，仅考察河南省城市经济比重并不足以厘清河南省经济空间集聚情况。如果河南省城市经济集聚程度高于全国平均水平或同组别的省份，那么导致河南省城市经济比重低的原因很有可能是现有土地制度，即河南省城市受到了更为严格的用地约束从而使得经济活动难以向城市集聚。此种担心主要是考虑到河南省是中国当前最重要的粮食主产区之一，不少耕地被列为基本农田。本书选择城市经济占比作为各省经济集聚程度的考察指标除了当前中国整体上经济活动高度集聚于市区的现状，主要是因为中国较为系统地公布了城市（市区和市域）的相关数据，使得可以使用经济密

---

① 新疆第三产业城市比重低与其行政区划有直接的关系，仅有两个城市，同时新疆城市人口的比重仅为 12.6%。云南少数民族区域较多，存在大量的自治县，同时城市人口的比重仅为 13.95%，这是导致云南第三产业城市比重低于第二产业比重的重要原因。

度对各省城市经济集聚程度进行考察。《中国城市统计年鉴》公布的城市空间数据有两个：一是市辖区面积；二是建成区面积。具体计算各省城市经济密度前有必要对中国公布的城市两个相关空间面积进行讨论。

在中国，如表4-5所示，所有的城市市辖区面积都要远远大于建成区面积，其中甘肃两者差距最大，城市建成区面积仅为市辖区面积的1.4%，河北两者差距差最小，城市建成区面积为市辖区面积的25.23%。这种与世界他国相对特殊的城市行政区划，使得中国即使在城市市区范围内也包含了大量农村地区（周一星，1989）。

因此，使用市辖区面积对各省城市经济密度进行计算，误差较大。鉴于中国对城市建成区的界定，[①]本书基于各省城市建成区面积分别计算了各省城市经济密度（见表4-6）。

在30个省级行政区划城市经济密度对比中，无论是考察以城市生产总值为代表的经济密度指标，还是第二产业和第三产业的经济密度指标，上海市都是城市集聚程度最高的省级行政区划，而宁夏的城市集聚程度则最低。河南省在30个省级行政区划中，城市经济密度为4.64亿元/平方公里，在全国30个省份里排名第28位，为全国平均水平的55.14%；

---

① 建成区是指一个市政区范围内经过征用土地和实际建设发展起来的非农业生产建设的地段，包括市区集中连片的部分以及分散在近郊区域与城市有密切联系的，具有基本完善的市政公用设施的城市建设用地（如机场、污水处理厂、通信电台）。具体标准参见中国《城市规划基本术语标准》（GB/T 50280-98）。

表 4-5 各省市辖区面和建成区面积

单位：平方公里，%

地区	市辖区面积	建成区面积	建成区比重	地区	市辖区面积	建成区面积	建成区比重	地区	市辖区面积	建成区面积	建成区比重
北京	12187	1231	10.10	山西	15961	790	4.95	广西	41615	974	2.34
天津	7399	711	9.61	安徽	25489	1480	5.81	重庆	26041	1035	3.97
河北	4827	1218	25.23	江西	11790	786	6.67	四川	33445	1438	4.30
上海	5155	886	17.19	河南	14884	1646	11.06	贵州	11163	368	3.30
江苏	28380	2551	8.99	湖北	26621	1311	4.92	云南	22423	505	2.25
浙江	18081	1527	8.45	湖南	19087	1175	6.16	陕西	28845	780	2.70
福建	14996	926	6.17	辽宁	17165	1871	10.90	甘肃	41505	579	1.40
山东	34095	2563	7.52	吉林	17210	850	4.94	青海	380	75	19.74
广东	32492	3501	10.77	黑龙江	70132	1367	1.95	宁夏	17327	327	1.89
海南	4223	132	3.13	内蒙古	23144	789	3.41	新疆	17310	437	2.52

资料来源：2012 年《中国城市统计年鉴》。

表 4－6　各省城市经济密度

单位：亿元，亿元/平方公里

地区	GDP	二产密度	三产密度	地区	GDP	二产密度	三产密度	地区	GDP	二产密度	三产密度
北京	12.92	2.97	9.95	山西	5.71	2.82	2.89	广西	5.43	2.97	2.46
天津	14.62	7.74	6.87	安徽	5.19	3.19	2.00	重庆	7.06	4.22	2.84
河北	6.58	3.51	3.07	江西	5.88	3.53	2.35	四川	6.69	3.84	2.85
上海	21.29	8.80	12.49	河南	4.64	2.56	2.08	贵州	5.35	2.25	3.10
江苏	9.85	5.23	4.61	湖北	7.84	4.35	3.49	云南	6.12	3.22	2.90
浙江	9.61	4.79	4.82	湖南	7.30	4.00	3.30	陕西	7.07	3.71	3.36
福建	8.23	4.30	3.93	辽宁	8.00	4.38	3.62	甘肃	4.45	2.55	1.91
山东	7.93	4.41	3.52	吉林	6.60	3.95	2.64	青海	7.07	3.07	4.00
广东	12.81	6.36	6.45	黑龙江	6.03	3.86	2.17	宁夏	3.26	1.61	1.65
海南	6.92	1.82	5.10	内蒙古	8.38	4.11	4.27	新疆	5.62	3.36	2.26

注：GDP 考虑到建成区和中国城市区划的实际情况，仅计算第二产业和第三产业。

资料来源：2012 年《中国城市统计年鉴》。

城市第二产业密度为 2.56 亿元/平方公里，列第 27 位，为全国平均值的 59.38%；城市第三产业密度为 2.08 亿元/平方公里，列第 27 位，为全国平均值的 50.69%。考虑行政区划的影响，在可比的 21 个省级行政区划里，河南省城市经济密度列倒数第 2 位，第二产业经济密度也列倒数第 2 位，第三产业经济密度仅略高于安徽和甘肃，列倒数第 3 位。

在东部地区、中部地区、西部地区及东北地区的分组中，城市经济密度从高到低依次为：东部地区、东北地区、西部地区和中部地区（见表 4 - 7）。考虑行政区划的影响，本书计算了东部六省和西部六省城市经济密度情况，排序情况未发生变化。但东部地区经济密度略有下降，西部地区经济密度略有上升。第二产业和第三产业经济密度各区域排序情况与经济密度一致。河南省所在的中部地区组无论是考察城市

表 4 - 7　东、中、西部及东北地区城市经济密度

单位：亿元，亿元/平方公里

地区	GDP	二产密度	三产密度	地区	GDP	二产密度	三产密度
东部地区	10.9334	5.2279	5.7055	东部六省	9.8170	5.0870	4.7300
西部地区	6.2597	3.4147	2.8451	西部六省	6.4550	3.4844	2.9706
东北地区	7.0497	4.1168	2.9329	中部地区	6.0247	3.3847	2.6400

注：GDP 为第二产业和第三产业；东部六省和西部六省为：城市数量超过 8 个的省份。

资料来源：2012 年《中国城市统计年鉴》。

经济密度还是考察第二产业和第三产业经济密度均低于其他三个地区，而河南省在中部六省中无论是城市经济密度还是城市第二产业、第三产业密度均最低。

二　各省经济城市集聚度的历史对比

从当前各省现状来看，无论是基于城市经济比重较为宽泛方式对各省经济集聚状况的考察，还是基于城市经济密度从更为严格意义上对各省城市经济集聚度的考察，河南省在可比的 21 个省份里，无不呈现经济活动相对分散、城市经济集聚程度低的特征。考虑到经济活动空间集聚对经济效率的影响和经济活动集聚均有明显的时间滞后性。因此，我们需要对上一节所讨论的反映各省经济集聚状况的两个指标，即城市经济占比和城市经济密度从更长的时间进行考察。

从更长时间对各省空间结构进行考察，首先需要确定分析各省空间结构变化的时间起点。中国正式出版《中国城市统计年鉴》始于 1985 年，从城市数据的可得性上起点可定于 1984 年。但是，①中国于 1992 年 10 月才正式明确提出建立社会主义市场经济，在此之前各种要素的空间配置基本受制于各级行政命令，此前所形成的空间结构其经济意义不大。正如蔡昉（1995）对中国乡镇企业和国有企业的分析所指的那样：截至 1993 年中国乡镇企业工业产值份额占全国工业总产值的比重为 44.5%，高于国有企业 43.13% 的比重。长期以来乡镇企业"三就地"的原则，特别是就地办厂的束缚，使得中国很多省份，县以下工业得到了长足发展，但城市市区仍然以国有企业为主，城市工业发展受体制的束缚发展相对滞后。②回顾中国国有企业改革的历程：1978年十一届三中全会至1984年十二届三中全会，国有企业改革的主导思想是扩大企业自主权；1985~1993年十四届三中全会，国有企业改革的主导思想是"两权分离"；1994年之后国有企业改革的主导思想是调整为建立现代企业制度和调整国有经济布局；1997年9月，中共十五大和十五届一中全会提出：用三年左右的时间，通过改革、改组、改造和加强管理，使大多数国有大中型亏损企业摆脱困境，力争到2000年底大多数国有大中型骨干企业初步建立现代企业制度；① 1999年9月，中共十五届四中全会通过《关于国有企业改革和发展若干重大问题的决定》，提出了国有经济的战略性调整："坚持有进有退，有所为有所不为"方针，提高国有经济的控制力。此后，国有经济布局调整的步伐加快，国有企业产权改革起步，国有上市公司控股权向民营企业转让的案例不断涌现。③对比历年《中国城市统计年鉴》数据，特别是城市建成区范围的统计，1998年之前城市建成区面积是指城市建筑基本连片、公用设施达到的地区，区域内的水域面积（包括河流、

---

① 国有企业改革起始时间也有文献认为是十一届三中全会前就已经开始了，但是1993年之前的国有企业改革，较1994年之后建立现代企业制度为主导的国有企业改革，特别是1997年全面推进的国有企业改革相比，无论是改革力度、影响、规模都相差甚远。详见周淑莲（2000）。

湖泊）也计算在内。而 1998 年之后则调整为当前标准，不再包括水域面积。基于以上几点考虑，本书对各省城市经济比重的考察以 1996 年为起点，对各省城市经济密度的考察以 1999 年为起点。

（一）1996 年以来中国各省城市经济比重变化情况

1996 年以来全国除辽宁城市经济比重略有下降外，其他 29 个省市城市经济比重都在上升。河南城市经济比重上升了 2.54 个百分点，上升幅度略高于山西、陕西两省（见表4－8）。全国城市经济比重则由 39.62% 上升到 2011 年的 61.97%，[①] 河南省城市经济比重上升幅度无论是与全国平均水平相比，还是与东、中、西部及东北地区平均水平相比均明显偏低。

1995 年中国城市数量为 210 个，截至 2011 年中国城市数量已达 288 个。结合表 4－9，不少省份城市数量都有较大幅度增加，如云南 1995 年城市数量为 2 个，而 2011 年城市数量为 8 个。为剔除城市数量增加对各省城市经济比重上升的影响，本书以 1995 年设立的城市为基础，即计算各省城市经济比重时仅把 1995 年设立的城市市区数据纳入城市经济统计范畴，计算各省城市经济比重变化情况。结果发现，东部

---

① 全国城市经济比重相关情况说明：《中国城市统计年鉴》给出了历年城市市区 GDP 等相关数据，本书计算各省城市经济比重时，均以城市年鉴城市市区数据比上《中国统计年鉴》提供的各省数据。但计算全国城市经济比重时，各省数据相加े大于年鉴提供的全国数据。而 2006～2012 年《中国统计年鉴》提供了全国城市经济比重数据，经对比发现，其计算方法是以城市年鉴市区数据比上全国数据，而非各省相加数据。以各省相加数据计算的全国城市经济比重为 56.25%。

表4-8 各省1996年、2011年城市经济比重变化情况

单位：%

地区	1996年比重	2011年比重	增长幅度	地区	1996年比重	2011年比重	增长幅度	地区	1996年比重	2011年比重	增长幅度
北京	54.81	98.54	79.79	山西	40.19	40.90	1.78	广西	27.29	49.64	81.87
天津	77.85	92.76	19.16	安徽	29.63	52.73	77.99	四川	35.90	48.69	35.63
河北	30.16	33.52	11.13	江西	28.73	40.76	41.87	贵州	26.45	34.54	30.59
江苏	29.44	52.57	78.57	河南	26.94	29.48	9.45	云南	26.62	36.12	35.71
浙江	35.68	46.66	30.76	湖北	41.27	54.26	31.48	陕西	45.87	46.09	0.48
福建	34.06	44.67	31.17	湖南	32.43	45.38	39.91	甘肃	44.10	54.76	24.17
山东	40.49	46.27	14.27	辽宁	70.30	68.81	-2.12	青海	25.12	31.89	26.92
广东	55.89	85.71	53.35	吉林	46.11	54.33	17.83	宁夏	40.03	53.59	33.90
海南	30.85	39.52	28.10	黑龙江	47.62	67.60	41.95	新疆	29.16	37.48	28.54
上海	80.41	98.83	22.92	内蒙古	29.05	47.41	63.24	重庆	42.37	77.40	82.67

注：各省城市经济比重为城市年鉴提供的城市市区GDP比上《中国统计年鉴》提供的各省GDP；四川和重庆为1997年数据。

资料来源：历年《中国城市统计年鉴》。

表 4 – 9 各省 1995 年设立的城市 1996 年、2011 年城市经济比重变化情况

单位：%

地区	1996 年比重	2011 年比重	增长幅度	地区	1996 年比重	2011 年比重	增长幅度	地区	1996 年比重	2011 年比重	增长幅度
北 京	54.81	98.54	79.79	山 西	40.19	34.41	-14.39	广 西	22.69	34.32	51.28
天 津	77.85	92.76	19.16	安 徽	27.07	43.41	60.34	四 川	34.37	41.46	20.60
河 北	29.12	32.67	12.19	江 西	28.73	33.03	14.96	贵 州	26.45	22.53	-14.82
江 苏	28.40	50.28	77.03	河 南	26.94	25.95	-3.65	云 南	26.62	25.39	-4.59
浙 江	35.68	46.01	28.95	湖 北	41.27	50.41	22.14	陕 西	43.08	39.27	-8.86
福 建	32.22	40.88	26.88	湖 南	32.43	43.18	33.14	甘 肃	44.10	39.34	-10.81
山 东	40.49	44.02	8.72	辽 宁	70.30	68.81	-2.12	青 海	25.12	31.89	26.92
广 东	55.89	85.71	53.35	吉 林	46.11	54.33	17.83	宁 夏	40.03	41.61	3.95
海 南	30.85	39.52	28.10	黑龙江	47.62	66.93	40.55	新 疆	29.16	37.48	28.54
上 海	80.41	98.83	22.92	内蒙古	29.05	35.28	21.47	重 庆	42.37	77.40	82.67

注：各省城市经济比重为城市年鉴提供的城市市区 GDP 比上《中国统计年鉴》提供的各省 GDP；四川和重庆为 1997 年数据。

资料来源：历年《中国城市统计年鉴》。

163

地区各省城市经济比重仍然全部上升；中部地区山西和河南城市经济比重下降；东北地区辽宁城市经济比重下降；西部地区贵州、云南、陕西、甘肃等四省城市经济比重下降。从各区域各省份的变化情况可以看出经济发展水平是影响一个地区经济活动向城市集聚的因素。

需要注意的问题是，前文已经指出除城市数量变化会影响各省城市经济比重外，城市市辖区数量的变化也会影响城市经济比重，特别是四个直辖市。但是考虑到各省份市辖区数量的增加主要源于城市的设立，各省份纯粹市辖区的增加对城市经济比重所反映的各省经济空间结构影响较弱。此外，增设的市辖区一般与城市市区地理相邻，仍然反映了经济活动是向同一地理空间集聚，同时因本书还会对各省城市经济密度进行考察，故不再计算市辖在区数量增加对各省城市经济比重的影响。

（二）1999 年以来各省城市经济密度变化情况

计算各省 1999 年以来城市经济密度并进行对比分析，需要选择基准年，计算各省城市可比价格的 GDP 数据。本书根据 2013 年《中国统计年鉴》提供的折算系数，以 2000 年价格为基准。全国 30 个省级行政区划城市经济集聚程度均在增加，但不同地区城市经济密度排序发生了较大的变化。1999～2011 年，中部地区由城市经济密度第二位下降到四大区域最后一位。而河南省的城市经济密度由全国第 20 位下降到 2011 年的第 28 位。其他各省情况见表 4－10。

表 4-10 全国各省 1999 年和 2011 年城市经济密度

单位：亿元/平方公里

地区	1999 年	2011 年	地区	1999 年	2011 年	地区	1999 年	2011 年
北京	3.7119	8.0241	山西	1.5978	3.5476	广西	1.4004	3.3709
天津	3.0407	9.0780	安徽	1.5270	3.2231	重庆	2.7482	4.3846
河北	2.1162	4.0844	江西	2.4260	3.6516	四川	2.1282	4.1519
上海	6.6671	13.2248	河南	1.6983	2.8806	贵州	1.5832	3.3236
江苏	2.9087	6.1150	湖北	2.7124	4.8671	云南	4.0919	3.7993
浙江	3.2325	5.9680	湖南	2.1275	4.5354	陕西	2.0700	4.3910
福建	4.4463	5.1095	中部地区	1.9827	3.7415	甘肃	1.0679	2.7656
山东	3.0567	4.9252	辽宁	2.2816	4.9682	青海	0.9489	4.3892
广东	4.0647	7.9583	吉林	1.8335	4.0969	宁夏	1.0418	2.0218
海南	2.1153	4.2989	黑龙江	1.6412	3.7453	新疆	1.6590	3.4900
东部地区	3.5925	6.7900	东北地区	1.9717	4.3781	西部地区	1.8385	3.9229
东部六省	3.5061	6.0967	内蒙古	1.1389	5.2038	西部六省	1.8365	4.0088

注：各省城市 GDP 数据为城市第二产业和第三产业增加值；各省数据均以 2013 年《中国统计年鉴》公布的 2000 年基期价格进行折算后的数据。

资料来源：历年《中国城市统计年鉴》。

城市经济密度所反映的城市经济集聚程度的变化受两方面的影响：一是经济活动是否向城市集聚；二是城市建成区扩张情况。如表 4-11 所示，中部地区城市经济比重无论是 1999 年还是 2011 年均是各区域中比重最低的，但其城市建成区扩张速度都仅次于东部六省，高于全国平均水平。[①] 在中部地区各省份中，河南省城市经济比重 1999～2011 年仅由

---

① 中部地区城市建成区扩张速度低于西部地区整体扩张速度，但高于可比的西部六省城市建成区扩张速度。

27.15%，增加至 29.54%，城市建成区面积由 695 平方公里增加至 1646 平方公里，是原来的 2.37 倍，是 30 个省市里城市建成区扩张速度最快的省份。河南省经济活动不向城市集聚并非因受到更为严格的土地供应所致。

表4–11 全国及各区域城市经济比重及建成区面积变化情况

单位：%，平头公里

地区	城市经济比重		城市建成区面积	
	1999 年	2011 年	1999 年	2011 年
东部地区	54.10	65.51	6102	15246
东部六省	46.44	58.47	4324	12286
中部地区	42.42	47.29	3104	7188
东北地区	68.18	71.19	2617	4088
西部地区	47.47	52.62	3064	7304
西部六省	48.33	51.18	2282	5065
全　国	52.20	60.10	14887	33829

注：各省城市经济比重本表仅计算了城市第二产业和第三产业数据；全国数据由 30 个省份（西藏除外）GDP 加总。

资料来源：历年《中国城市统计年鉴》。

第三节　河南省城市和县域经济空间结构

基于各省城市经济比重和城市经济密度对比，可以判定河南省整体上经济活动不向城市集聚。但仅就河南省城市整体情况进行考察，容易忽略河南省内不同城市的差异，毕竟河南省各地市经济发展水平、城市规模等也存在较大差异。此外，河南省当前经济活动主要分布在县及县以下区域，那么河南省经济活动是否在县级层面出现了集聚呢？这些问题仅从河南省整体城市经济比重的考察中难以得到回答。因此本节内容就基于这两个问题，进一步考察河南省 17 个城市和109 个县域空间结构情况。[①]

一 河南省各地市经济集聚状况考察

对河南省各地市空间结构的考察与前文对各省经济城市集聚度的考察方法一致，主要从以下两个方面：①各城市市区 GDP 占市域经济比重的变化情况，为了避免个别城市因下辖县（县级市）数量较少的影响，同时计算各城市市区 GDP占全省经济比重变化情况；②各城市经济密度变化情况。

（一）河南省各地市城市集聚情况考察

2000 ~ 2012 年，河南省 17 个城市两项指标均显示经济活动向城市集聚的城市共有 5 个，分别为郑州、鹤壁、新乡、许昌和驻马店。郑州市占全省比重有较大幅度提升，但市域比重提升较少，其他四市仅有新乡两项指标提升幅度均超过了 10%（见表 4 - 12）。但如果选取与前文对比各省经济向城市集聚状况一致的截止时间 2011 年，两项指标均显示经济向城市集聚的地市则仅有新乡、许昌和驻马店三市，而且这 3 个城市 GDP无论是占市域经济比重还是占全省 GDP 比重，提升幅度均未超过 10%；郑州和鹤壁两市城市 GDP 占市域比重下降，但两市城市 GDP 占全省比重均有所提升，特别是郑州市 GDP 占全

---

① 109 个县（县级市）指河南省108县（县级市）和济源市，2000 年河南省县域
　　共110个（含济源市）。

表 4 – 12 河南省各城市 GDP 占市域和全省经济比重情况

单位：%

地区	城市 GDP 占市域比重			城市 GDP 占全省比重			2000～2012 年城市比重变动幅度	全省比重变动幅度
	2000 年	2011 年	2012 年	2000 年	2011 年	2012 年		
郑　州	46.54	46.06	50.66	6.69	8.52	9.50	8.86	42.09
开　封	27.02	23.09	22.64	1.19	0.92	0.92	– 16.22	– 22.42
洛　阳	47.09	33.17	35.53	3.87	3.33	3.58	– 24.54	– 7.64
平顶山	36.04	35.62	30.10	1.90	1.96	1.52	– 16.48	– 20.13
安　阳	39.03	26.79	25.27	1.94	1.48	1.34	– 35.26	– 31.22
鹤　壁	49.11	48.46	51.00	0.82	0.90	0.94	3.86	15.29
新　乡	28.11	29.66	31.36	1.54	1.64	1.72	11.54	11.65
焦　作	28.52	19.80	21.99	1.27	1.06	1.15	– 22.92	– 9.19
濮　阳	50.32	33.98	33.81	2.00	1.13	1.13	– 32.81	– 43.41
许　昌	15.27	15.78	15.78	0.87	0.93	0.91	3.34	5.66
漯　河	61.12	60.72	59.22	1.86	1.69	1.59	– 3.12	– 14.25
三门峡	19.07	12.62	12.77	0.63	0.48	0.49	– 33.06	– 22.32
南　阳	24.67	23.30	23.33	2.50	1.91	1.85	– 5.43	– 26.06
商　丘	25.11	20.65	20.06	1.41	1.00	0.95	– 20.11	– 32.65
信　阳	27.45	26.07	25.35	1.39	1.22	1.20	– 7.66	– 14.21
周　口	8.64	9.71	9.30	0.57	0.51	0.49	7.63	– 13.85
驻马店	13.41	17.35	16.62	0.73	0.80	0.77	23.87	5.44

注：《河南统计年鉴》公布的城市产值数据经核对与《中国城市统计年鉴》产值数据一致；2004 年漯河市下辖郾城县由于行政区划调整，划为郾城区，漯河下辖县由原来的 3 个变为 2 个，该变化直接导致 2005 年漯河城市 GDP 由 2004 年的 87.12 亿元，上升为 196.89 亿元，2005 年漯河城市经济比重为 61.12%，因此表中 2000 年漯河数据为其行政区划调整后的数据。

资料来源：历年《河南统计年鉴》。

省比重有较大幅度提升。全省其他 11 个城市则均呈现经济活动分散的格局，其中洛阳、安阳、焦作、濮阳、三门峡和商丘城市 GDP 占市域比重下降幅度超过了 20%；安阳、濮阳、三门峡和商丘四市城市 GDP 占全省比重下降幅度也超过20%；开封和平顶山城市 GDP 占市域比重下降幅度较小，但城市 GDP 占全省比重下降幅度超过了 20%。

因此，就河南省 17 个地市分别进行考察，两项指标均显示经济向城市集聚的城市仅有 5 个。以城市 GDP 占全省经济比重为考察指标，新乡、许昌和驻马店三市经济向城市集聚的情况并不明显，特别是城市 GPD 占全省比重提升程度均未超过 0.1%，仅郑州和鹤壁两市呈现经济向城市集聚的情况，但两市市域范围内经济活动向城市集聚情况也不明显。分城市讨论与前文所述河南省整体经济活动未向城市集聚的结论基本一致。

（二）河南省 17 个城市经济密度考察

2000～2012 年，河南省 17 个城市经济密度除濮阳、南阳外，均有提升。但前文已经指出河南省整体城市经济密度无论是与全国平均水平相比还是与四大区域中城市经济密度最低的中部地区相比都存在明显差距。以城市经济密度最低的中部地区为标准（6.02 亿元/平方公里，以名义 GDP 计算的城市经济密度，2011 年数据），河南省仅有 3 个城市的以名义 GDP 计算的城市经济密度超过了中部地区平均水平：郑州（6.43 亿元/平方公里）、漯河（6.89 亿元/平方公里）和平顶山（7.35 亿元/平方公里）。但上述 3 个城市的城市经济密度仍然低于可比的 21 个省份整体城市经济密度的平均水平（7.87 亿元/平方公里）。以 2012 年河南省整体城市经济密度为标准，17 个城市仅有郑州、洛阳、平顶山和漯河四市超过了河南省平均水平；其他 13 个城市的经济密度均低于全省平均水平，其中开封、濮阳和周口三市的城市经济密度不及全省平均水平的 60%。2011～2012 年，安阳、濮阳和南阳城市建成区面积大幅度扩张，也直接导致三市的城市经济密度大幅度下降。而平顶山虽然城市建成区面积变化不大，但其市区 GDP 却有所下降，也导致其城市经济密度下降（见表 4－13）。

表 4－13　河南省各城市经济密度

地区	市区 GDP(亿元)			建成区面积（平方公里）			可比价格城市经济密度(亿元/平方公里)		
	2000年	2011年	2012年	2000年	2011年	2012年	2000年	2011年	2012年
郑　州	336.73	2281.13	2798.87	133	355	373	1.4487	2.4700	2.8907
开　封	57.21	233.32	257.60	67	94	94	0.4886	0.9541	1.0557
洛　阳	195.72	884.80	1045.66	104	187	187	1.0768	1.8188	2.1541
平顶山	95.71	521.71	442.99	46	71	72	1.1905	2.8246	2.3702
安　阳	98.04	390.46	387.87	45	76	108	1.2466	1.9749	1.3835
鹤　壁	38.77	231.61	267.32	34	58	61	0.6525	1.5350	1.6882
新　乡	76.88	434.30	499.48	60	107	110	0.7332	1.5602	1.7492
焦　作	62.65	282.27	329.10	52	96	102	0.6894	1.1303	1.2429
濮　阳	98.93	290.01	318.88	27	82	118	2.0965	1.3595	1.0410
许　昌	43.37	248.25	269.04	25	80	80	0.9926	1.1928	1.2955
漯　河	40.53	413.51	424.02	26	60	60	0.8920	2.6492	2.7225
三门峡	31.48	127.09	140.57	21	30	30	0.8577	1.6284	1.8051
南　阳	107.97	470.59	504.54	37	105	147	1.6697	1.7228	1.3222
商　丘	50.57	220.29	232.30	36	61	62	0.8038	1.3882	1.4434
信　阳	57.96	279.92	295.78	32	73	73	1.0364	1.4740	1.5609
周　口	27.80	129.16	138.69	18	56	60	0.8837	0.8866	0.8905
驻马店	36.15	196.27	207.40	22	55	65	0.9402	1.3718	1.2292

　　注：市区 GDP 仅计算第二产业和第三产业；可比价格计算是基于 2013 年《河南统计年鉴》公布的历年可比价格生产总值指数计算得出。
　　资料来源：历年《河南统计年鉴》。

二　河南省经济活动在县（县级市）集聚状况考察

通过对河南省 17 个地市经济向城市集聚状况的考察，各地市情况与河南省整体情况基本一致。以各城市 GDP 占全省比重为指标，除郑州市占全省比重有较大幅度提升外，其他 16 个城市均未发现经济向城市明显的集聚。与之相反，河南省不少城市无论是城市 GDP 占市域比重还是占全省比重都出现较大幅度的下降。河南省经济活动未向城市集聚，是否在各县（县级市）间发生了集聚情况呢？对河南省经济活动在县域间的集聚情况的考察，本书主要使用两个指标：空间基尼系数和集中度。空间基尼系数分别考察 109 个县（县级市）的整体的经济活动集散情况（GDP）和工业空间分布集散情况（工业增加值）；集中度则分别考察经济总量和工业排名前十位的县（县级市）占全省比重情况。

2000～2012 年，河南省 109 个县整体经济活动在空间上较为分散，其 GDP 空间基尼系数均未超过 0.3，2004 年以后基本维持不变；109 个县的工业空间分布比较集中，2000～2011 年工业空间基尼系数均超过 0.4，但 2012 年工业空间基尼系数下降为 0.3981，而且自 2006 年以来工业空间基尼系数一直呈下降趋势。河南省工业在 109 个县（县级市）的空间分布也由比较集中变为相对集中。同时工业增加值排名前十位的县（县级市）占全部县域工业增加值的比重也由最高时的 29.63% 下降为 2012 年的 27.27%，但同期占全省工业

表 4 - 14 河南省各县（县级市）空间结构变化情况

年份	2000	2004	2005	2006	2007	2008	2009	2010	2011	2012
工业 GINI	0.4122	0.4260	0.4183	0.4200	0.4143	0.4071	0.4017	0.4053	0.4029	0.3981
GDP GINI	0.2694	0.2833	0.2833	0.2894	0.2912	0.2901	0.2831	0.2838	0.2870	0.2864
工业比重 1（%）	29.53	29.63	27.93	28.03	27.50	27.04	26.83	27.20	27.01	27.27
工业比重 2（%）	19.62	20.42	20.00	20.35	20.43	20.21	20.72	20.59	20.70	20.76
GDP 比重 1（%）	20.45	21.61	21.11	21.49	21.65	21.75	21.50	21.73	21.93	22.18
GDP 比重 2（%）	14.10	14.69	14.74	15.17	15.41	15.67	15.57	15.49	15.69	15.72

注：工业 GINI 和 GDP GINI 为工业（GDP）空间基尼系数，包括河南省 108 县（县级市）和济源市数据；工业比重 1 和 GDP 比重 1 指排名前十位的县（县级市）工业增加值（GDP）占全部县域工业增加值（GDP）的比重；工业比重 2 和 GDP 比重 2 指工业排名前十位的县（县级市）工业增加值（GDP）占全省工业增加值（GDP）的比重。

资料来源：历年《河南统计年鉴》。

增加值的比重却有所上升，反映了全省工业自 2004 年以来进一步向县域扩散（见表 4 - 14）。

因为没有县级及以下区域建成区面积的公开资料，而且整个县域包括大量的农业区域，故无法对各县域的经济密度做进一步考察。

第四节　本章小结

通过对河南省经济在数据可得的各种空间尺度上的分析，不难发现，河南省经济活动与全国其他省份相比，呈现一种典型的分散化空间分布状态。不仅表现为经济活动不向城市集聚，而且城市的经济集聚程度也显著低于全国平均水平。同时，通过河南省经济活动在县域间的考察，也未发现经济在县域间的集聚现象。相反，河南省工业活动在县域间的分布有分散化的趋势。

有一点在此做一个说明：不少关于河南省经济空间结构研究的文献指出：河南省形成了以中原城市群为核心的中心—外围的经济空间格局（樊新生、李小建，2007；杨贺、刘金平，2012）[1]。2000 ~ 2012 年，中原城市群 GDP 占河南省比重由 52.74% 上升到 58.48%，工业比重由 57.23% 上升到 62.05%，第三产业比重由 59.32% 上升到 61.79%。中原

---

[1]　还有一类文献专门就河南省县域经济活动的空间集聚现象进行研究，指出河南省形成了以中原城市群及下辖县（县级市）为主体的豫西北县域经济集聚区域。见蒋国富、刘长运（2008）。

城市群共有 9 个城市及其下辖的 33 个县和 15 个县级市，包括 2012 年经济总量排名全省前十位的县（县级市）和一半的城市。郑州市（包括下辖县）对于 2000 年以来中原城市群各项指标占全省比重上升的贡献率分别为：GDP（73.13%）、工业（65.54%）、第三产业（174.73%），仅郑州市区对中原城市群 GDP 占全省比重上升的贡献率就达48.91%。如果仅就此比较，在一定程度上可以说河南省形成了以中原城市群为核心的增长集聚区。结合表 4 - 12，更确切地说是形成了以郑州市（不含下辖县）为核心的增长极。但以各省经济规模最大的城市（不含下辖县）占各省 GDP的比重为指标，2011 年郑州市占河南省的比重仅为 8.52%，即使以 2012 年的比重 9.50% 与其他省份（2011 年数据）相比，郑州市 GDP 占全省比重仅略高于山东青岛的比重（郑州市的经济总量低于青岛），远低于 26 个省份的经济规模最大城市占本省比重 19.89% 的平均水平。基于城市首位度的对比，河南省经济活动与其他省份相比集聚程度也明显偏低。

因此，通过本章对河南省经济活动的空间集聚状况的分析，可以得出河南省城市经济比重显著低于全国的状况主要源于河南省经济活动，特别是工业活动不向城市集聚所致。与全国多数省份相比，河南省经济活动在空间上呈现非集聚的空间格局。当然本书所指的经济非集聚非绝对意义上经济活动平均分布于河南各市县，而是指自 20 世纪 90 年代以来，较全国多数省份，河南省经济活动未向城市集聚。

第五章 河南省经济非集聚的解释

通过对河南省经济空间结构在数据可得的各种空间尺度上的分析，不难发现河南省与全国其他省份相比呈现经济活动在空间上的非集聚状态，即经济活动不向城市集聚，城市内经济集聚程度也显著低于全国平均水平。而且通过对河南省经济活动在县级层面分布状况的考察，2000 年以来河南省经济活动也未向少数县（县级市）集聚。从静态数据上看，与河南省城市经济比重低相类似的省份还有河北省；从动态数据上看，城市经济比重自 1996 年以来上升幅度较少的省份还有山东和山西两省。[①] 与经济活动集聚状态和规模紧密相关的研究是城镇化和第三产业发展等问题。本书在第五章已经指出中国城镇化进程中出现了严重的人口分布与经济集聚

---

① 各省份城市经济比重变化情况参见本书第四章相关内容。需要说明的问题是：1996 年以来城市经济比重上升幅度较少甚至下降的还有吉林、辽宁和陕西 3 个省份。但这些省份与河南、河北情况有所不同，吉林等省份城市经济比重已经较高，只是在考察期间上升幅度较少，而河南、河北两省则属于城市经济比重远低于全国平均水平而且在考察期间经济活动未向城市集聚。

的空间错位。中国城市经济占全国的比重为 63.87%，而城市常住人口占全国的比重仅为 29.54%，两者相差 34.33 个百分点，此种情况也导致了中国城镇化过程中出现了众多问题。对中国城镇化问题的研究也主要集中在人口分布与经济集聚空间错位的原因和影响分析上。但河南省城市经济与城市常住人口占全省比重的差距并不大，而且近几年来，河南省城镇人口的增长约 50% 源于城市常住人口的增长。但问题是，如果河南省城市经济比重仍像之前基本维持不变的话，河南省城市吸纳农村人口的潜力是十分有限的。此外，河南省经济活动主要分布于县及县以下地区的经济空间结构影响了河南省第三产业发展。国内很少见到研究经济活动为何不向城市集聚的文献，但对河南、河北等省份城镇化的研究以及河南第三产业发展的研究，我们无法绕开此问题。

第一节　待检验假说

为更直观展示各省城市经济比重变化情况，本节根据历年《中国城市统计年鉴》公布的各省城市 GDP 占各市市域 GDP 比重情况，制作了自 1994 年以来，中国各省份不同城市 GDP 占市域比重的盒状图（见图 5-1）。盒状图以各省所有城市为样本单位，描述各省不同城市占比分布变化，盒状代表各省居中 50% 的城市样本分布区间，中间的黑线为中位数。从图 5-1 可以看出河南省不同城市市区 GDP 占比自 2000 年以

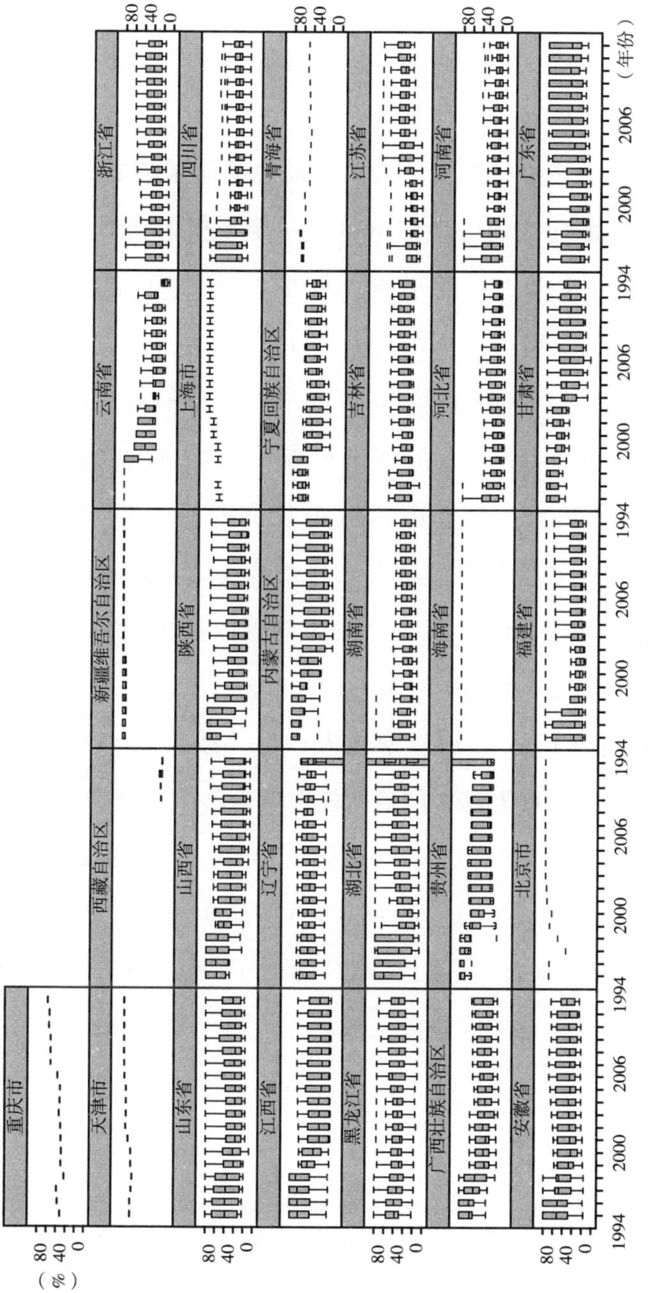

图 5-1 各省城市占比盒状图

注：横轴为时间（1994~2011 年），纵轴表明各省份不同城市 GDP 占市域比重的百分比。
资料来源：历年《中国城市统计年鉴》。

来，基本保持不变，且分布相对收敛，说明各市占比普遍较低。

在现有文献中，主要有两类假说可能为图 5-1 所示的城市集聚差异提供解释，具体如下。

假说一 城市规模越大，经济活动越易向城市集聚

越来越多的研究表明，城市达到一定规模时会对经济增长有较强的促进作用。王小鲁、夏小林（1999），王小鲁（2010）基于中国城市数据的经济研究均指出，当前中国当一个城市规模处于 100 万～400 万人口时城市的规模净收益最高，而规模小于 10 万人的城市很难发现其规模收益；Au 和 Henderson（2006）根据中国城市数据的经验研究表明，中国城市最佳的规模效应为城市人口规模为 250 万～380 万。王小鲁、夏小林（1999）指出，处于规模收益区间的城市其规模收益可达城市 GDP 的 17%～19%。

河南省当前 17 个城市以常住人口计，截至 2012 年，市区常住人口超过 100 万这一门槛的城市数为 9 个，分别为郑州（587 万人）、洛阳（196 万人）、信阳（149 万）、平顶山（104 万人）、安阳（110 万人）、新乡（103 万人）、漯河（139 万人）、南阳（194 万人）、商丘（181 万人）。而这 9 个城市中又有 4 个城市存在市辖区是原来的县改为市区的情况，[①] 在这

---

① 这 4 个城市分别为漯河、南阳、商丘、信阳，建成区面积分别为 60、147、62、73 平方公里。仅有南阳城市建成区面积与其常住人口大体相符，但 2007 年南阳市市区非农业人口比重仅为 30%（数据来源为 2008 年《河南统计年鉴》），虽然《中国城市统计年鉴》没有对南阳市区行政区划调整的说明，但可以看出南阳市区内类似农村地区的地方应较多。

类由县改成的市区里，有大量农业人口，居住、生活生产方式和乡镇相差无几，而非真正意义上的城市，因此这类区域基本上不存在城市的规模经济效应。2007 年之前市区常住人口超过 100 万的城市仅有郑州、洛阳、新乡、安阳。而新乡、安阳市区常住人口刚刚超过 100 万，也难谈城市规模效应。此外，不少研究都指出，一个省份的区域性中心城市发展水平对于该省长期经济增长有着重要的促进作用（魏后凯，2007）。就所关注的河南省经济活动不向城市集聚问题，笔者分别计算了各省规模最大城市 GDP 占各省的比重，剔除 4 个直辖市和西藏，26 个省份规模最大城市占本省经济比重平均水平为 19.89%，而郑州占河南省的比重仅为 8.52%。因此，是否因为河南省城市规模普遍偏小难以形成集聚力造成河南省经济活动不向城市集聚呢？

假说二　一个地区城市经济比重受该地区主导产业外部性的影响

Henderson（1974，1980）就曾以一个单中心城市模型论述不同城市为何规模差异如此之大。他指出外部经济往往在特定产业或产业间发生，而外部不经济则往往由整体城市规模的增大而产生，而不论这个城市生产什么。这种不对称会产生两种影响，一是当城市规模所带来的不经济超过了某类产业集聚所带来的外部经济时，这类产业则会退出该城市，而这类产业集聚所带来的外部经济大小取决于该产业内部规模报酬递增情况以及这类产业与城市其他产业间的外部性；

二是不同行业的外部经济差别很大，一些技术成熟产业间的溢出效应有限，而另外一些产业则溢出效应很强，如金融业、高新技术产业等。随后，Henderson（1994，1997）、Fujita 和 Ishii（1998）、Duranton 和 Puga（2001）、Glaeser 和 Kahn（2001）等学者基于不同国家不同产业的数据都发现，成熟的产业或已经标准化生产的产业，其技术外溢效应小于创新性或高科技产业；技术外溢效应显著的产业（创新性产业、高科技产业或生产非标准化产品的企业）会向多元化的大城市集聚，而技术外溢效应较小的产业（成熟产业或生产标准化产品的企业）则更多地集聚在较小的专业化城镇或农村地区。

第三章在分析河南省制造业发展情况时指出，河南省形成了以 C31（非金属矿物制品业）、C13（农副食品加工业）、C33（有色金属冶炼及压延加工业）等为主的制造业产业结构。上述 3 个产业产值占河南制造业的比重为 35.57%，其中 C33 和 C13 占河南省制造业的产值比重为 25.26%。C33以水泥、石灰和石膏制造、砖瓦、石材等建筑材料制造以及耐火材料制品制造等三位数制造业为主，这些产业基本属于对自然资源的加工为主，制造工艺已经非常成熟难有集聚所带来的技术溢出。C13 以谷物磨制、饲料加工、植物油加工、屠宰及肉类加工等三位数制造业为主，也难谈集聚带来的技术溢出。是否因为河南省当前的制造业产业结构导致了河南省经济活动不向城市集聚呢？

　　基于国内的具体经济背景，检验上述两个假说是否造成河南省经济活动不向城市集聚的原因，需要控制一些相关变量。①各地区的经济发展水平。从空间的视角观察经济发展，经济发展过程就是在空间不断集聚的过程，越是经济发达的地区经济活动越集中，集聚规模越大（世界银行，2009）。②各地区国有经济比重。观察图 5 - 1 可知，1994~2000 年前后，各省不同城市 GDP 占市域经济比重都呈现显著的下降，这一情况与中国国有企业基本在城市布局密切相关。1997~2000 年是中国国有企业特别是中小型国有企业加快改革进程的时间，以中小型国有企业为主的地区受此影响城市经济比重出现了快速下降情况，但以大中型国有企业为主的地区此种情况并不显著，特别是在一些乡镇企业并不发达的区域。第四章对比不同地区城市经济比重时也发现当前中国四大区域城市经济比重最高的地区依次为：东北地区71.19%、东部地区58.47%（剔除 3 直辖市和海南省）、西部地区51.18%（剔除重庆、贵州、青海、宁夏和新疆）以及中部地区 47.28%。③一个省份经济活动在省内各地区（城市）都呈现明显的分散状态则表明该省的产业结构是分散的，在地区内也不易向城市集聚。④不同地区人均投资水平，在中国，城市投资水平远大于县及以下区域投资水平，人均投资水平越高的地区，城市经济比重越高。⑤不同地区城市第二产业和第三产业占比情况。陈国亮、陈建军（2012）基于全国 212 个地级以上城市的面板数据所做的实证研究指出，产业内和产业间的前后关联促进了第二、第三产业的共同集聚水平。[①]

第二节 数据来源、变量说明及描述性统计

一 数据来源

本章选取的样本为城市数量大于 8 个的省份的地级市数据，[②] 城市样本数据均来自历年《中国城市统计年鉴》；产业数据（农副产品加工业、非金属矿物制品业、黑色金属冶炼及压延加工业、有色金属冶炼及压延加工业）数据来源于历年《中国工业统计年鉴》；各省国有固定投资总额和固定资产投资总额数据来源于历年《中国统计年鉴》。

二 变量说明

本章的被解释变量为样本城市的 *GDPCR*，即城市 GDP 占地区 GDP 比重。城市指地级市的市区，地区指地级市的市域（下文表述一致）：市区及下辖县（县级市）。

[①] 本部分所述地区指中国地级及以上城市的市域范围，即城市及下辖县和县级市。

[②] 城市数量大于 8 个的省份分别为福建、甘肃、广东、广西、河北、河南、黑龙江、湖北、江苏、江西、辽宁、内蒙古、山东、山西、陕西、四川、浙江。因为本章关注各省城市经济比重的情况，并引入省级虚拟变量控制截面效应对各省城市经济比重情况进行回归分析，而城市设置数量过少的省份受行政区划方法的影响较大，因此样本选取城市数量大于 8 个省份的城市。

根据假说一，本章以各省城市规模排序作为解释变量（*ORDGDP*），即城市规模越大的地区其城市 GDP 占比越高。

根据假说二，本章选取农副产品加工业、非金属矿物制品业、有色金属冶炼及压延加工业等，与各省样本地区的 GDP 加总的比值作为解释变量（*INDARGR*、*MINER*、*CMETALR*）。

相关控制变量分别为：各地区人均 GDP（*PCGDP*）为历年《中国城市统计年鉴》所公布的地区 GDP 与地区常住人口的比值；各地区人均投资水平（*PCINVEST*）为各地区投资总额与各地区常住人口的比值；各地区国有经济比重，本章以各省国有固定资产投资与全社会固定资产投资总额相比表示（*SOEINVR*）；各地区第二、第三产业比重分别为各地区第二产业和第三产业与其 GDP 的比值（INDUSTRYR、SERVCRR）（见表 5 - 1 和表 5 - 2）。

表 5 - 1　变量定义

变量名称	变量定义	单位
GDPCR	城市经济比重	%
ORDGDP	各省不同城市经济规模排序	—
INDARGR	各省农副产品加工业/地区 GDP 之和	%
MINER	各省非金属矿物制品业/地区 GDP 之和	%
CMETALR	各省有色金属冶炼及压延加工业/地区 GDP 之和	%
SOEINVR	各省国有固定投资总额/固定资产投资总额	%
SERVCRR	第三产业产值占 GDP 比重	%
INDUSTRYR	第二产业产值占 GDP 比重	%
PCGDP	人均 GDP	元
PCINVEST	人均投资	元
DEVR	各省城市经济变异系数	—
α	各省虚拟变量	—

表 5-2 变量的描述性统计

变量	均值	中位数	最大值	最小值	标准差	样本量
GDPCR	44.78715	40.1	100	7.33	23.73985	3083
ORDGDP	7.562992	7	21	1	4.511603	3302
MINER	0.052942	0.045606	0.18932	0.010698	0.030238	3048
INDARGR	0.059035	0.043814	0.193875	0.010544	0.038078	3302
CMETALR	0.053041	0.039074	0.301142	0.00295	0.052788	3302
PCGDP	20344.76	12223.72	429471.1	1889.312	27290.92	3203
DEVR	0.854299	0.73024	1.828913	0.411322	0.310762	3302
PCINVEST	9890.22	5279.113	141144.9	171.826	12363.34	3218
INDUSTRYR	0.476332	0.47705	0.897	0.09	0.112687	3202
SERVR	0.352449	0.35	0.8534	0.085	0.07175	3202
SOEINVR	0.371468	0.367054	0.754703	0.056063	0.132261	3302

第三节　回归分析

本节采用地级市的面板数据对河南、河北等省份经济不向城市集聚的影响因素进行回归分析。因为解释变量很可能与截面因素存在相关性，所以采用固定效应加以控制。考虑到城市化的政策主要是省级层面的，而且本节关心的重点是省际差异，所以选择省级而非地级虚拟变量控制横截面因素。这样亦能相对减少自由度的损失。同时对于时间因素，由于本节将控制人均 GDP、人均投资等宏观变量，它们的变化在各地之间是颇为一致的，足以代表时间因素，所以也不再额外引入时间上的固定效应。本节的计量模型如下：

$$GDPCR_{it} = C_{it} + \alpha_r + \beta_1 INDAGR_{it} + \beta_2 MINER_{it} +$$
$$\beta_3 CMETALR_{it} + \beta_4 ORDGDP_{it} + \gamma X_{it} + \mu_{it}$$

其中，下标 i 代表地区；下标 r 代表省；t 代表时间（年）；C 为常数项；α_r 为省级虚拟变量；X_{it} 为相关控制变量。

回归结果见表 5 - 3。由图 5 - 1 可见，各省不同时间的城市集聚存在明显的异方差，为此采用怀特异方差一致估计量来计算系数估计值的标准差。[①] 另外，第四章对比分析全国不同省份城市经济比重时，我们发现河南省和河北省不仅

---

① 本节计量所使用的计量软件为 EViews 6.1，选择怀特对角线选项来处理异方差。

城市经济比重低，而且随着经济发展两省城市经济比重上升幅度也远远小于其他省份。因此，对于截面效应，表 5 – 3 中只报告河南、河北及相邻的山西和山东的估计结果。

第 1 列的回归中我们只引入了文献中通常考虑的变量，没有加入假说一和假说二对应的解释变量，结果显示，河南、河北的城市经济比重显著较低。同时，回归存在严重的自相关问题。这种情况显然很正常，因为被解释变量为城市经济比重，各种影响因素显然有时间滞后性，因此在第 2 列回归里，我们加入了相关控制变量的一阶滞后项以及 GDPCR 的一阶滞后项，回归结果显示，自相关问题消失。为 0.962，回归模型对被解释变量进行了很好的拟合。

下面对比第 2 列和第 3 列各省虚拟变量及其 t 检验的显著性。在第 2 列的回归中，没有加入城市规模、农副产品加工业占比等产业的解释变量，在第 3 列回归中，则加入根据本节假说设立的相应解释变量。对比前后变化，我们发现，当未加入根据本节假说所设立的相关解释变量时，河南、河北、山东、山西等省份虚拟变量为负，且 t 值在 5% 水平上显著。而把根据假说所设立的相应解释变量加入回归模型后，河南、河北、山东等省份虚拟变量就变得不显著了。因此，在控制了其他变量的情况下，河南、河北、山东等省份的经济不集聚可以用这几个变量来进行解释。特别是农副产品加工业占比，该指标统计检验在 5% 上显著与城市经济比重负相关，而这一产业在河南和山东制造业中的比重均超过

10%。山西省虚拟变量仍然在 5% 水平上显著，但此时我们
也发现原来不显著的国有固定资产投资比重的指标由原来的
不显著而变得显著了。对此一个可能的解释是国有经济比重
高的省份尽管可以提高城市经济比重却不利于一个地区的长期
经济增长。从第四章表 4 - 10 也可以看出，1999 年以来城市经
济比重上升最大的区域依次为东部地区、中部地区、西部地区
和东北地区。而这四个地区的国有经济比重则正好相反。

表 5 - 3　变量的回归结果

变量	(1)	(2)	(3)
C	- 120.501 ***	- 6.674 ***	- 4.834 ***
	(- 25.496)	(- 3.176)	(- 2.612)
PCGDP	0.000 ***	0	0
	(- 9.217)	- 1.307	(1.267)
DEVR	4.293 **	0.566	0.137
	(- 2.140)	(0.747)	(0.162)
PCINVEST	0.000 ***	0	0
	(- 3.135)	(- 0.063)	(0.260)
INDUSTRR	160.889 ***	88.181 ***	77.335 ***
	(- 36.271)	(3.244)	(3.455)
SERVR	203.780 ***	64.904 **	58.577 ***
	(- 31.797)	(2.202)	(2.312)
SOEINVR	40.194 ***	- 0.172	6.129 **
	(- 10.413)	(- 0.125)	(2.258)
GDPCR(- 1)	—	0.962 ***	0.971 ***
	—	(116.876)	(148.708)
PCGDP(- 1)	—	0	0
	—	(- 1.180)	(- 1.140)

续表

变量	（1）	（2）	（3）
DEVR（-1）	—	-1.681 **	-1.461
	—	（-2.253）	（-1.560）
PCINVEST（-1）	—	0	0
	—	（-0.645）	（-0.749）
INDUSTRYR（-1）	—	-78.930 ***	-71.274 ***
	—	（-3.029）	（-3.308）
SERVR（-1）	—	-52.111 **	-50.400 **
	—	（-1.866）	（-2.085）
ORDGDP（-1）	—	—	0.503 ***
	—	—	（1.399）
ORDGDP	—	—	-0.503
	—	—	（-1.397）
INDARGR	—	—	-29.406 **
	—	—	（-1.970）
MINER	—	—	3.057
	—	—	（0.432）
CMETALR	—	—	-0.878
	—	—	（-0.255）
PROV="山东省"	—	-0.677 **	0.338
	—	（-1.867）	（0.526）
PROV="山西省"	—	-1.66 **	-1.897 **
	—	（-2.475）	（-1.969）
PROV="河南省"	-16.514 ***	-0.747 **	-0.468
	（-9.545）	（-1.994）	（-0.872）
PROV="河北省"	-21.274 ***	-0.715 **	-0.162
	（-10.916）	（-1.937）	（-0.271）
R-squared DW	0.5	0.96	0.97
	0.12	2.17	2.07

注：表5-3与表5-1变量含义相同，或参见正文；括号内为对应系数的 t 统计量，***、**、* 分别代表1%、5%和10%的显著性水平。

　　回归结果正如城市经济理论对于不同城市规模差异的解释：外部经济往往在特定产业或产业间发生，而外部不经济则往往由整体城市规模的增大而产生，而不论这个城市生产什么。这种不对称会产生两种影响，一是当城市规模所带来的不经济超过了某类产业因集聚而产生的外部经济时，这类产业则会退出城市。产业集聚所带来的外部经济大小取决于该产业内部规模报酬递增情况以及这类产业与城市其他产业间的外部经济；二是不同行业的外部经济差别很大，一些技术成熟产业间的溢出效应有限，而另外一些产业则溢出效应很强，如金融业、高科技产业等。河南、山东、河北等省份经济活动不向城市集聚的原因在于这些省份当前的主导产业外部性弱，集聚所能产生的规模收益低于因集聚而产生的成本，而城市的集聚成本显然大于企业在县及县以下区域分布的成本。又由于这些产业在河南、河北、山东等省份的产业比重高于其他省份，在这些产业的影响下，呈现经济活动与其他省份相比不向城市集聚，而河南表现得尤其明显。不同产业之间的规模报酬差异较大，这几个产业特别是农副产品加工业是没有什么规模报酬的。也就是为什么在不控制这些变量的回归里，河南、河北等省份的虚拟变量为负而且是很显著的，当在回归里加入这些产业的影响时，河南、河北、山东等省份的虚拟变量就变得不显著了。因此，河南、河北等省份城市比例比较低，是受到它产业结构影响，并非和对经济集聚现象进行解释的空间理论背离，反而是对小地理空间范围内经济集聚受外部性影响的一个验证。

第四节　结论

在解释河南经济活动为何不向城市集聚的定量回归分析中，假说二——城市经济占比受其主导产业外部性的影响得到了验证，该结论与 Fujita 和 Ishii（1998）、Duranton 和 Puga（2001）、Glaeser 和 Kahn（2001）等学者基于不同国家产业数据的经验研究结论——技术外溢效应大的产业会向多元化的大城市集聚，技术外溢效应较小的产业则更多地集聚在较小的专业化城镇或农村地区颇为一致。Henderson（1974，1980）基于产业外部性构建的解释不同城市存在较大规模差异的模型仍然是我们理解城市层面经济集聚问题的重要理论基础。

在解释河南经济活动为何不向城市集聚的回归分析中，除了产业外部经济导致河南省经济活动不向城市集聚的结论外，还有几个经验研究结论值得关注。①城市经济比重的一阶滞后项是对城市经济比重提升最主要的影响变量。这意味着各种要素在空间上的配置无论"正确"与否，一旦落地对今后的经济活动有着长期影响。各种要素如果在部门间错配，那么在价格机制的作用下，人们可以在短期内（1~2年）认知并改正。但要素在空间上的不当配置，则在短期内难以察觉。例如，政府可以通过大量投资设立城市，一些工人和企业家来这里寻求市场，接着因为这里形成了市场，更多的人口接踵而至。但这由政府主导的城市是不是各种要素最佳的空间配置，我们很难得知。因为即使城市选择了"错误"的位置，城市也不会彻底失败，政府会在相当长的时间内支付成本。②城市第二产业比重提升比城市第三产业比重提升对一个地区经济活动向城市的集聚促进作用更强。但就全国整体而言，自 2007 年以来，我们发现城市第三产业占全国第三产业比重出现一定程度的下降，由 72.6% 下降至 67.8%。考虑到当前城市人口占全国比重不及 30% 的现状，第三产业对经济活动向城市促进作用低的原因可能源于人口因户籍等制度造成的难以向城市集聚所致。③国有经济比重高的省份呈现城市经济比重高，但城市规模单纯地变大并不是我们所需要的最终目的，而是希望经济集聚提升生产效率。而且山西省在回归结果中就表明，国有经济比重的上升反而会影响一个城市长期的发展，反而导致了城市经济比重下降。

第六章 经济非集聚对河南省
经济结构的影响

在本书前五章，我们就过去二十年来，在中部地区经济发展过程中，河南省为何由中部六省经济发展的领头羊"沦落"成了 2006 年之后中部地区"塌陷区"的现象进了阐述，并从空间视角对"中部崛起，河南塌陷"现象进行解释。从前文论述中不难发现，我们对河南省的经济空间结构给予了特别的重视。对该现象重视的原因除了河南省经济活动所呈现的非集聚状态与空间经济理论重要推论——集聚——不符外，另一个重要原因是经济非集聚的空间结构已成为研究河南省经济结构和城镇化问题无法回避的问题。

在中国，但凡遇到经济增长乏力，经济结构问题都会成为政府和理论界关注的焦点，在诸多结构的研究中，产业结构和经济空间结构又是其中的讨论重点。截至 2013 年，河南省第三产业比重为 32%，是全国 31 个省份三产比重最低的省份。① 而回顾河南省的经济结构演化过程，我们会发现河南省1991年第三产业比重已为30.9%，也就是说22年的发展河南省第三产业比重仅提升了1.1个百分点。我们应如何看待河南省这样的一种经济结构？又是哪些因素导致了河南省第三产业发展滞后，对区域经济的带动作用不强？第三产业发展与经济活动主要分布在县及县以下区域有什么样的关系？一言概之，河南省经济结构特别是三次产业结构是本章讨论的第一个问题。

第一节　河南省工业化发展阶段

分析一个国家或地区的产业（经济）结构问题，应首先对一个国家或地区所处的发展阶段做出一个基本判断。一个国家或地区所处的经济发展阶段不同，其经济结构、经济和人口的空间结构等会有较大的差异。也正应如此，在以往经济学研究中出现了诸如关于三次产业就业结构演化规律的配

---

① 2015年河南省和中国统计年鉴公布的河南省2014年三次产业结构数据显示，河南省第三产业比重为37.1%，较2013年提高了5.1个百分点。导致这一变化的主要原因是，2013年中国统计局对三次产业的划分重新做了界定，即把之前属于第一产业的"农、林、牧、渔服务业"、属于开采业的"开采辅助活动"、属于制造业的"金属制品、机械和设备修理业"划归了第三产业。该调整已在2015年中国以及各省统计年鉴所公布的2014年全国及各省相关数据中应用。这使得2013年河南省第三产业比重调整前后相差3.7个百分点。2015年《中国统计年鉴》对之前的全国三次产业比重数据修正至1978年，但2015年《河南统计年鉴》仅对之前十年的三次产业比重数据进行相应的修正。鉴于河南省数据调整年份有限，与20世纪90年代相比，笔者认为2013年数据更为贴切。当然2003年中国对三次产业也做出过新划定，当时主要是把第一产业中的"副业"划入了第三产业中。

第——克拉克定律，关于经济发展阶段的罗斯托定律，关于工业内部结构的霍夫曼定律以及钱纳里等关于经济发展六阶段的划分，以及库兹涅茨对一个国家工业化进程的经典论述，即①一个国家在工业化的过程中，制造业比例逐步提高乃至占据主导地位；②制造业内部结构不断升级，技术含量不断提高；③在制造业就业的劳动人口比例不断提高；④城市这一工业化发展的载体数量不断增多、规模不断增大，城市化率不断提高；⑤在上述指标增长的同时，一个国家的人均收入水平不断提高。世界银行的经济学专家约翰·科迪等（1990）也曾提出一个判断，一个国家工业化阶段的指标即一个国家制造业增加值占总商品生产部门增加值中的份额。中国学者结合实际情况也对此问题做了大量的研究，如郭克莎（2004）、吕政（2003）等。但持续关注此问题，研究成果引起广泛关注的国内学者是陈佳贵、黄群慧两位学者，他们于2003年、2005年、2006年发了多篇文章对该问题进行了专门的讨论和深入研究，并形成了当前中国国内理论研究对该问题引用率最高的成果。

陈佳贵等学者2006年创建的工业化发展阶段指标体系，充分借鉴、吸纳了他人相关研究成果，运用层次分析法提出包含经济发展水平（人均GDP）、就业结构（第一产业就业人数占比）、产业结构（三次产业结构）、人口空间结构（城市化率）、工业结构（制造业增加值占总商品生产部门增加值的比重）等五个构成指标的地区工业化综合评价体系。并根据上述衡量工业化水平的指标体系和相应的标志值，选用指标含义清晰、综合解释能力强的评价方法（加法合成法），构造计算反映一国或者地区工业化水平（进程）的综合指数。如何使用该指标体系评测一个国家或一个国家各区域的工业化发展阶段以及各指标的权数确定，不同量纲数据的处理等详见本章附录。本书利用陈佳贵等人划分工业化水平的方法，对经济发展水平（人均GDP）这一指标进行了必要的扩展，计算了反映2014年河南省和中国的工业水平的综合指数。具体工业化不同阶段标志值见表6-1。

表6-1 工业化不同阶段的标志值区间

基本指标	前工业化阶段(1)	工业化实现阶段			后工业化阶段(5)
		工业化初期(2)	工业化中期(3)	工业化后期(4)	
经济发展水平(人均GDP)					
1964年美元	100~200	200~400	400~800	800~1500	1500以上
1996年美元	620~1240	1240~2480	2480~4960	4960~9300	9300以上
1995年美元	610~1220	1220~2430	2430~4870	4870~9120	9120以上
2000年美元	660~1320	1320~2640	2640~5280	5280~9910	9910以上
2002年美元	680~1360	1360~2730	2730~5460	5460~10200	10200以上
2004年美元	720~1440	1440~2880	2880~5760	5760~10810	10810以上
2009年美元	808~1616	1616~3231	3231~6463	6463~12129	12129以上
2012年美元	850~1700	1700~3399	3399~6799	6799~12759	12759以上
2013年美元	864~1728	1728~3454	3454~6910	6910~12966	12966以上
2014年美元	878~1757	1757~3512	3512~7025	7025~13184	13184以上

基本指标	前工业化阶段(1)	工业化实现阶段			后工业化阶段(5)
		工业化初期(2)	工业化中期(3)	工业化后期(4)	
产业结构					
三次产业产值结构	A > I	A > 20%，且 A < I	A < 20%，且 I > S	A < 10%，且 I > S	A < 10%，且 I < S
工业结构					
制造业增加值占总商品增加值比重	20%以下	20% ~ 40%	40% ~ 50%	50% ~ 60%	60%以上
空间结构					
人口城市化率	30%以下	30% ~ 50%	50% ~ 60%	60% ~ 75%	75%以上
就业结构					
第一产业就业人员占比	60%以上	45% ~ 60%	30% ~ 45%	10% ~ 30%	10%以下

注：1964 年与 1996 年的换算因子为 6.2，系郭克莎（2004）计算；1996 年与 1995 年、2000 年、2002 年、2004 年的换算因子分别为 0.981、1.065、1.097、1.162，系陈佳贵等（2006）根据美国经济研究局（BEA）提供的美国实际 GDP 数据推算；2004 年与 2009 年美元的换算系数由美国经济研究局（BEA）公布：1.122。2009 年与 2012 年、2013 年、2014 年的换算因子分别为 1.052、1.069、1.087，系本书作者根据根据美国经济研究局（BEA）提供的美国历年以 2009 年美元计 GDP 数据推算得出。

需要说明的是，陈佳贵等学者的指标体系构建已经较为充分地考虑了各种因素，诸如指标的可比性、代表性、可得性以及人民币换算成美元时应注意的汇率与购买力平价等技术问题。该指标体系也是评价中国不同地区工业化水平上，所能见到的引用率最高的评价体系。但该指标体系或许在一些细节上还存在一定的争议，譬如在确定各指标权重时，陈佳贵等是通过课题组 7 人和课题组以外 5 个专家的投票表决作为依据确定了各指标的权重：经济发展水平的重要性（36%）＞经济结构的重要性（22%）＝工业结构的重要性（22%）＞空间结构的重要性（12%）＞就业结构的重要性（8%）。因为作者没有具体公布 12 位专家的学术背景，在此也无法评价专家的选取是否科学。毕竟不同学科背景的专家对不同指标权重的取舍会有不同的侧重。再如工业阶段划分的指标确定上可能存在一定的争议，如三次产业结构的划分，在工业化后期第二产业产值仍大于第三产业产值，结合相关研究可能对该界定产生一定争议（郭克莎，2003；江小涓等，2004）；三次产业结构和就业结构在工业化过程中相差 10～15 个百分点是否合适、空间结构的权重赋值是否科学也值得商榷（王小鲁，2010；国务院发展研究中心课题组，2010；Henderson，2000）。此外，能否用这样一个标准去衡量一个国家内某一区域的工业化发展情况，特别是当该区域某一指标与标准不符时，能否断定该区域存在结构问题应该更为慎重。当然，在界定一个区域的工业化水平时，我们不能因为一个国家或地区在某一项指标与标准不符，就断定该国在指标所指的结构上就必然存在问题。陈佳贵等强调的是综合各指标判断一个国家或地区的工业化进程，而不能仅根据单一指标就对某地区的工业化进程进行判定。无论怎么样，该指标体系还是较为全面客观地提出了一个国家或地区工业化水平的参照系，对于一个国家或地区基本情况的判断具有很高的理论和应用价值。

根据工业化水平综合指数可以划分相应的工业化阶段，工业化水平综合指数为 0 具体对应前工业化时期，1~16 为工业化前期的前半阶段，17~33 为工业化前期后半阶段，34~50 为工业化中期的前半阶段，51~66 为工业化中期的后半阶段，67~83 为工业化后期的前半阶段，84~99 为工业化后期的后半阶段，100 及以上为后工业化时期。基于上述工业化指标发展阶段指标体系，我们利用 2015 年《中国统计年鉴》和 2015 年《河南统计年鉴》公布的各组数据（见表 6-2），计算得出中国和河南省的工业化水平综合指数分别为 75 和 56，即中国 2014 年已经处于工业化后期的前半段，河南省处于工业化中期的后半段。与陈佳贵等人计算的 1995 年、2004 年中国工业化综合指数 18（工业化前期后半段）、42（工业化中期前半段）；河南省工业化综合指数 6（工业化前期前半段）、22（工业化前期后半段）相比，2004 年以来无论是中国还是河南省工业化进程都呈现加速发展的态势。

第二节　河南省经济结构的现状与问题

基于中国和河南省所处工业化阶段的判定，对比表 6-1 和表 6-2，中国和河南省当前最突出的问题在于空间结构上，即中国和河南省与其所处的工业化阶段多数国家达到的

表 6 - 2　中国和河南省 2014 年工业化原始数据

地区	人均 GDP			产业结构(%)			工业结构构(%)	城镇化率(%)	就业结构
	GDP（亿元）	人均 GDP（元）	人均 GDP（美元）						
中国	634403	46629	7520	9.2	42.7	48.1	53.62	54.77	29.5:29.9:40.6
河南	34948	34938	5635	11.9	51	37.1	61.12	45.2	40.7:30.6:28.7

注：工业结构：制造业增加值与物质部门增加值总和的比重；人均 GDP（美元）以 2014 年人民币对美元汇率折算。如何将以人民币计的人均 GDP 换算为美元，学术界还存在争议，目前比较通用的换算方法有汇率法、购买力平价法（PPP）、大国贸易法、汇率—平价法等，上述方法各有利弊（陈佳贵、黄群慧等，2006）。本书讨论的重点在于判断河南省工业化所处的阶段。由于划分工业化阶段时，人均 GDP 是一个区间值，因此就允许在人民币换算成美元时可以有一定的误差，只要计算出来的数据不恰好处在临界值或十分接近临界值即可。我们计算出来的以美元计的中国和河南省的人均 GDP 数据均远离临界值，因此我们仅根据 2014 年的人民币对美元的汇率计算得出中国和河南省以美元计的人均 GDP，而没有像陈佳贵等采用汇率—平价法（将汇率法与购买力平价法结合，取其平均值）对人均 GDP 进行折算。

资料来源：2015 年《中国统计年鉴》、2015 年《河南统计年鉴》。

城镇化水平相比，无论是中国还是河南省其城镇化水平都明显偏低。2014 年中国以常住人口计的城镇化率为 54.77%。若以户籍人口统计城镇化率，那么当前中国城镇化率不会高于 40%。因此无论是以常住人口统计的城镇化率还是以户籍人口统计的城镇化率，中国的城镇化率均低于多数国家在工业化后期前半段的城镇化率（60% ~ 75%），当然若以户籍城镇化率相比差距更为显著。河南省 2014 年城镇化率为

45.2%，也低于在此工业化阶段理应达到的城镇化水平（50% ~ 60%）。同样，2010 年中国第六次人口普查数据显示，河南省户籍城镇化率仅为 18.85%，同年河南省以常住人口统计的城镇化率为 38.5%，两者相差近 20 个百分点。因此，若以户籍人口统计河南省的城镇化率，当前河南省城镇化率不会高于 30%，远远低于工业化中期后半段多数国家或地区达到的城镇化水平①。

2000 年以来中国三次产业结构总体变化情况：第一产业比重总体持续下降，第二产业比重先上升而后下降，第三产业比重基本上呈现持续上升趋势。截至 2013 年第二产业下降了 2.02 个百分点，第三产业比重提升了 7.08 个百分点，2013 年中国第三产业比重超过第二产业比重。② 分年份观测：中国的第二产业比重下降始于 2006 年，第三产业比重持续上升始于 2003 年，在此期间中国整体工业化进程正处在工业化中期前半段向后半段的转换期。具体变化情况见表 6 - 3。2000 年以来河南省三次产业结构总体变化情况：第一产业比重总体持续下降，第二产业比重总体呈上升趋势，第三产业比重则呈现先下降而后上升，比重上升幅度有限。分年份观测：2000 年以来河南省第一产业总体持续下降，第二产

---

① 2010 年中国第六次人口普查数据显示，2010 年全国非农户籍人口占总人口的比重仅为 27.98%，比当年公布的以常住人口为统计口径的城镇化率 49.95%，低了 22 个百分点。2012 年李克强总理在谈到中国城镇化问题时也表示中国户籍城镇化率低于 35%。

② 我们选取 2013 年作为分析的截止点主要是因为 2014 年三次产业划分的标准有了较大幅度的改变。

业比重于 2012 年开始明显下降，但截至 2013 年第二产业比重仍然比 2000 年高出 10 百分点；第三产业则是先上升后下降再上升（2004～2008 年河南省第三产业比重处于下降阶段，2008 年以来第三产业比重开始上升，但是截至 2013 年总体上升幅度有限较 2000 年仅上涨了 0.4 个百分点）。对比中国和河南省三次产业结构：河南省第一产业比重比全国平均水平高出 2.7%，第二产业比重比全国高出 9.3%，第三产业比重则较全国平均水平低 11.8%。[①]

观测世界多个国家的工业化进程，产业结构演化的一个经验事实是：第一产业比重持续下降，第二、第三产业比重上升，当第二产业比重上升到一定程度后，第三产业比重会超过第二产业比重（陈佳贵、黄群慧，2003）。第一产业比重下降是迄今为止世界上各国经济发展过程中所呈现的最为典型的现象，无论是中国还是河南省在工业化进程中无不呈现第一产业持续下降的情况。但第二产业、第三产业比重在工业化进程中应是一个什么样的比例，理论上并没有普遍认可的定论。从陈佳贵、黄群慧等（2006）所界定的不同工业化段的标志值区间可以看出，他们认为在工业化后期，第二产业比重仍然会高于第三产业比重，只有到了后工业化时期第三产业比重才会超过第二产业比重。如表 6-3 所示，2013 年中国第三产业比重超过了第二产业比重。

---

① 若以 2014 年数据相比，河南省第一产业比重比全国高 2.6%，第二产业比重高 11.5%，第三产业比重 14.1%。可见 2014 年三次产业标准的重新调整对河南省的三次产业结构有较大的影响。

表6-3 河南省和中国历年三次产业结构及城镇化率

单位：%

年份	河南省			中国			河南省	中国
	一产	二产	三产	一产	二产	三产	城镇化率	城镇化率
2000	23	45.4	31.6	15.06	45.92	39.02	23.2	36.22
2001	22.3	45.4	32.3	14.39	45.15	40.46	24.43	37.66
2002	21.3	45.9	32.8	13.74	44.79	41.47	25.8	39.09
2003	17.5	48.2	34.3	12.8	45.97	41.23	27.2	40.53
2004	19.3	48.9	31.8	13.39	46.23	40.38	28.9	41.76
2005	17.9	52.1	30	12.12	47.37	40.51	30.65	42.99
2006	15.5	54.4	30.1	11.11	47.95	40.94	32.47	44.34
2007	14.8	55.2	30	10.77	47.34	41.89	34.3	45.89
2008	14.76	56.94	28.3	10.73	47.45	41.82	36.03	46.99
2009	14.21	56.52	29.26	10.33	46.24	43.43	37.7	48.34
2010	14.11	57.28	28.62	10.1	46.67	43.24	38.82	49.95
2011	13.04	57.28	29.67	10.04	46.59	43.37	40.57	51.27
2012	12.74	56.33	30.94	10.09	45.32	44.59	42.43	52.57
2013	12.60	55.40	32.00	10.00	43.90	46.10	43.80	53.73
2014	11.90	51.00	37.10	9.20	42.70	48.10	45.20	54.77

资料来源：历年《中国统计年鉴》《河南统计年鉴》。

我们不能仅根据某单一指标就判定一个国家的工业化水平，同样我们也不能仅根据一个国家或地区在某些指标与多数国家的经济规律不一致时就断定该国家或地区的经济结构必然存在问题。我们应注意到无论钱纳里、库兹涅茨等的工业化的经典论述还是陈佳贵等学者提出的工业化发展指标体系，都没有明确工业化阶段第二、第三产业间是怎么样的比例关系，仅指出工业化完成时，第三产业比重会高于第二产业比重。

梳理相关中国经济结构的讨论，不少文献都指出中国当前存在严重的三次产业结构失衡问题（谢伏瞻，2000；吕政、郭克莎、吕铁，2000；薛沛丰、王轶冰，2002；王保安，2010；朱光华，2008；侯新烁、张宗益、周靖祥，2013）。从文献的跨度上看，自 20 世纪 80 年代初期经济结构问题的研究就进入了研究视野。90 年代中后期至今，多数文献在与国外不同收入组国家的三次产业结构的对比中指出中国存在严重的三次产业结构失衡的问题。[1] 本书中我们以中国出版的2013 年《国际统计年鉴》所公布的国外不同收入组别国家的三次产业结构与中国当前的三次产业结构进行了对比。无论是与中国收入水平相当的组别相比，还是与国外收入水平组或低收入组相比，当前中国的三次产业结构，呈现第二产业比重高，第三产业比重低的特征。如表 6 - 4 所示，中国与中等偏上收入组的国家相比，第一产业比重高出 2 个百分点，第二产业比重高出 8 ~ 12 个百分点，第三产业低 11 ~ 15 个百分点。[2]

　　与多数国内学者秉持中国经济结构存在第二产业比重过高或偏高，第三产业发展滞后的观点不同，少数学者指出中国并不存在严重的三次产业结构失衡问题。如李钢、廖建辉等（2011）指出当今世界上少数几个发达国家能拥有如此高的第三产业比重，主要源于第二产业发达的国际贸易。李钢

---

[1]　经济结构是一个内涵和外延非常广泛的概念，在早期的文献讨论中三次产业结构几乎成为经济结构的代名词。现在经济结构主要是指经济成分和要素相互作用的方式及其运行变化规律。项俊波（2008）曾设计出一个反映中国经济结构失衡测度的指标体系，包括产业结构、投资结构、金融结构、区域经济结构以及国际收支结构等。由此可见对经济结构的研究涉及的范围可谓是方方面面。

[2]　中国《国际统计年鉴》所公布的不同收入组别的三次产业结构为 2010 年前后的数据，我们分别以中国 2010 年和 2014 年的数据进行对比。

等指出发达国家如此高的第三产业比重是在发展中国家第二产业快速发展和第三产业可贸易性差的基础上，引起发达国家国内第二产业产品价格和第三产业产品价格扭曲所致。同时他们还强调中国的国际竞争优势还在于制造业，未来还应进一步加强制造业的发展。李钢等人的结论显然有值得商榷的地方。①中国产业结构的问题不仅与少数几个发达国家对比存在偏差，与中等收入国家甚至中低收入国家相比，都存在较大的偏差。②中国在 2010 年已经成为世界上第一制造业大国（以增加值计），出口额也位居世界第一。长期的顺差使得 2012 年中国外汇储备达 3.31 万亿美元，中国当前的汇率制度以及宽松的货币政策等使得 2002 年 M2 不足 19 万亿元上升到 2012 年的 97.4 万亿元，而 2012 年中国的 GDP 才51.9 万亿元，如果汇率制度改变，中国制造业还有没有如此大的发展空间和竞争力？如果汇率制度不变，通胀压力中国能否抗得住？① ③中国产品出口去向构成，发达国家占50.3% 左右，经济转型国家占 3.4%，发展中国家占46.1%。② 因他国经济的发展问题是否还会再像 2007 年一样引起中国经济巨大的波动？④制造业发展需要消耗大量的能源，环境问题日益凸显，除了中国经济粗放式增长的原因外，中国加工贸易出口占中国进出口的比重高达 55%（陆昊，2011），即使国外对中国制造业产品需求不变，中国的生态

---

① 2006 年以来，外汇占款已经超越其他因素，成为决定中国基础货币供给量的最主要因素，参见中国人民银行的《中国货币政策执行报告》（2009 年）。
② 该数据为 2009 年数据，源自 2012 年《国际统计年鉴》。

环境对污染等问题还有多大的承载力？此外，还有学者指出，中国三次产业结构，特别是第二产业与第三产业结构失衡的原因可能源于中国第三产业统计口径的影响（许宪春，2000），但即使以调整后的统计口径来看中国第三产业比重仍然显著低于同类国家的水平（江小涓，2004）。

结合相关研究，我们认为中国第二、第三产业结构失衡的原因有三点。一是中国第二产业利用国际市场，充分发挥制造业上的比较优势，同时中国采取的以汇率体制为代表的出口导向性政策进一步强化了这一优势。2010年中国制造业增加值占全球的比重为11.2%，而同期中国GDP占全球的比重为9.3%。二是当前中国仍然处在由计划经济向市场经济转轨过程中，那些市场化程度高的部门经济发展速度显然快于市场程度低的部门。对比中国制造业与中国第三产业的市场化程度，差距显著。从制造业和服务业固定资产投资非国有经济比重看，制造业的非国有经济比重为87.58%，而服务业非国有经济比重仅为45.26%。几个重要的服务业门类，非国有经济固定资产投资比重分别为：交通运输、仓储和邮政20.3%，金融业40.47%，信息传输、软件和信息技术服务业41.87%，科学研究和技术服务业53.67%，卫生和社会工作20.64%，文化、体育和娱乐业47.07%。[①] 因此，中国

---

① 一个行业的市场化程度当然不仅以国有控股和集体控股的比重作为唯一的标准，但是国有和集体比重越高的行业，其资源使用和配置效率较其他比重较低的行业存在较大的差距无疑被越来越多的经验研究证实（刘瑞明、石磊，2010；吴延兵，2012）。

第三产业发展滞后与中国第三产业整体市场化进程滞后高度相关。三是过低的中国城镇化率。大量的研究表明，一个国家第三产业的发展水平受该国城镇化的影响（江小涓、李辉，2004；吕政、刘勇等，2006）。综合以上分析，中国确实存在第二产业和第三产业结构失衡的问题。[①]

表6-4 中国与世界其他地区三次产业结构

单位：%

类别	2000 年			2010 年		
	第一产业	第二产业	第三产业	第一产业	第二产业	第三产业
世界	3.6	28.9	67.5	2.9	27	70.1
高收入国家	1.9	27.7	70.5	1.5	25.1	73.4
经合组织高收入国家	1.8	27.4	70.8	1.5	24.9	73.6
非经合组织高收入国家	2.1	34.8	63.2	1.4	31.1	67.5
中等收入国家	11.4	35.5	53.1	9.7	34.3	55.9
中等偏上收入国家	9	36.1	55	7.8	35.3	57
中等偏下收入国家	20.1	33.5	46.4	15.5	31.3	52.8
中低收入国家	12.1	35.1	52.8	10	34.1	55.8
低收入国家	33.9	20.8	45.2	25.7	24.4	49.9
最不发达地区（按联合国分类）	32.2	24.1	43.7	25.3	27.1	47.6
重债穷国	30.8	24.3	44.9	27	25.9	47.1
中国	15.1	45.9	39	9.2	42.7	48.1

注：高收入国家2010年数据为2008年数据；低收入国家数据为2009年数据；表中2010年所对应的中国数据为2014年数据。

数据来源：世界银行 WDI 数据库。

[①] 经济结构失衡问题的研究是一个比单纯研究一个产业发展更为复杂的问题，上述几个方面是笔者根据当前经济结构问题相应经验研究文献，归纳出来的几条影响最为显著的因素。其他诸如经济发展战略、收入分配结构、法治水平、政府规模、对外开放程度等因素也会对各产业发展带来不同程度的影响，因此也会导致三次产业结构失衡。

　　与全国第二、第三产业结构失衡状况相比，河南省第二产业和第三产业结构问题则显得更为突出。1991 年和 2013 年，河南省各产业占全国的比重分别为：经济总量（4.8%、5.65%），第一产业（6.26%、7.13%），第二产业（4.26%、7.13%），工业（4.16%、7.58%），第三产业（4.4%、3.92%）。此外，河南省常住人口占全国比重为 6.95%，居民最终消费支出占全国份额 5.04%。对比全国 31 个省份的三次产业结构，河南省第三产业占本省 GDP 的比重仅 32%，远低于全国 46.1% 的平均水平，是全国各省市中第三产业比重最低的省份。[①]

　　河南省经济增速与中部地区其他省份差距不断拉大的几年中。2007~2013 年，河南省经济发展第一产业贡献率为 10.64%，第二产业贡献率为 57.51%，其中工业贡献率为 51.48%，第三产业贡献率为 31.85%，河南省经济存在过度依赖第二产业发展的情况。2013 年河南省制造业增加值占河南省第二产业增加值比重为 81.9%，2005~2013 年，河南省制造业对第二产业发展贡献率为 84.12%。然而正如本书第三章节所指出的问题：河南省制造业十大主导产业

---

① 一个产业占经济活动的比重低既可能源于其他产业发展迅速，也可能源于该产业自身发展相对滞后，或两个因素共同起作用。导论中我们已经指出河南省第三产业增速滞后中国和中部地区 1 个百分点。截至 2013 年，河南省人均第三产业增加值为 10932 元，位于全国 31 个省份的第 27 位。河南省人均 GDP 和人均第三产业增加值与全国人均 GDP、第三产业增加值相比，比值分别为 81.55% 和 56.73%。可见河南省第三产业比重低主要源于该产业发展相对滞后。

中，有 8 个产业属于在省级层面分布相对分散的产业。此类产业在一个省发展到一定程度后，增长速度会较之前大幅下降。对比 2007 年以来，河南省与中部地区其他省份制造业增速也不难发现，凡是在省级层面分布相对分散的产业，河南省增速均慢于中部地区其他省份；在省级层面上相对集中的产业，河南省前十大主导产业里仅有 2 个，而在此类产业的发展上，河南省较全国其他省份并无明显优势。2006 年以来，河南省人均 GDP 全国排名不断下滑，河南省第二产业是否还能像以往一样支撑河南省经济发展，存在很大的不确定性。因此，即使河南省第二、第三产业没有结构失衡问题，过于依靠第二产业发展的前景也不容乐观。

第三节　经济非集聚对河南省
经济结构的影响

为何河南省产业结构中第三产业比重会较全国和多数省份有如此大的差距呢？当前对第三产业发展影响因素的研究显示：城镇化水平、第三产业市场化水平以及政府规模、法治水平、劳动力受教育年限等因素是影响中国第三产业发展的重要因素，其中城镇化水平是影响一个国家或区域第三产业发展最为主要的影响因素。

对比河南省与全国在上述影响因素上的差别。城镇化水平方面，河南省与全国城镇化水平一直以来都存在显著的差距，截至 2014 年河南省城镇化率为 45.2%，较全国城镇化率低 9.57 个百分点。比较河南省和全国第三产业的发展情况，河南省第三产业增速一直滞后于全国。1994~2013 年，河南省与全国第三产业增速分别为 14.55% 和 15.42%。此种情况与众多的经验研究结论是一致的，即城镇化水平是影响一个地区第三产业发展的主要影响因素。但是我们也会发现，2005 年以来，河南省进入了城镇化加速发展阶段，其城镇化率开始逐步缩小与全国的差距（见表 6-3）。令人疑惑的是，河南省第三产业增速却与全国差距不断拉大。1994~2005 年，河南省和全国第三产业增速分别为 13.30% 和 13.57%，2005~2013 年河南省和全国第三产业增速分别为 15.81% 和 17.3%。① 近年来，河南省城镇化率与全国的差距正在缩小，但是河南省第三产业增速反而与全国的差距正在拉大。

第三产业的市场化程度。全国第三产业的非公有经济比重总体为 45.26%，河南省第三产业非公有经济比重为 62.04%。整体上看，河南省第三产业民营化程度并没有滞后于全国，甚至领先于全国整体水平。几个主要的第三产业细分领域，如批发零售、交通运输邮电、住宿餐饮、房地产等

---

① 由于我们关心的是相对增速，所以本书计算的历年增速是第三产业的名义增速，而非剔除了价格因素的实际增速。时间截止到 2013 年主要是因为 2014 年中国统计的第三产业构成进行了重新界定，但是河南省仅对 2000 年以来的第三产业数据按新的口径进行了修正。

河南省的民营化程度都是领先于全国平均水平的，河南省仅在金融业的民营化程度上低于全国平均水平。[①] 同样我们再对比政府规模的指标。国内常用的指标是政府消费支出占最终消费支出或 GDP 的比重。河南省与全国政府消费支出占最终消费支出的比重同为 26%，即河南省的政府规模并没有与全国整体存在太大差异。总而言之，对比经验研究中常见的几个影响第三产业增速的指标，都难以对河南省长久以来第三产业比重显著异于全国其他省份以及近年来河南省城镇化率开始缩小与全国差距，第三产业增速却滞后的现象进行解释。那么又是什么因素影响着河南省第三产业的发展呢？

第三产业与物质生产部门（第一产业和第二产业）最大的不同之处在于：第一、第二产业的产品均可以实现生产地点和销售地点的空间分离，而第三产业所生产的产品则独具生产和消费同时发生、产品不可储存的特性，这也就使得大多数的第三产业活动必须"面对面"完成。[②] 正因如此，第三产业更严格地遵循着亚当·斯密论断——有些业务，哪怕

---

① 本书以河南省和全国非国有和集体控股固定资产投资在各产业的比重表示民营化水平。一个行业的市场化水平并不能完全由其非公有制投资的比重完全代表，但在针对转轨国家市场化的研究中常以非公有制经济比重作为该国市场化程度的一个重要指标（樊纲、王小鲁等，2003）。

② 不可否认，随着通信和交通业的发展，当前无论是国内不同区域间还是国与国之间第三产业的跨区域交易即服务贸易现象越来越引起大家的重视，但是服务的交易量与制造业的跨区域交易量相比，无论以何种指标，第三产业的跨区域交易量都是无法与制造业相比的。同时我们还发现当前被界定为服务贸易范畴内的诸多领域其实仍属于空间上不可分离的情况。比如服务贸易中的——跨境消费（一国公民在另外一个国家所享受到的由国外服务者提供的服务）、商业存在（一国机构在另一国家为后者提供的服务）等，从上述服务贸易的界定上看，这与本书所界定的服务在提供中不可分离并不冲突。

是最普通的业务也只能在大都市经营。中国是一个由计划经济向市场经济转轨的国家，生产要素的市场化进程显著慢于商品的市场化进程。而如果从空间上看，要素的空间配置的市场化进程则显得更为滞后与缓慢。至今，户籍、社保等制度安排仍然影响着要素在空间上的自由流动。然而要素在空间配置上的制度障碍，以及由此造成的经济集聚规模的差异对不同产业（工业、服务业）的影响存在巨大差别。这一点从中国乡镇企业的发展历程中可以清晰地看出来。

　　20世纪八九十年代在中国经济中扮演重要角色的乡镇企业开始了快速的发展。但乡镇企业自诞生那一刻开始就面临着约束其自由选择区位的制度安排，即"三就地"原则：就地取材、就地销售和就地办厂，乡办企业在乡、村办企业在村（顾益康、黄祖辉、徐加，1989）。此后，"三就地"原则慢慢突破了就地取材、就地销售，但就地办厂则一直持续至20世纪90年代末期。回顾这一时期乡镇企业的发展，我们会发现，这种在空间上对乡镇企业的约束，对不同类型的乡镇企业的发展影响是完全不一样的。20世纪80年代初期至1988年，乡镇企业（乡村两级）工业总产值占全国工业的比重已达23.3%，就业人数占45.1%，十年来的增长速度远远高于同期全民所有制工业的增长速度（杨伟民，1991）。到了1993年中国乡镇企业工业产值份额占全国工业总产值的比重为44.5%，高于国有企业43.13%的比重（蔡昉，1995）。在工业类乡镇企业快速发展的同期，属于第三产业范畴的乡镇企业的发展又是怎么样的呢？对乡镇企业的产值，以三次产业进行划分，我们会发现：第二产业增加值比重一直在75%以上，第三产业增加值维持在20%左右，尽管从企业数量上看，第三产业企业单位数占乡镇企业总量的66%左右，第二产业企业单位数仅占总企业数量31%左右。[①] 由此可见，第二产业较第三产业，产品可实现产销分离的特征，使得第二产业在同时面临要素空间流动障碍时，还可以取得一定程度的发展，但第三产业发展则严重受制。[②]

第四节　本章小结

与全国整体情况对比，河南省经济活动在空间格局上呈现了与全国整体情况的巨大反差。自1996年起，河南省地级及以上城市市辖区经济总量占全省 GDP 的比重维持在26.94%~32%。河南省的经济活动主要分散于县及县以下区域，经济活动的集聚规模显著低于全国总体水平以及多数省份。这种经济分布的特征也就如中国乡镇企业的发展历程所揭示的：在人口和经济较分散的县及县以下区域可以发展出一定的工业，第三产业的发展则受限于经济集聚规模。

---

① 数据来源：2004 年、2005 年、2008 年《中国乡镇企业统计年鉴》。
② 工业发展也并非不受空间的影响。钟宁桦使用 1987~2008 年 28 个省的面板数据，对全国乡镇企业经验研究表明，乡镇企业无论是对缩小城乡差距还是吸纳农村剩余劳动人口的作用在 1998 年后都呈现显著下降的趋势，在高度竞争的工业品市场上，农村工业没有优势而城市工业优势明显。详情参见钟宁桦（2011）。

　　针对长期以来河南省经济结构呈现的第三产业比重低、第三产业发展滞后的原因，除了常见实证研究中指明的因素，如与第二产业相比第三产业整体市场化水平、城镇化率、政府规模等因素外，制约河南省第三产业发展的一个特殊的因素在于河南省经济活动主要分布于县及县以下区域以及由此造成的经济集聚规模过小。第三产业的发展究其本质是一个国家和地区分工深化程度的体现。随着分工越来越细化，原本属于第二产业的很多环节，如研发、营销等生产环节从第二产业中分离出来，促进了第三产业的快速发展。而这种分工的细化除了需要在制度上破除相应的阻碍因素外，也需要经济在空间上的集聚达到一定的规模。这一点正如斯密定理所揭示的那样，如果第三产业在交通、通信等技术因素限定的空间范围内，没有足够的市场需求，那么第三产业是难以产生并发展起来的。中国第三产业和要素空间配置的市场化进程滞后是中国第三产业发展滞后于第二产业的重要原因。与全国情况相比，河南省第三产业的发展除了上述因素外，当前经济活动的空间分散状态，使得河南省第三产业发展水平与全国其他省份的差距进一步加大。①

---

① 2012 年河南省人均工业增加值全国排名第 16 位，人均第三产业增加值全国排名 27 位。2006 年河南省人均 GDP 排名全国 16 位，人均第三产业增加值排名全国 27 位。同时河南省人均第三产业增加值与全国平均水平的比值也由 2006 年的 57% 下降为 2012 年的 55%。

附录 工业化发展阶段指标体系计算方法

该指标体系是选用加法合成法来构造并计算反映工业化水平的综合指数，即 $K = \dfrac{\sum\limits_{i=1}^{n} x_i w_i}{\sum\limits_{i=1}^{n} w_i}$ ，其中，K 为区域工业化水平的综合评价值；x_i 为单个指标的评价值，n 为评价指标的个数，w_i 为单个评价指标的权重。具体求解步骤如下。

首先对掌握的单个指标的实际值进行无量纲化处理。由于各指标所代表的物理含义不同，因此存在着量纲上的差异，需要通过数学变换消除原始变量量纲不同的影响。鉴于处理问题的阶段性和发展的连续性，陈佳贵等（2006）选择阶段阈值法进行无量纲化处理。公式如下。

$$\begin{cases} x_{ik} = 0 \, (j_{ik} = 1) \\ x_{ik} = (j_{ik} - 2) \times 33 + \dfrac{X_{ik} - \min_{kj}}{\max_{kj} - \min_{kj}} \times 33, \, (j_{ik} = 2 \text{、} 3 \text{、} 4) \\ x_{ik} = 100 \, (j_{ik} = 5) \end{cases}$$

式中，i 代表第 i 个地区，k 代表第 k 个指标，x_{ik} 为 i 地区 k 指标的评价值，j_{ik} 为 i 地区 k 指标所处的工业化阶段，X_{ik} 为 i 地区 k 指标的实际值，$\max_{kj}$ 为 k 指标在 j 阶段的最大值，$\min_{kj}$ 为 k 指标在 j 阶段的最小值；j_{ik} 取值为 $1 \sim 5$ 的自然数，每个阶段对应的分段函数见上式。如果 $j_{ik} = 1$，说明该区域还处于前工业化阶段，对应的评价值 $x_{ik} = 0$；如果 $j_{ik} = 5$，说明该区域已经实现了工业化，处于后工业化阶段，对应的评价值 $x_{ik} = 100$；如果 $j_{ik} = 2$、3、4，则把 $0 \sim 100$ 近似三等分，工业化前期、工业化中期、工业化后期对应的评价值区间分别为（0～33）、（33～66）、（66～100），则三个阶段对应的基础评价值分别为0、33、66。而每个阶段实际值的无量纲化则通过公式：（实际值－该阶段最小临界标志值）／（该阶段最大临界标志值－该阶段最小临界标志值）来处理，此数值小于1，且越大代表着工业化水平越高，这也是阈值法进行无量纲化处理的前提条件。然后再用消除量纲差异的数值乘以每一个阶段的区间数值（33），再加上对应阶段的基础评价值，最后得出的数值就是该指标所体现的工业化进程在该阶段的标准评价值。

在对指标进行无量纲化处理之后，就要确定各个评价指标的权重，通行的做法是用层次分析法生成。权重的确定在一定程度上是主观判断的结果，评价人的价值观、知识背景、视野开阔程度等因素对权重结果影响较大。陈佳贵等（2006）采用层次分析法确定了各个指标的评价权重。

第七章　经济非集聚对河南省
城镇化的影响

　　城镇化无疑是一个与经济空间分布最紧密相关的问题，在一定程度上可以说两者是对同一经济现象不同角度的研究。第四章我们曾指出：1995年以来河南省城市经济占比基本不变。但近十年来，河南省城市常住人口在快速增长，城市经济和人口占全省比重之间的差距在持续且快速地缩小，这不禁会令人对当前河南省的城镇化模式感到担忧。美国经济学家斯蒂格利茨曾说"21世纪影响全球的两大事件：一是中国的城市化，二是美国的高科技"，足以见学术界对中国城镇化问题研究的重视。2000年城镇化及相关的若干问题被列入国家"十五"规划，城镇化成为政府和学术界关注的重大理论和实践问题，此后涌现了大量极具参考价值的理论成果。然而，正如前文我们梳理国内城市层面经济集聚问题的相关文献：当前的研究并未注意到在全国经济活动向城市集聚的总体趋势下，个别省份出现的经济活动不向城市集聚的现象，也未曾就该现象出现的原因进行研究。这不禁令人担心当前对河南省城镇化的研究是否充分考虑了经济不向城市集聚的影响？相应的政策探讨是否因忽视该现象而存在一定的偏差呢？本章讨论分析河南省城镇化问题主要关注经济非集聚对河南省城镇化的影响。为了更为全面分析该问题，有必要对当前城镇化的相关文献进行梳理，以明晰当前城镇化研究中关注的重点以及当前研究中是否考虑了经济集聚在城市层面的省际差异。鉴于此，本章首先会对国内外以及有关河南省城镇化研究的相关文献进行梳理，厘清上述担忧是否存在；其次会就河南省的人口流动在省级、市级、县城（中心城镇）的流动分布情况进行考察，在此基础上分析河南省的城镇化问题；最后结合国外地方政府行政层级设置，讨论城镇化进程中相关政策。

第一节 城镇化文献简评

一 城镇化还是城市化

1867 年西班牙工程师 A. Sedra 首先提出城市化的概念，此后理论界开始关注、研究城市化问题。国际上通常使用"城市化"概念，即 Urbanization，主要用以说明伴随农业人口就业转向非农领域，居住空间由乡村向城市的转变过程。中国有建制镇的设置，人口规模与国外的小城市基本相当，而且中国人口主要流向县城和镇而非像国外主要流向大中城市，中国学者有意把 Urbanization 称为城镇化以区别于国外的城市化，近年来中国官方文件明显倾向于使用城镇化的概念（简新华，2010）。但有学者指出中国"城镇化"里的"镇"不是指城市性质的"镇"而是指农村性质的"乡镇"，其实质是"离土不离乡"的农村化导向，并不具备理论上城市化所要求的内涵（俞宪忠，2004）。[①] 从上述中外学者对"城市化"和"城镇化"界定中可以看出：无论是用"城市化"还是"城镇化"的称谓至少都在强调人口在空间分布上的变化，字面差异在于人口主要是向"城市"转移还是向"城镇"转移，实质上的差异正如俞宪忠所强调的，如果城镇化率的提升仅仅是因为把乡的设置转为镇的设置，而人们的生产生活方式、风俗习惯等诸多方面基本与农村区域无实质性的差别，那么这样的城镇化根本就不具备理论上城市化的内涵。

城市化的内涵究竟是什么？一个国家或地区的城市化水平常常以该国家或地区的城市人口占总人口的比重表示。城市人口比重不断提升是城市化最直观的表现，也是我们需要解释的主要现象。但什么因素导致了人口空间分布的变化则

[①] 国内不少学者针对"城"与"镇"的区别做了更为详尽的说明。例如罗淳、舒宇（2013）专门就国内外"城镇"内涵的区别做了说明。在西方，"城"与"镇"的含义本是泾渭分明的，"城"即 City，亦即"市"，是以非农产业为主的人口聚居地，与传统的农牧生产和乡村生活方式形成鲜明的对比，其典型形式莫过于"都市"，英文叫 Metropolis。同理，在英文中"镇"的对应词就叫 Town，是指那些虽有"城"（City）的形态，但仍然与乡村（Countryside）和农牧业保持着较紧密联系的人口聚居地。两相比较，如果说，城（City）是非农产业及非农人口的聚居地，那么镇（Town）则可认为是农牧业区域中心，两者内涵有别、层次不同。世界银行关于中国的相关报告中，就是将"镇"（Town）单列出来，视之为不同于"市"（City）和"乡"（Countryside）的人口聚居类型。

是进一步探究城市化必须要考虑的问题。阐述城市化内涵之前，有必要先厘清下述几个问题：为何会出现城市？[①] 城市化进程为何在工业革命前后有如此大的差异？在大地理空间上（国家层面）和较小地理空间（市域层面）城市化有无差异，有何差异？不可否认，人口集聚于城市，形成了包括文化、制度、社会结构以及个人价值观等诸多被我们称为城市文明的东西，而且这种文明又显著区别于农耕文明。因此，很多学者指出城市化不仅指人口由农村地区迁向城市，也包括他们融入城市文明的程度。但若不厘清城市因何而形成，就会如同我们不言明高山出现的原因就直接讨论高山对周边区域的种种影响，而当我们这样做时不免会让人诟病。[②]

在讨论城市化内涵之前，我们先就上文几个基本问题做一个简要但对理解城市化非常必要的阐述。由于城市化对人类的影响涉及方方面面且影响深远，吸引着不同学科的学者研究。不同学科的专家对城市化的研究在方法、视角、目的、侧重点等诸多方面存在较大差异，自然也造成对城市以及城

[①] 正如本书第四章和本章的讨论，世界各国对城市的界定标准差异极大，进而使得在比较各国城镇化水平时存在很大的困难。当前中国城市更是作为一级政府而存在，一个空间是否可以被称为"城市"是由中央政府认定的，并不单纯取决于其经济和人口规模。

[②] 克鲁格曼曾回顾过他在一所大学就空间经济理论演讲之后被一位物理学家的批评：你阐述了集聚的种种好处，却未在你的理论体系里说明集聚因何而形成，就如同我们讨论一座高山对周边地区的种种影响却不讨论高山因何而成，这在逻辑上是存在问题的。从较长的逻辑链条中选取一个点作为研究起点的做法在空间经济学以及很多社会学研究中是一种常见的做法，特别是早前城市经济学的研究，例如屠能就把城市已经存在作为其分析的前提；斯密、马歇尔等也是就经济集聚后对集聚的种种影响进行分析。

市化的性质、意义不同的理解。譬如城市化研究逻辑上的首要问题：为什么会出现城市？地理学家、历史学家、经济学家和社会学家或许都有自己的解答。从历史学的角度看："城"早于"市"出现，早期的"城"在物理形态上呈现为由土、木、石墙或沟池相围而成的城堡，主要功能可能出于防卫、政治、宗教等方面的需要，甚至可以说，时至今日这些因素可能仍然是少数城市产生和延续的主要或重要原因。[①]可以看出从历史学的视角，历史学学者倾向于把"城市"分解为城与市，并把城解读为具有区别于农区物理特征的空间，并在此基础上把该空间点上的人类行为划分为经济行为（市的主要功能）和其他行为（军事、文化、政治等）。我们先不评述历史学对城市进行结构分解研究的做法是否适宜，但有一点我们需要指出，人们开始关注城市化问题是从工业革命之后。原因在于工业革命前后，城市在人类经济、社会、文化等诸多方面的角色和地位完全不同。世界银行（2009）曾就工业革命前后人口的空间分布做过一个简要描述：工业革命之前，在欧洲（除俄罗斯外），城市人口的比例在1300

---

① 城市是什么？《不列颠百科全书》对"city"的解释是："一个相对永久性的、高度组织起来的人口集中的地方。比城镇和村庄规模大，也更为重要。"《现代汉语词典》对"城市"的解释是："人口集中、工商业发达、居民以非农业人口为主的地区，通常是周围地区的政治、经济、文化中心。"不难发现上述定义仅仅是给出了城市的不同特征的综合。究竟城市因何而生，城市到底是什么，不同的学科会给出不同的答案，例如经济学必然会从集聚对生产、交易等的影响方面着手，而社会学则会强调城市社会性和文化等。更多讨论世界各地城市的由来及演变的案例，可参见刘易斯·芒福德的著作《世界城市演化史》。

年约为 10%，到了 1800 年约为 12%。欧洲城市人口比重历经 500 年仅增加 2%。然而在工业革命之后，欧洲城市人口比重在 1850 年约为 20%，1900 年为 38%，1950 年为 52%，1985 年则接近 75%（Bairoch，1985）。可以说工业革命以来，全球经济发展除了速度较之前有了质的飞跃外，从空间的角度最令人瞩目的事情无疑是与工业革命几乎同时开始的城市化。时至今日，发达国家绝大部分的人口集聚于城市，大多数发展中国家也沿着发达国家曾经的城市化路线，以更快的速度、更大的规模进行着城市化。当前我们所述的城市化并非工业革命之前波及范围有限、影响较小的城市化，而是工业革命之后的城市化。经济学视角下的城市化是怎样一种现象，以及为什么工业革命前后城市化呈现如此巨大的差异？一言概之，城市化是经济非农化过程中，人口空间分布受经济空间分布驱动的一种人口空间集聚现象。农业生产高度依赖土地，在农业经济为主的时期，人口在地理空间上不得不随土地分散，而非农经济活动则在规模经济、外部性等因素的影响下在空间上集聚并随之带来了人口的集聚。当然在农业经济为主的时期，我们也会发现人口和经济在空间分布上的差异，部分农业资源禀赋或区位条件等自然条件良好的地方会出现城市和城市化现象。自然条件的差异在空间经济理论上被称为经济地理第一性。工业革命之后，经济活动开始由非农产业主导。由规模经济、外部性等因素决定的经济地理第二性开始成为塑造经济空间形态的决定性因素。经济地理第二性所形成的空间形态简单总结就是集聚。集聚也就意味着经济活动分布在不同空间的差异远远大于经济地理第一性所带来的差异。特别是当一个国家或地区开始由技术进步主导其经济增长后，创新型经济活动在地理空间上更倾向于集聚且带动经济活动更大规模的集聚。这正是工业革命前后城市化进程呈现如此大反差的原因。需要说明的一点是，经济集聚在不同空间维度是同时发生的，通常城市化的讨论是分析较小地理空间层面的经济和人口集聚。但是究竟哪些地方会成为经济活动的集聚点，当前的空间经济理论并未在其理论体系内作出说明，仅仅提到是历史或偶然的因素所致。虽然我们可以通过观测各类城市的发展历程归纳出一些因素来解释为何一些地区发展成为城市，但归纳方法本身存在的缺陷使其在主流经济学研究中并不被重视，尽管它在一些社会学科研究中被广泛使用。最后，我们需要指出：讨论分析城市化问题一般应在较大地理空间上，即国家层面上展开，而不应局限在特定较小地理空间上。① 总之，本书中城市化不是由经济地理第一性引致的城市化，而是随着经济发展，

---

① 本书提出城市化问题应在国家层面讨论主要是因为：人口在一个国家内的跨区域的流动规模是巨大的，无论是在美国、欧洲还是在中国。因此在较小地理空间上我们可能会发现本地人口确实未向本地城市集聚，甚至会发现一些大城市中心城区人口向其郊区分散的情况，那么根据这些局部的观察得出城市化停滞或是逆城市化的结论无疑都是值得商榷的。较大地理空间，即一个国家范围内的经济集聚无论是经验观察还是理论研究当前都已经非常成熟，这是解释人口跨区域流动的理论基础。在此背景下，一些地区人口不向本地城市集聚是很容易理解的。而仅观察个别大城市人口郊区化现象得出的逆城市化结论，则更是观察视角过小而对国家层面城市化问题的误解。

由经济地理第二性引致，即经济集聚所产生的城市化。[1]

本书中我们不再区分城市化和城镇化，二者在本书中有一样的内涵，行文中特别是文献梳理时遵循原作者的表述，本书则采用中国官方和理论界更为广泛的称谓——城镇化。具体而言，本书中城镇化是指：随着经济发展，非农经济活动比重的上升，由于经济活动中规模经济、外部性等因素的存在，经济活动的最优化在空间层面呈现向少数空间点集聚，[2] 在累积因果机制的作用下，越来越多原本从事农业活动，居住在农村的人口不断向城镇和非农产业转移，城市规模不断扩大，城市数量不断增加。当然上述表述只是理论上的理想状态，即经济集聚规模与人口集聚规模相匹配，与空间相一致。但在实践中经济和人口的空间分布可能出现错位。例如，当前中国超过60%的经济活动集聚在城市，而城市的常住人口却不及总人口的30%。当然，如果一个城市贫民窟问题越来越严重则很大的原因在于城市人口规模超过了经济规模。此外，本书着重强调农村人口居住空间的转换是以非农就业为基础，就业空间与居住空间一

---

[1]　经济地理第一性是指自然禀赋，地理第二性指特定空间点上由人类经济活动间的知识（技术）外溢性、规模经济等因素决定的，源于经济活动自身区别于其他空间的属性（世界银行，2009）。

[2]　文中所述经济集聚的少数空间点，可能是已经存在的城镇，特别是在内陆地区。这些农业社会已经存在的城镇形成的主导因素可能并非源于经济集聚而是其他因素。单纯从城市发展史的角度观测，我们会发现不少城市有上千年甚至数千年的历史，不少城市经历了渔牧文明、农耕文明、工业文明等巨大的社会变迁，至今仍充满活力。反倒是一些在工业社会出现的城市却因种种因素当前已经萧条。这种现象也是为何城市会在何处出现理论研究进展缓慢的原因之一。

致，农村人口不仅指农村劳动力还包括这些劳动力需直接抚养的人口。

二 城镇化文献简要回顾

根据本书对城镇化的解读，梳理城镇化文献理应包含经济集聚的相关理论和文献，但本书第二章已经对该方面的文献做了简要梳理，在此不再赘述。正如前文所述，工业革命导致世界各国城镇化加速发展，城镇化问题开始进入学者的研究视野。

1867 年西班牙工程师 A. Sedra 首先提出城市化的概念后，理论界开始关注、研究城市化问题。19 世纪，马克思和恩格斯就曾对城市起源、城乡差异及城乡差别的远景有深刻的论述：物质劳动和精神劳动的最大的一次分工，就是城市和乡村的分离……城市已经表明人口、生产工具、资本和需求的集中这个事实，而乡村里所看到的却是完全相反的情况：隔绝和分散。在城市化的应用研究领域，英国学者霍华德提出 "田园城市"（Garden Cities）模式，强调把城市和区域作为整体研究的思想。恩温的 "卫星城" 理论，广泛付诸大城市的调整实践。20 世纪初，英国生态学家盖迪斯则首创了区域规划综合研究的方法，发表了著名的《进化中的城市》（Cities Evolution）。规划师沙里宁以 "有机疏散" 理论模式拟订了著名的大赫尔辛基规划方案。而在城市化基础理论研究上，德国学者屠能、韦伯、克里斯·泰勒等，美国学者胡佛、艾萨德等以及后来的亨德森、米尔斯等城市经济学家分别提出了相应的理论分析经济活动的空间分布和城市经济发展问题。新经济地理学更是使我们对经济活动的空间问题掌握了当代主流经济学的方法，对城镇化问题有了更为深刻的分析。随着经济活动在跨国间的贸易、分工、要素流动的不断演化，当前西方理论界开始从全球化视角研究一个国家或地区的城市和城市体系问题。

简要回顾国外有关城市化问题的研究我们不难发现，国外学者除了对城市化相关基础理论进行研究外，其应用研究偏重于农村人口流向城市后，城市、城市体系等方面的发展问题或者说国外对城市化的研究是在要素自由流动的背景下，研究人口在不同空间的集聚或分散以及由此引起的相关问题。国外城市化的研究对于中国城镇化的研究有很多的借鉴意义，比如对世界各国城市化发展规律的总结：从时间维度看，一个国家的城市进展都呈现 S 形的发展轨迹，即城市化率低于30%或高于70%时速度较慢，而在此期间城市化速度则会呈现加速发展的情况；从空间维度看，随着经济发展，人口的集聚规模会越来越大；城市发展到一定阶段会以城市群形态出现；拉美等国家出现的超前城市化所带来的一系列社会问题极具参考价值。国外对城市化的研究对于中国城镇化的进一步研究有很多的借鉴意义，特别是在基础理论研究上深化了我们对城镇化问题的认知。但中国政治、经济、社会等实际情况与国外存在较大差别，特别是中国的各类要素在当前的制度环境下并不能"完全自由"流动，因此国外城市化方面的研究虽然对中国城镇化的研究有一定的启迪作用，但并不能完全解决中国面临的诸多现实问题，而针对中国的特殊国情，中国学者做了大量极富借鉴价值的工作。

中国理论界在改革开放以前关于城镇化的研究较少，改革开放以后，城镇化才逐渐成为经济社会发展的热点，城镇化的研究开始慢慢进入各个学科的研究范围。回顾中国城镇化的研究，从时间维度看大体上经历了三个阶段。第一阶段：1979~1983 年，研究工作主要是清除错误认识，认识到城市化在中国的必然性，明确中国一定要走城市化道路。第二阶段：1984~1993 年，是以城市化采取何种模式为主的多种城市化理论展开讨论的阶段，这些理论包括农业剩余劳动力的转移、城乡关系、中外城市化比较以及城市化一般发展规律等。这一阶段的研究虽然涉及中国城市化的许多重要问题，但总的来说多数研究处于初步探讨阶段。第三阶段：1994 年至今，城市化研究呈现系统、深入和全方位探索的特点。这一阶段以中共中央、国务院 2000 年"11 号文件"的发布以及城市化的问题被列入国家"十五"规划为标志，城市化问题从民间"热"到了中央。党的"十七大"明确指出走中国特色城镇化道路，促进大、中、小城市和小城镇协调发展，形成辐射作用大的城市群，培育新的经济增长极，将中国城镇化发展及城镇结构调整推上了一个新的台阶，激发了各地区加强城镇体系建设的新一轮热潮。

　　回顾改革开放以来中国城镇化方面的研究，基本是以城镇化模式探讨为主线展开的，包括对城镇化的内涵、城镇化水平和速度及其与工业化关系，城镇化与中国经济增长，城镇化与"三农"问题，城镇化与收入增长，城乡收入差距，城镇规模效益、城乡关系、城镇化的制度分析以及城市内部的交通、住房、环境、市政等多个方面的研究。可以说中国学术界对于城镇化问题的研究基本上涵盖了城镇化的方方面面。鉴于本书研究的重点在于河南未来城镇化过程中将要面临的问题和适宜模式，我们在梳理中国城镇化研究的文献方面无须把所有城镇化的文献都加以评述，仅对以下两个方面的文献加以梳理，即城镇化模式和城镇化进程中的突出问题。

（一）城镇化模式文献回顾

　　城镇化模式的研究一直以来都是中国城镇化研究的核心问题之一。对这一问题中国学者研究的时间最长，文献最多，争议也最大。梳理文献不难发现，有关中国城镇化模式的研究以如下三种最具代表性：一是小城镇主导型的城镇化发展模式；二是大中城市主导型的城镇化发展模式；三是城市群主导型的城镇化发展模式。其中前两种模式的争论时间最长，争议也最大，第三种究其本质是对第二种发展模式的进一步深化。

　　评价任何一个理论不能脱离当时的经济社会发展背景，

小城镇主导型的城镇化发展模式是费孝通在 1982 年连写的三篇调研报告里最先提出的，[①] 被后人称为小城镇主导型的城镇化发展模式。20 世纪 80 年代初期，城市因中国推行重工业优先发展战略导致工业吸纳就业能力弱，加上知青返城规模的不断扩大，城市里形成了大量的待就业人口，当时被称为待业青年。而农村地区也因家庭联产承包责任改革的不断深化，加之农村本来就存在大量隐性失业人口，农村剩余人口急剧增加，如何解决这一问题，当时政府和学术界急需寻找一个答案。

长期研究农村社会问题的费孝通用学者特有的学术敏感，发现这一时期中国的小城镇在农村工业化不断兴起的背景下正在发生深刻的变化，其所提出的小城镇思想正好解决了这一难题，小城镇思想迅速被理论界和政府所采纳，党的十五届三中全会上在提到小城镇时更是以"大战略"来形容它。小城镇既是城又是镇，究竟为何物？费孝通在《小城镇大问题》中这样回答："我早年在农村调查时就感觉到了有一种比农村社区更高一层的社会实体存在，这种社会实体是以一种并不从事农业生产劳动的人口组成的社区，无论在地域、人口、经济、环境等因素看，它们都既具有与农村社区相异的

---

① 参考《小城镇在四化建设中的地位和作用》（1982）；《小城镇大问题》（1982）；《小城镇再探索》（1982）。对于费孝通小城镇的研究，有学者认为应追溯到他在 1936 年在江西考察以及在此基础上写出的《江汉经济》，但本书认为我们讨论的是中国城镇化的问题，费孝通在《江汉经济》里虽然讨论了小城镇的职能等一系列问题，但其目的不是从解决中国城镇化问题入手的，这与他在 20 世纪 80 年代初所写的文章是不同的。

特点，又与周围农村保持着不可缺少的联系，我们把这样的社会实体用一个普通的名字加以概括，称为'小城镇'"。

费孝通所倡导的小城镇主导型城镇化发展模式，虽然在三十多年前提出，但国内目前仍有不少学者支持此模式。主张以小城镇模式为发展重点的学者认为，中国农村的剩余劳动力达2亿多人，仅仅靠大城市解决不了人口转移问题，应该集中力量发展小城镇。也有学者因"大城市饱和说"而支持小城镇模式（国风，1998）。还有学者基于乡镇工业和小城镇建设之间的关系指出，中国的城镇化是以乡村工业化和农村人口就地非农化为核心的封闭式城市化发展模式，即遵循"乡镇工业—乡村工业—小城镇—乡镇（人口）城市化"的路径来支持小城镇模式（胡俊生，2000）；此外，还有学者从发展经济、开拓市场的角度指出，增加农民需求是保证全国消费增长的关键，而提高农民收入的根本途径就是减少农民，于是认为"发展小城镇就成为必然的选择"（胡少维，1999）。

对于如何推进小城镇建设，学者提出了以下几个有代表性的观点：潘海生、曹小峰（2010）通过对浙江省小城镇建设的调查，提出"就地城镇化"，所谓"就地城镇化"，就是农村人口不向大中城市迁移，而是以中小城镇为依托，通过发展生产和增加收入，发展社会事业，提高自身素质，改变生活方式，过上和城市人一样的生活；张艳明、章旭健、马永俊（2009）在考察江浙经济发达地区村庄城镇化发展实例的基础上，总结出城市边缘区村庄城镇化发展模式——"产业集聚型"、"商贸市场型"和"旅游特色型"；在提倡小城镇模式的学者中，部分学者认为不同区域的小城镇其经济发展水平存在较大差距，小城镇模式并非指所有的小城镇都作为农村剩余劳动力转移的载体，而应以县城和主要建制镇作为小城镇推广的重点模式（辜胜阻、李永周，2000）。

2000 年以后，学术界开始不断对忽略地区差异的单一化小城镇主导型发展模式提出质疑，这些质疑又主要集中在中西部地区以小城镇主导型城镇化发展模式是否符合当地的实际情况。赵新平、周一星、曹广忠（2002）提出 2000 年以来小城镇作为国家城镇化战略重心的选择，忽视了其支撑基础——乡村工业化正面临消退与停滞的危机。一些学者依据经验事实对西部地区小城镇产业集聚和人口集聚能力进行分析，并得出小城镇道路在西部农村地区应先将分散的乡镇企业和地方工业从农村适度向县城和条件具备的小城镇集中，形成规模经济和集聚效益，从而实现人口集聚（聂华林、王宇辉，2005）；何景熙（2004）曾对西部地区小城镇"空壳化"问题进行实证研究，认为西部城镇化中多数由于缺乏非农产业支撑而扩张乏力，因此，"小城镇"发展模式的城镇化道路在西部地区有较大的局限性；李富田、李戈（2010）通过对四川 31 个镇、村调查表明，多数小城镇由于产业基础薄弱，人口聚集功能有限，更多的农民选择了流向大众城市，而非小城镇；刘学敏（2001），廖丹清（2001），李富田

（2003），刘永红、郑娅（2001）等学者经过实证研究，也对西部小城镇道路提出质疑。

对小城镇模式的质疑除了根据中西部地区发展小城镇面临的困境的经验观察外，不少学者是基于大中城市与小城镇在城市功能、经济效益等方面的差异质疑小城镇模式。洪银兴、陈雯（2000）强调城市供给不仅仅是数量问题，更是质量问题。他们认为城市是经济活动集聚地，是人流、物流、信息流和资金流的集聚地，是主导产业的集聚地，因而是区域的发展极。洪银兴等指出小城镇化所产生的最为严重问题是自身的外部不经济：虽然小城镇加速了城镇化的发展，但在一定程度上抑制了大、中、小城市的发展。王小鲁（2010）认为中国小城镇数量的增加，主要是撤乡建镇的行政建制改变的结果，而不是人口自然向小城镇集中的结果，没有给城市化带来实质性进展，而且由于许多小城镇缺乏吸引力和自身发展动力，一些小城镇建设投资也没有得到相应回报，导致了资金和土地资源的浪费。樊纲（2001）则基于大中城市与小城镇在促进经济增长中的差异，以及中国人口的实际情况，指出对于今后 50 年中国再出现 50～100 个 200 万人口以上的大城市并不算多。此外，杨波、朱道才、景治中（2006）从城市化发展阶段角度认为，中国总体仍处在城市化前期，应走集中型城市化和大城市化道路。

梳理分析小城镇和大中城市模式文献不难发现，不少文献的结论缺乏规范的计量检验，从而使相应结论的经验基础显得并不牢靠。城市经济学的一个核心主题即城市是否存在最优规模。虽然在纯理论分析中城市最优规模是存在的，但该方面的经验研究却很少见到（王小鲁，2010）。这种情况随着计量经济学方法上的不断创新以及数据的挖掘，城市最佳规模的经验研究还是取得了进展，而且该领域的进展对探讨中国究竟应采取何种模式推进城镇化起到了重要的影响。王小鲁、夏小林（1999）通过构建全国 600 多所城市的面板数据进行回归分析，发现当一个城市规模处于 100 万～400 万人口时一个城市的规模净收益最高，而规模小于 10 万人的城市很难发现其规模收益。2006 年国外学者也同样使用计量方法和中国数据再次做实证研究，其结论表明一个城市的最优人口规模为 290 万～380 万。两篇论文以不同的计量模型，采用回归研究的方法对城市的最优规模从实证的角度证明了其存在性，虽然最后结论稍有区别，但基本吻合（王小鲁，2010）。此外，钟宁桦（2011）使用 1987～2008 年 28 个省的面板数据，对全国小城镇主导型发展模式能否承担起中国城镇化模式的重要理论与现实，依据农村工业化发展情况做了实证研究，其研究结论表明，1998 年以前乡镇企业无论是对缩小城乡差距还是吸纳农村剩余劳动人口都有显著影响，而 1998 年以后，乡镇企业的这种作用日渐缩小，在中国高度竞争的工业品市场上农村工业没有优势，而城市工业优势明显。

可以说当前学术界无论是基于现实的观察还是基于理论

的推演，都得出小城镇主导型城镇化发展模式已经越来越不适应中国当前的经济社会发展形势，理论界较为统一的认识无疑是以大中城市为主导的城镇化模式。当然，城市最优规模的研究仅就单个城市而言，并未涉及城市的空间分布问题，国外学者通过对美国城镇体系的研究发现，单个城市随其所处的临近城市组成的空间结构的不同，规模收益会发生很大的变化（王小鲁，2010）。中国发改委产业发展研究所在美国等地的实地考察也发现，美国大量小城市的快速发展总是围绕在一个或几个中心大城市周围，使很多地区的大、中、小城市逐步形成了密集的城市群（带）。此外，国内学者观测到中国超大城市普遍出现的城市病问题，同时对比发达国家城市演化的一般规律开始进行中国城市群的研究。

城市群可谓一种处于大中城市和小城镇模式之间的一种相对折中的城市发展模式。从城市空间形态角度，提出以区域一体化为中心的新型城镇化模式，即发展大都市区和都市连绵带，大多学者将该模式称为城市群发展模式（胡必亮，2003；安虎森、陈明，2005；段禄峰、张沛，2009）；李京文（2008）指出，在城市化推进过程中应该在大、中、小城市和小城镇协调发展的基础上，充分发挥中心城市的带动和辐射作用，发展一批具有世界竞争力的大城市群或大都市区，通过它们强大的集聚和辐射效应带动周边农村工业化与城镇化的发展。通过梳理城市群发展模式，不难发现其核心仍然坚持以大中城市为主导，但应避免大城市规模过于庞大而带来的规模收益下降问题，指出大、中、小城市应协调发展。城市群不是一群规模相当的城市集合体，而是一个大、中、小城市分布合理，分工明确的有机体，形成这种有机体的关键在于该区域中心城市的经济辐射力。中国对城市群的研究，可以看成是大中城市主导城镇化模式的进一步深入，其本意仍赞同大中城市推进中国城镇化水平提高，但应避免特大城市因"城市病"带来的负面影响。

简要回顾中国城镇化的研究可以发现，当前无论是针对全国整体还是针对中西部地区的研究，抑或是城市群的研究，理论上倾向于大中城市主导的城镇化模式。得出该结论或是通过对比大、中、小城市在生产率上的差异，或是通过对中西部小城镇发展现状的分析。当然也有学者提出，各个区域经济发展水平存在差异，适宜的城镇化模式也不尽相同，应根据实际情况选择适宜的发展模式（安虎森、朱妍，2007）。安虎森利用新经济地理学的城市潜能函数分析不同经济发展水平下城市规模及其稳定性问题，并指出是经济发展水平决定了不同区域适宜的城市化模式，而非人的主观愿望决定了适宜的城市化模式。不可否认上文的结论是极具启发性的。根据本书对城镇化的解读，经济集聚带来人口集聚，一个城市经济集聚的规模越大，其理论上能承载的人口就会越多。若一个城市人口规模超过其经济规模时结果是不难想象的，同样若经济集聚和人口分布出现空间上的错位也会带来一系列问题。当前理论界的认识，即整体上看中国的城镇化走大中城市的发展模式是否适宜呢？正如我们前文所述，当前中国城市 GDP 占全国经济总量的比重超过 60%，而城市的常住人口却不及 30%，应以什么样的模式主导中国的城镇化，其结论是显而易见的。可以说也正是这样一种经济集聚与人口分布的空间错位造成了中国城镇化过程中的一系列问题。

(二) 中国城镇化进程中存在问题

不同国家或区域因其所处经济发展阶段、主导产业等方面的差异会导致各区域城镇化过程中出现不同的特征并面临不同的问题。与其他国家相比，中国的城镇化既有某些共性，同时又有自身的显著特点和突出问题。当前学术界对中国城镇化研究的另一个重点就是中国城镇化过程中存在问题。目前关于中国城镇化进程中存在的问题的分析主要集中在以下几个方面。

1. 城镇化水平与工业化水平是否匹配

20 世纪 90 年代至 21 世纪初，中国多数学者认为中国存在着严重的城镇化慢于工业化的问题，并且已经成为制约经济增长的影响因素。但也有部分学者认为二者基本相适应，城镇化水平仅稍滞后于工业化水平，并没有带来严重后果。甚至有个别的学者认为如果把乡镇企业就业人口加上其抚养人口，中国城镇化水平非但没有滞后还存在着"超前城镇化"问题。

认为中国城镇化水平滞后于工业化水平的学者们主要通过计算衡量相应的指标来判断是否存在滞后问题。衡量城镇化是否滞后于工业化的指标，当前文献中主要是基于世界多数国家经济发展过程中反映工业化与城镇化水平的历史观测数据，或者通过横向对比工业化水平相近国家的城镇化水平来判断中国城镇化是滞后、吻合还是超前于工业化水平。安虎森、张明（2005）根据西方各国城市化发展历程的一般经验规律指出城市化率会始终高于工业化率，且差距会不断地扩大，然而中国的城市化发展却违背了这条经验规律，工业化水平始终高于其城镇化水平，因此中国城镇化水平滞后于工业化水平。万广华、朱翠萍（2010）认为中国城镇化滞后于工业化的原因则在于中国第二产业在 GDP 当中所占的比重从 1980 年以来一直在 50% 左右，第二、第三产业之和占 GDP 比重当下已接近90%，而中国的城镇化率仅为47%，这一水平不仅远低于发达国家 70%～80% 的城镇化率，与经济发展水平相当国家平均55%的城镇化率相比，中国的城镇化水平也明显偏低。陈钊、陆铭等（2009）基于多个国家的跨国数据拟合出了一条反映人均 GDP 和城市化率的关系曲线，并以此为参照指出中国的城市化率低于合理水平大概10个百分点。林毅夫（2006）从中国就业结构上对二者的关系进行了研究，其结论表明中国工业化导致了产业结构不断向非农化转变，但与同期就业结构的偏差依然较大，而引发该问题的主要原因是中国过低的城镇化水平。简新华、黄锟（2010）根据多个国家的发展经验构建反映工业化和城镇化水平的指标，指出大多数国家的发展经验比值在 1.4～2.5 的区间。但中国历年两指标的比值均未落入合理区间，一般是在低于合理区间的范围内波动，由此得出中国城市化水平滞后于工业化水平。

　　需要指出，对中国城市化发展滞后于工业化水平存在相反的判断。国内也有学者指出中国当前不仅不存在城镇化滞后问题，还存在着很"严重"的"超前城市化"问题，他们认为如果算上外出打工时间超过六个月的农民工，再加上其所抚养的人口，中国目前城镇化率高达 60.32%（邓宇鹏，1999）。结合相关数据，我们发现作者得出超前城镇化的结论，原因在于误读了 2000 年中国统计的城镇化率计算方法而引起的错误估算，而且这种结论无论是从学术界还是现实经验来看都是站不住脚的。

　　此外，还有研究认为当前中国城镇化水平与工业化水平基本相当，并不存在城镇化严重滞后于工业化的情况。工业化与城市化协调发展研究课题组（2002）认为中国城市化率的上升与工业化产值上升的相关性较差，而与非农产业就业比重变化的相关性较强，应当用非农产业的就业比重来衡量工业化与城市化的关系。以此分析中国的城市化并没有严重滞后于工业化，中国的问题不在于城市化滞后，而是工业化中存在劳动集聚型产业的发展不足、资本密集型产业发展超前与中国资源禀赋间的偏差。陈佳贵（2011）指出中国不同区域工业化的进程差别很大，不能简单地说城镇化超前或滞后，不同地区存在着不同的情况，一些地区如北京、上海、长三角、珠三角已实现或基本实现工业化进入后工业化时期，但中西部地区仍处在工业化初期或中期阶段。

针对城镇化与工业化的关系，中国多数学者认为城镇化滞后于工业化，得出该结论的依据主要是基于各国实际发展的经验和规律。这样一种判断是否科学，值得思考也容易让人诟病，毕竟国外与中国的实际情况是有所区别的，仅以国外实践经验能否对中国的实际情况做出科学判断有待商榷。针对该问题，孙文凯、白重恩等（2011）指出，截至2009年中国仍有近17167万依托非农就业但仍居住在农村的人口，这些人员的大量存在是中国城镇化滞后于工业化的最直接的证明。这一结论也与中国众多学者从不同的角度，用不同的方法得出的结论一致，时至今日孙文凯等所指出的情况仍然广泛存在。

2. 城镇化引发的土地问题

中国城镇化过程中另一个引人关注的问题是土地问题。土地问题的研究主要包括两个方面：一是耕地的减少，二是非农建设用地的配置效率，其中城镇化引发的耕地减少是城镇化进程中土地问题研究的焦点。蔡秀玲（2011）指出中国1996～2008年的12年间，城镇化率由30.48%提高到45.68%，耕地面积由19.51亿亩减少至18.26亿亩，意味着中国城镇化水平每提高一个百分点，是以减少820万亩土地为代价的。近年来，这种趋势进一步强化，国内一些学者把耕地减少速度快于中国人口城镇化速度的情况描述为"土地城镇化"现象。陈凤桂、张虹欧等（2010）学者通过建立中国人口城镇化指数和土地城镇化指数等指标体系指出，中国31 个省份实现人口和土地协调发展的仅上海市一个区域，基本协调发展的有 17 个省份，而中西部 15 个省份均出现了严重土地城镇化快于人口城镇化的现象。对于中国出现土地城镇化快于人口城镇化的现象的原因，学术界给出以下几种解释。章征涛、李世龙（2011）指出 2003 年以来中国进入了新一轮城市大规模扩张期，其主要表现为"新区热"。据不完全统计，全国 27 个省份共规划新区 748 个，规划面积达2701 平方公里，城市蔓延致使中国 4000 万农民失去土地，失地农民每年以 200 万的数目递增。Lin 和 Ho（2003）同时指出"新区热"又主要体现在大中城市的超常规发展上，认为大中城市的快速发展是该问题的主要原因。方必和、曹丽丽（2010）通过对比中国不同时期城市人均用地面积也得出当前中国城市发展中存在土地浪费的现象，20 世纪 80 年代，中国城市人均用地面积平均每年增长 0.6 平方米，20 世纪 90年代，中国城市人均用地面积年均增长 2.2 平方米，是 80 年代的约 3.5 倍，目前，中国人均城市建设用地面积已高达130 平方米，高于中国城市规划部门推荐的城市建设用地指标 13 平方米，而发达国家及发展中国家平均分别为 82.4 平方米和 83.3 平方米。段进军（2007）则针对中国人均城市建设用地面积持续增加的现象指出，之所以出现这种现象，主要原因在于政府主导的城市发展模式，政府对政绩的过分追求导致了城市建设呈现粗放"摊饼式"的发展，这样一种城市建设方式集中体现在土地开发严重失控，城市占用土地速度超过了城市人口增长速度，甚至在一些省份的个别城市出现了"鬼城"的极端现象。也有学者认为尽管中国城市建设中存在城市占地增速快于人口增速的现象，但大中城市的人均建设用地规模较小城镇而言仍然属于"集约"的范畴。季建林（2001）通过对比小城镇和大中城市的人均建设用地量，指出小城镇的人均建设用地较大中城市更多，中国耕地减少的主要原因在于遍地开花的小城镇发展过度。

关于城镇化对耕地面积的影响，也有国内学者持不同意见，他们认为不能仅仅通过简单地计算耕地面积的变化情况就得出城镇化导致耕地面积减少，进而得出影响中国的粮食安全的结论。毕竟从世界其他国家发展的历史看，城镇化是经济发展到一定阶段必然出现的产物。从全球的视角来看，世界一半以上的人口居住在城镇，但城镇用地面积仅占地球土地面积的2%。而且如果进一步对比中国人均城镇建设用地和中国农村人均建设用地面积，农村的人均建设用地面积更是远远超过小城镇人均建设用地面积，从这个层面讲，中国的城镇化不仅没有减少耕地面积反而是在节约耕地面积。朱莉芬、黄季焜（2007）通过对中国东部地区14个省份的实证研究表明，经济增长是耕地面积减少的主要原因，不同城镇化模式对耕地也有显著影响，小城镇的推进模式影响显著大于大中城市模式，在其他条件相同的情况下，考虑农村住宅建设用地，城镇化对耕地减少不仅没有加剧的因素，反而可以减少耕地流失。

近年来，中国政府为避免耕地面积的进一步减少，提出18亿亩耕地红线的耕地保护政策。国家对土地转换使用性质采取了严格的政策限制，代表性的做法即对每一个城市的建设用地规模做出明确规定——分配年度用地指标，同时不允许建设用地指标跨省交易。虽然政府在分配建设用地指标的过程中考虑了不同地区的经济发展、人口增长等因素对土地需求的差异，但从实际结果来看，东部较发达的地区受到更为严格的用地指标限制，使得东部地区城市的地价、房价大幅度攀升，严重限制了该地区吸引项目投资的力度，弱化甚至丧失了吸纳外来人员的能力（陆铭、陈钊，2009）。陆铭等则更进一步指出，当前建设用地指标无法跨区域交易的约束不仅使得东部地区经济发展水平高的城市丧失人口的吸纳能力，也使得一些经济发展水平不高却因有建设用地指标的城市城区快速扩张，进而导致城镇化推进的质量不高。而中西部地区学者对建设用地指标则持相反的立场，他们指出长期以来中国东部地区城市快速发展的过程中土地问题一直都没有成为发展的瓶颈。然而18亿亩土地红线的制定，对于中西部地区的工业化以及城镇化进程的制约作用已经越来越凸显，而且中国当前的户籍改革滞后，以及由此引发的相关问题，会对中西部地区的经济发展带来长久的不利影响，特别是对中西部地区城镇化的影响深远。中西部地区有一定技能的年轻劳动者基本上选择在东部沿海地区打工，但在现有制度环境下可以留到工作地的比例却很低，同时这些人的子女、老人则在其打工期间留在中西部地区，不仅无形中加大了中西部地区的财政负担，也引发了越来越严重的留守儿童、老人等社会问题。更让人诟病的问题是中西部地区到东部地区打工的年轻人在工作地"奉献"完青春后只能回到家乡，而目前的社保制度使得这些人的社保资金仅个人账户部分可以随人员流动，而企业缴纳部分则留在了打工所在地，这样的制度安排对于中西部外出务工者的影响非常恶劣，也导致不少人放弃了缴纳社保费用（杨建云，2014）。此外马晓河、胡拥军（2010）指出，在中国现行的二元土地制度制约下，城镇土地归国家所有，农村土地归集体所有，农村土地要想转化为城镇土地必须由国家统一征收，农民的土地只能在集体内部流转。虽然中国已出台相关政策，允许农村土地使用权流转，但现阶段农村土地使用权市场尚未完全开放，土地承包经营权流转市场尚未成形，农民难以通过市场化途径实现土地财产收益权的合理价值，无法获得进城的发展资本。

越来越多的实证研究表明，一个国家或地区生产可能性边界向外的拓展不仅源于技术进步、生产要素的数量和质量、要素使用效率及其在部门间的配置效率，也受生产要素在地理空间上配置效率的影响。虽然在理论上新城市在何处出现我们还未完全厘清其内在机制，但各省份的不同城市应"配置"多少用地指标问题在理论上则并不难回答。所谓在理论上厘清各地非农建设用地指标的问题不难解决，并非指我们可以计算出 288 个地级及以上城市，1942 个县城（县级市、县、自治县），40466 个乡镇，70 多万个行政村以及百万计的自然村，究竟在每一个年度应配置多少建设用地指标。这就如同我们无法回答出中国 13 亿人口每个人究竟需要多少布匹、粮食等生活用品一样。改革开放前乃至改革开放后的一段时间内，每一个非农户籍的人都会根据年纪指定每年每月分配多少粮食、使用多少布匹，但如今粮本和布票等已经在人们的生活中消失，已经没有人认为这是一个问题了。我们用什么样的方法解决了上述问题不言自明。不同城市（乡镇）土地建设用地指标的配置问题与此是同类的问题吗？或许有人认为这是不同性质的问题，毕竟土地特别是耕地不像粮食和布匹可以创造出来。但正如上文所言，若以人均建设用地面积而言，居住在农村较居住在城市需要更多的土地以满足人们对住房、出行等方面的需求，规模越大的城市则可以更为集约地利用土地。而且如前文所述，当前我国城镇化过程中"半城镇化"现象已经成为一个突出的问题，从土地利用上来看，我们发现外出务工的农村劳动力，只要其农村户籍仍然保留，均可在其户籍所在的村庄分配到宅基地，而这些外出务工人员的宅基地不仅存量庞大，其增量也不容小觑，同时利用率之低简直令人瞠目。

3. 城镇化引起的其他问题

无论是从理论上还是国外的实践，城镇化会缩小城乡收入差距（Henderson，2007），但这在很多国家都是得到了验证的经验法则，在中国城镇化进程中却失效了。中国城镇化过程中城乡收入差距不仅没有减少，反而存在着城乡收入差距进一步拉大的情况（万广华、张茵，2006）。陈钊、陆铭等（2011）则进一步指出，当前中国城市内部存在着"二元社会现象"，即中国城市常住人口中有相当一批无户籍人口，随着城市化进程，这部分人口数量还在进一步增加，但当前城市内有户籍人口与无户籍人口的收入差距存在逐步拉大的情况。如果不能采取措施解决这一问题，那么我国城乡二元社会问题只是由显性形式改为隐性形式而已。王伟同（2011）基于中国数据的经验研究也同样表明中国居民的福利状况并未随中国城市化率的提升而改善，无户籍人口占城市人口比重的上升与中国居民福利的改善存在显著的负相关关系。

中国城镇化过程中存在的问题并非只限书中提及的几个问题。可以说伴随着经济发展，在非农经济活动占比增加的进程中，在外部性和规模经济等因素的影响下，经济活动在空间上的集聚引发了人口空间分布的变化，凡是与这一进程相关的问题皆可视为城镇化的研究领域。譬如，在人口流动中我们发现劳动者与其需要赡养人的空间分离，即留守儿童、老人问题；不同区域间城镇化水平、模式等方面存在的差异；人口净流出区域和人口净流入区域教育、医疗等公共服务供给问题以及城市的建设发展和乡村的建设发展等诸多问题，这些都是城镇化研究中关注的领域。但总体来看，城镇化模式、城镇化与工业化关系以及城镇化过程中城乡收入差距、土地等问题是最近十几年来研究中颇受关注的几个焦点领域。[1]

三 城镇化文献评述

可以说三十几年中国学者持续关注研究中国的城镇化问题，涌现了大量极富参考价值的成果。或许是经济集聚引致人口集聚，经济集聚规模决定人口集聚规模在理论上太过顺理成章，在实践上中国经济活动又已经高度集聚于城市，远远超过了城市吸纳的人口数量的缘故，现有针对全国城镇化研究的文献基本上都把经济集聚区和人口分布的空间错位当成既定前提，并从该角度去研究城镇化及由城镇化引发的相关问题。譬如，城镇化模式的研究，从当前文献来看，多数学者明显倾向于大中城市推进城镇化。学者们支持大中城市模式推动中国的城镇化进程的理由和角度可能多种多样，无论是从生产效率的对比分析上，还是从对某些要素的集约使用上均可以发现大中城市较小城镇存在天然的优势。[2] 例如，反对小城镇化模式的相关文献中，特别是针对中西部地区普遍出现的小城镇"空壳化"问题的实证研究文献——多数小

---

① 城镇化是从人口空间变化的视角对一个国家或区域的经济、社会等问题进行的研究，其本身就是经济发展研究中一个重要领域，城镇化率常用来作为判定一个国家或区域经济发展水平的重要指标。虽然城镇化有其自身独特的问题，强调人口空间分布的变化，但如果对城镇化进行研究时忽视对相关经济因素的分析，不仅可能使得研究深度不足而且极有可能因果倒置。

② 对大中城市推进中国城镇化最有力的理论和经验支撑来自基于中国城市数据对城市最优规模的研究。

城镇由于缺乏非农产业支撑而发展乏力，其实质无非是论证了经济非集聚区是难以提供充足的就业以支撑该区域的城镇化。如果我们按经济集聚引致人口集聚这一最为基本的城镇化应有之义看，当前中国 60% 以上的经济活动发生在地级及以上城市且城市经济占比仍在持续上升，而当前中国地级及以上城市的常住人口占全国总人口的比重却不足 30%，应以何种模式推进城镇化是不言自明的。此外，陆铭、陈钊（2009）对东、中、西部地区间城市建设用地的利用效率进行了对比分析，其结果表明东部地区作为经济集聚区对各种要素有着更高的利用效率，而当前建设用地在区域供给上的制度安排影响到了东部地区经济发展，从而提高了该地区的土地、房屋等非贸易品的价格，降低了该区域对人口的吸纳能力。可以说城镇化进程中出现的几乎所有的问题，特别是上文中提及的几个问题无不与中国当前经济与人口分布的空间错位相关。也不难发现，相当一部分城镇化的文献就是在研究中国出现经济集聚区与人口空间分布的错位的原因或空间错位的影响。比如户籍制度、土地制度、社会保障制度等无不是在分析空间错位的影响因素；城乡收入差距、城市二元结构等则是在探究人口分布和经济集聚空间错位产生的社会经济后果。因此，从全国整体和多数省份看，中国城镇化的研究是以经济集聚区与人口分布的空间错位这一核心问题展开的。

如果把研究视角从全国转向某一省份，特别是河南、河北等经济不向城市集聚的省份，当前以经济集聚区与人口分布的空间错位展开的一系列城镇化研究显然就与这些省份城镇化中应着重关注的问题存在一定程度的偏差，毕竟这些省份在该方面与全国整体和多数省份存在明显的差异。前文我们已经指出，对于个别省份出现的经济活动不向城市集聚的文献相当少见，虽然个别研究指出河南等省份存在这样独特的空间结构，但并未对这一现象进行更深入的研究。[①] 那么针对河南省城镇化问题的文献是否充分注意和考虑了这一因素对城镇化的影响呢？梳理以河南省城镇化为主题的相关文献，有不少文献指出河南省城市经济薄弱，对区域经济发展的带动能力不强（刘永奇、皇甫小雷、叶浩瑜，2002；彭荣胜，2006），但令人遗憾的是这些文献并未就这一问题进行更为深入的探讨，即为什么河南省的城市较其他省份的城市而言对区域经济的发展带动能力不强。此外，针对河南省城镇化研究的文献也探讨了城镇化模式的问题。胡智勇、赵书茂等（2000）指出河南省应加快小城镇的发展，在他们看来农民进城周期长，成本高，并会对城市现有就业形成冲击，同时指出河南省城市仅能吸纳35%农村剩余劳动力，而进入小城镇不仅周期短，成本低，而且河南也应以小城镇为主推动城镇化。张改素、丁志伟等（2014），刘静玉、刘玉振等

---

① 无论是理论还是应用研究均是试图厘清现象背后的原因，理论研究偏重于变量间的逻辑，而应用研究则偏重变量之间相互作用的强度，但无论怎样，就事论事的做法都是非常不可取的。譬如说，我们不能根据河南的经济活动主要分布于县及县以下区域，就出台相应政策推动县域经济的发展，并引导人口在县及县以下进行城镇化。毕竟我们还发现当经济活动主要分布于县及县以下区域时会对第三产业的发展产生不利影响。

（2012），张占仓（2010）等对河南省的城镇格局，城镇体系建设以及城镇化发展战略进行了相关研究。此外，杨建云（2014）就河南省城镇化过程中的人地挂钩政策的实施进行了相关研究。[①] 但是梳理相关文献，笔者未发现几个近年来对河南省城镇化值得关注的问题进行研究的文献，比如近十年来河南省城镇化速度为何"突然"加速，人口流向城市还是城镇等，特别是相关研究中都没有充分考虑经济不向城市集聚会对河南省城镇化带来怎样的影响。

第二节　经济非集聚对河南省城镇化的影响

一　河南省城镇化历程——城镇化率的考察

2014 年河南省城镇化率为 45.2%，比全国城镇化率低了9.57 个百分点，城镇化率在全国 31 个省份排第 27 位，是中部六省城镇化水平最低的省份。河南省 1949～2014 年城镇化率由 6.35% 提高至 45.2%，整体低于同期全国平均城镇化速度（见表 7-1）。若以城镇化的水平和速度为参考，同时考虑不

[①] 或许是梳理存在疏漏，笔者以河南省城镇化为主题在中国知网搜索相关文献时发现对河南省城镇化研究的学者以地理学背景的居多，他们习惯于利用各种指标通过对相关数据的处理归纳总结出相应的问题，并直接对相应问题进行讨论分析，并提出诸如"三圈、四轴带、双核、多边形组团"等政策指向较为明确的建议（丁志伟、王发曾，2012）。但细究一些政策建议从何而来时，却发现其提出相应政策建议的依据并不清楚。笔者所言的不清楚是指，这种建议的来源不是建立在经济行为个体在一定约束条件下最优化分析的基础上。这或许是由不同学科研究方法的差异造成的。

同时期的经济制度背景，河南省城镇化历程大体可以划分为以下四个阶段：1949～1979 年、1979～1997 年、1997～2004 年和 2004～2014 年。相应阶段河南省年均城镇化速度分别为 0.25%、0.30%、1.33%、1.63%。[①] 可以看出 1997 年之前河南省城镇化速度非常缓慢，1997 年后城镇化速度有明显的跃升。从城镇化速度上看，全国与河南省城镇化轨迹大体相同，即城镇化速度均是在 1997 年之后有明显的提升。河南省与全国城化率差距拉大主要发生在 1979～1997 年，在此期间全国城镇化率年均提升速度为 0.68 个百分点，是河南省同期城镇化速度的 2.24 倍。在此之后河南省与全国城镇化速度开始逐渐接近，而 2004 年之后，河南省城镇化速度开始超越全国城镇化速度，河南省与全国城镇化率之间的差距也开始逐渐缩小，两者之间的差距由 2004 年的 12.86 个百分点缩减至 2014 年的 9.57 个百分点。

需要注意的问题是：中国城镇化率曾用城镇户籍人口占全国人口的比重为统计口径，从 1990 年第四次人口普查开始，调整为城镇常住人口占全国总人口的比重。[②]

---

① 1979 年是中国改革开放的起始年；1997 年是三年国企改革的起始年；2004 年中国开始系统公布各省份的常住人口数，同时这一年也是河南省城镇化速度开始超越全国平均城镇化速度的年份。

② 中国城镇人口统计相关情况说明：1953 年第一次人口普查时，城镇人口采用市镇行政辖区的总人口；1964 年第二次人口普查时，鉴于中国的实际情况，城镇人口统计修改为城镇辖区内的非农业人口；1978 年之后，与世界其他国家比较时，发现以非农业人口为城镇人口的统计标准使得中国实际城镇化水平偏低，因此在 1982 年中国第三次人口普查时，又把城镇人口统计范围修改为市镇行政辖区总人口，但 1982 年之后，中国市镇设置标准下降，新设市镇数量激增，县改市和乡改镇致使市镇行政辖区空间扩张，以市镇行政辖区总　（转下页注）

表7-1 河南省历年城镇化率和人口

单位：%，万人

年份	城镇化率	人口总量	年份	城镇化率	人口总量	常住人口
1949	6.35	4170	1994	16.84	9027	—
1962	10.48	4940	1995	17.19	9100	—
1965	11.16	5240	1996	18.39	9172	—
1970	12.11	6026	1997	19.59	9243	—

（接上页注②）人口为统计范围的城镇化率逐渐失去了实际意义。1990年第四次人口普查再次修改了城镇人口统计范围:对设区的市采用总人口指标,即市区行政辖区内的总人口;对不设区的市和镇,采用街道和居委会人口(周一星、史育龙,1993;朱宇,2012)。当前中国对城镇人口的统计是以2008年"国务院关于统计上划分城乡规定的批复"(国函〔2008〕60号)为标准。大体情况与1990年第四次人口普查时城镇人口统计范围一致,即对于设区的市为行政辖区内全部常住人口(市区人口密度达到1500人/平方公里),对不设区的市以及人口密度未达到标准的城镇人口统计标准为:①市人民政府驻地和市辖其他街道办事处地域;②市人民政府驻地的城区建设已延伸到周边建制镇(乡)的部分地域,其市区还应包括该建制镇全部行政区域。对建制镇(县级市、县城)城镇人口统计标准为:①镇人民政府驻地和镇辖其他居委会地域;②镇人民政府驻地的城区建设已延伸到周边村民委员会的驻地,其镇区还应包括该村民委员会的全部区域。查阅中国统计局网站对城镇人口统计指标情况说明:城镇人口是指居住在城镇范围内的全部常住人口。城镇范围特别是建制镇的城镇人口统计范围,不是建制镇的行政区划范围,其界定标准应如2008年《国务院关于统计上划分城乡规定的批复》所界定的区域。朱宇(2012)结合国际上通行的城乡人口划分原则和标准以及当前中国城镇人口统计的相关情况,认为中国当前的城镇化率统计口径基本与国际上通行的标准相适应。1990年中国第四次人口普查对常住人口界定标准为:在本地居住1年以上;2000年第五次人口普查则把常住人口的界定标准调整为居住地半年或以上;2010年第六次人口普查常住人口界定的标准仍为居住半年以上。但需要注意的问题是中国不同时间流动人口的规模差异巨大:第四次人口普查数据显示居住在本县、市并已在本地登记户口的人数占普查人数的97.37%。2000年中国人口普查数据显示中国流动人口为1.21亿,2005年为1.47亿,2010年为2.21亿,截至2014年中国流动人口为2.53亿(流动人口的统计标准是该人是否离开户籍所在的省辖市)。其中2000年和2010年为人口普查数据,其他年份为抽样估算数据。同时中国2013年统计年鉴根据2010年人口普查数据,以常住人口口径重新调整了自2005年以来各省城镇化率。各省自2005年起也开始系统公布各省的常住人口数。数据来自2013年《中国统计年鉴》。

续表

年份	城镇化率	人口总量	年份	城镇化率	人口总量	常住人口
1975	13.06	6758	1998	20.79	9315	—
1978	13.63	7067	1999	21.99	9387	—
1979	13.82	7189	2000	23.2	9488	—
1980	14.01	7285	2001	24.43	9555	—
1981	14.2	7397	2002	25.8	9613	—
1982	14.42	7519	2003	27.2	9667	—
1983	14.56	7632	2004	28.9	9717	—
1984	14.7	7737	2005	30.65	9768	9380
1985	14.84	7847	2006	32.47	9820	9392
1986	14.98	7985	2007	34.3	9869	9360
1987	15.12	8148	2008	36.03	9918	9429
1988	15.26	8317	2009	37.7	9967	9487
1989	15.4	8491	2010	38.82	10437	9405
1990	15.52	8649	2011	40.57	10489	9388
1991	15.85	8763	2012	42.43	10543	9406
1992	16.18	8861	2013	43.8	10601	9413
1993	16.51	8946	2014	45.2	10662	9436

资料来源：历年《河南统计年鉴》。

二　河南省城镇化历程——城市与城镇人口分布的考察

从中国城镇化问题的研究文献中可以看出，中国城镇化进程中出现的一系列问题均与经济与人口分布的空间错位相关，而这种空间上的错位集中体现在经济活动高度集聚于城市，而人口则主要分布在县及县以下区域。鉴于 2004 年以来河南省城镇化速度超过了全国同期城镇化速度，本书对河南省城镇化的空间考察的时间起点选为 2004 年。考察的对象则主要是河南省被统计为城镇人口的空间分布情况，即城市市辖区和县及县以下区域的建制镇。

自 2005 年起各省份均开始公布常住人口数，当前无论是全国还是各省公布的城镇化率都是基于常住人口统计的。[①] 河南省统计并公布了下辖各市市区常住人口数（见表 7－2）。鉴于并非所有市辖区常住人口都会被统计为城镇人口，本书计算了河南省各城市市区人口密度，若市区人口密度超过1500 人/平方公里，则市区全部人口纳入城镇人口的标准，河南省下辖郑州、开封、洛阳、平顶山、安阳、新乡、焦作、濮阳、许昌、三门峡、周口等 11 个城市达到上述标准，而鹤壁、漯河、南阳、商丘、信阳和驻马店等 6 个城市未达到标准，其市区常住人口不能全部纳入城镇人口范围。鹤壁、漯河等 6 市市区常住人口占河南省市区总人口的比重为35.2%，即如果把市区常住人口全部视为城镇人口显然会高

---

① 各省市统计城镇化率的方法见《国务院关于统计上划分城乡规定的批复》（国函〔2008〕60 号）。历年《河南统计年鉴》公布了各年份河南省城镇人口总量和城镇化率，但是笔者认为河南省统计年鉴所公布的城镇人口总量可能存在一定的问题。因为如果按照年鉴公布的城镇人口总量除以每年的常住人口数，则当前河南省城镇化率已经突破了 60%，而不是所公布的 45.2%。因此笔者根据统计年鉴上常住人口数以及历年城镇化率计算出了历年河南省以常住人口计的城镇人口总量。需要说明的一点：2004 年河南省没有公布该省的常住人口数，笔者是根据 2005～2007 年河南省平均流出该省人口数估算出河南省 2004年常住人口数，同时根据当年的城镇化率计算得出当年的城镇人口总量。

表 7 - 2　河南省历年城镇人口及各省辖市市区常住人口量

单位：人

年份	2004	2005	2006	2007	2009	2010	2011	2012	2013	2014
河南省	2709.95	2874.97	3049.58	3210.48	3576.60	3651.02	3808.71	3990.97	4122.89	4265.07
市区人口	1619.06	1732.79	1789.46	1822.28	1829.56	1918.79	2204.72	2291.46	2207.10	2254.37
郑州	251.72	255.55	261.20	269.59	333.12	293.98	529.80	587.20	517.10	533.20
开封	78.55	82.89	83.47	84.23	85.57	85.57	86.37	86.66	87.29	87.02
洛阳	148.87	149.71	153.69	155.16	156.13	166.12	168.43	196.50	193.33	195.52
平顶山	93.53	95.29	97.20	99.26	94.06	103.31	104.70	104.04	97.88	109.96
安阳	102.19	103.17	104.51	105.83	104.09	108.78	111.06	110.83	114.43	115.50
鹤壁	52.21	52.81	52.58	54.92	56.72	61.81	62.70	61.50	62.59	63.21
新乡	92.44	87.78	99.22	100.17	94.24	101.33	102.77	103.11	103.91	114.36
焦作	80.68	81.12	81.85	82.46	83.81	84.05	84.69	96.29	98.31	98.47
濮阳	52.87	53.51	62.84	64.27	54.25	68.01	68.97	69.66	68.38	69.83
许昌	38.96	39.16	40.15	40.45	39.37	41.42	41.69	41.57	41.85	41.43
漯河	35.36	130.52	132.75	134.90	129.84	140.82	140.81	139.76	139.42	134.15
三门峡	28.32	28.50	28.69	28.78	30.50	29.26	29.84	29.91	29.94	30.10
南阳	168.38	172.58	176.42	179.66	171.77	188.51	191.03	194.21	185.96	186.91
商丘	156.43	159.50	164.12	167.04	148.95	176.99	179.27	181.13	183.29	180.48
信阳	137.52	137.88	139.53	141.82	141.84	147.72	149.13	149.00	149.50	151.23
周口	42.16	42.55	49.54	50.81	45.29	53.61	61.53	58.63	53.28	59.71
驻马店	58.87	60.27	61.70	62.93	60.01	67.50	91.93	81.46	80.64	83.29

资料来源：历年《河南统计年鉴》。

估城市在河南省城镇化进程中的作用。但由于年鉴并没有公布上述 6 市究竟有多少市区人口可被统计为城镇人口，为了便于讨论相应问题，本书把上述 6 市的市区常住人口也全部视为城镇人口。但需要事先指出，这样做其实是高估了河南省城市对本省城镇化的作用。此外，笔者还注意到 2013 年和 2014 年河南省城市常住人口有所减少，而统计年鉴公布的常住人口减少的城市主要是郑州，而这显然是不符合我们对郑州市区人口的直观感受，同时也与其他相关数据不符（如房屋销售和汽车销售等数据）。但是由于河南省统计年鉴并没有说明郑州市区常住人口数据调整的原因和具体的方法，我们也无法对该数据进行相应的修正，因此我们从城市和城镇角度对河南省城镇化发展历程的考察主要放在 2004 ~ 2012 年。

当前河南省常住人口在城市与其他区域的分布情况正如表 7 - 2 所示。河南省 17 个省辖市市区常住人口量占全省常住城镇人口的比重即使取 2014 年的最低值也超过了 52.86%。如果选取 2012 的数值则河南省市区常住人口占城镇人口的比重将达 57.42%。2004 ~ 2012 年河南省城镇人口增加 1281.32 万，17 个省辖市市区常住人口新增 672.4 万，占城镇人口增量的 52.48%。考虑到鹤壁、信阳等 6 个市的市区常住人口不能全部被计入城镇人口，我们以较为保守的估计，即上述 6 市市辖区的常住人口 60% 被统计为城镇人口，① 那么2004 ~

---

① 当前河南省整体城镇化率超过 45%，考虑到鹤壁、信阳等市市区的人口密度，第二、第三产业占比及其与河南省县级层面城镇化率的平均值等因素，上述 6 市市辖区的城镇化率以 60% 估算是很保守的估计。

2012 年，河南省城镇人口增量约 48% 源于城市常住人口的增加。

三　河南省城镇化进程中的主要矛盾及经济非集聚的影响

2004 年以来河南省呈现较快的城镇化速度并开始逐渐缩小与全国城镇化率的差距，同时从常住人口与经济的空间分布看，河南省并没有出现全国多数省份普遍存在的经济与人口空间分布错位的情况，至少从省内常住人口和经济的空间分布可以得出这样的结论。那么这是否意味着河南省城镇化进程中并不存在严重的问题？如果存在问题，问题又是什么？本部分主要讨论河南省城镇化过程中存在的两个突出的，同时相关文献并未给予重视的问题。

（一）河南省城镇化进程中的异地城镇化

传统意义上，我们把一定的空间范围（行政辖区）内的人口城镇化称作本地城镇化，而把迁居至本行政区域外，从事非农业生产的人口城镇化称作异地城镇化。当然，从更为严谨的逻辑上看：城镇化是原本居住在农村的人口向城镇迁移的过程，除部分农村地区变为城镇出现所谓的"就地"城镇化外，多数人口是从农村迁移至城镇。从这个意义上讲，绝大多数城镇化都可归类为异地城镇化。但是，我们这里提出的异地城镇化主要是指由于地区经济差异巨大，在农业人口逐渐脱离农业生产过程中，农村推力大于本地城镇吸力，产生大量农村劳动力向发达地区流动的现象。所以这里存在一个区域的概念，如市域异地城镇化、省域异地城镇化等。在中国，以中西部农村居民迁徙到珠三角、长三角等东部沿海城市就业的跨省异地城镇化为典型代表。本书中异地城镇化主要指人口跨省域的异地城镇化。

当前中国城镇化率的统计是以常住人口为基数进行统计的。从城镇化率指标上看，自 2004 年起，河南省一改之前城镇化速速始终慢于全国的状况，城镇化率开始逐渐缩小与全国的差距。与此同时，河南省每年净流出人口同样在快速增长。每年净流出的人口量由 2005 年的 388 万增长至 2014 年的 1226 万。那么河南省城镇化速度的提升有多少源于跨省域的异地城镇化，又有多少源于本省城镇人口的增多呢？鉴于 2011 年《河南统计年鉴》公布了河南省跨省流出人口的受教育、就业地区、年纪等相关数据，我们以 2010 年数据为例简要说明人口流动对河南省以及全国城镇化率的影响。

2010 年河南省常住人口和户籍人口的差额为 1032 万，2010 年河南省流动出省农村劳动力人数为 1047.53 万。96% 的跨省流动农村劳动力选择其他省份建制镇以上区域为其务工地点，其中 72.86% 的人员流向外省地级及以上城市。[①] 因此，就全国城镇化率统计而言，河南省流出人口如果在劳务

---

① 2011 年《河南统计年鉴》公布了 2010 年河南省流出本省人口的去向、人员构成等基本信息，具体情况参见年鉴。

所在地工作半年以上，都会被统计为城镇常住人口。由于无法得知外省流向河南省的城镇人口数以及河南省城镇人口流出情况，很难精确计算出人口流动对河南省城镇化率的影响。但鉴于河南省常住人口与户籍人口的差额与河南省农村劳动力流出本省人数基本相当，假设外省流向本省城镇人口和本省城镇人口流出相抵消，那么 2010 年如果没有 1032 万人跨省流动，河南省城镇化率大体为 34.98%，即异地城镇化使得河南省城镇化率提高了 3.84 个百分点。如果河南省城镇化率仍以全部人口为基数进行统计，应比年鉴公布的城镇化率低 10% 左右。[①] 2010 年之后，河南省户籍人口和常住人口的差额越来越大，由 2010 年的 1032 万，增加至 2014 年的 1226 万。2012 年以后，《河南统计年鉴》没有再继续公布农村劳动力跨省流动的相关数据，故无法进一步估算 2012 年以来农业户籍人口跨省流动对河南省城镇化率的影响。但参照 2010 年情况，河南省 2014 年较 2004 年城镇化率的提高约 32% 源于河南省农村人口的异地城镇化。

　　跨省流动人口规模的扩大，对全国城镇化率的统计影响并不大：一是人口基数没有改变；二是以城镇常住人口统计的城镇化率更符合国际上城镇化的内在要求。以河南农村劳动力流向外省的就业地看：流向外省地级及以上城市占比达

---

① 此处假设如果人口不可以跨省流动，那么这些人口在本省城镇化难以获取充分的非农就业岗位，多数会被迫滞留在农村。此外，即使我们认为流出人口中部分人员就业能力更强，可以在本省城镇获得非农就业机会，那么他们也只是取代了原本流向城镇人的就业机会，因此总量上会维持大体的均衡。

72.86%，流向建制镇以上区域的人口比例更是高达 96%，如果仍以非农户籍人口计，对于全国城镇化率的统计就会把全国近 2.58 亿流动人口中农业籍人口排除在外，这会大大低估中国的真实城镇化水平。因此，就全国范围来看，以常住人口统计的城镇化水平能更好地反映中国城镇化水平。但若一些地区因为农业户籍人口大量外流，从而造成人口基数减少，使得城镇化率呈现"统计"意义上的提高，那么我们在使用该区域城镇化率指标时就应特别注意。毕竟一个省份若因农业户籍人口大量流出而导致的统计意义上的城镇化率提高，背离了我们关注该指标的初衷。

跨省流动人口规模的持续增长则会对河南省带来巨大的影响，不仅使河南省城镇化率呈现统计意义上的被动提升特征，同时也会使河南省城镇化进程更为复杂化。大规模跨省流动人口的存在对河南省城镇化的影响主要体现在三个方面。

第一，2005~2014 年，河南省跨省流出人口由 388 万增长至 1226 万，根据《河南统计年鉴》所公布的农村劳动力流出本省数据，河南省跨省流出人口主要为农业户籍人口。但正如相关文献所指出的那样：当前中国社会的二元结构正在由城乡二元结构转变为较为隐形的城市户籍和无户籍人口的新二元社会结构（陈钊、陆铭等，2011）。这揭示了跨省务工的农民工绝大多数难以取得工作所在地的户籍并融入当地社会成为市民的现象。河南省跨省流动人口中有多少可以在务工所在地安家落户，限于数据方面的缺失，我们难以精确估算。根据 2015 年《中国统计年鉴》所公布的各省人口受教育程度的抽样调查数据，我们对此不抱过高的期望。各省受教育人口抽样调查数据显示：2014 年河南省总体人口中（包括农业户籍和非农户籍人口），仅接受初中及初中以下教育的人口占总人口的比重高达 73.43%。虽然年鉴没有公布农业户籍人口受教育的情况，农业户籍人口高于此比例应不足为奇。河南省跨省流动人口是以农业户籍人口为主，而且 72.86% 选择外省（市）地级及以上城市作为其务工地。由流动人员的受教育情况我们不难推断：河南省跨省外出务工的 1000 多万人，多数只能从事简单体力劳动等技术含量低的工作。那么随着年纪增长等因素，当前河南省这些跨省流动劳动者从事简单体力工作的能力将会逐渐下降。因此长期来看，河南省存在大量跨省流动人口返乡的压力，未来城镇化存在波动的可能。[①]

第二，以当前河南省跨省流动人口规模和 2015 年《河南统计年鉴》所公布的全省平均人口抚养系数 44% 计，河南省有近 540 万的儿童和老人与其家人长期分离，特别是其中近 372 万的留守儿童。[②] 这种情况不仅使得一些社会问

---

① 当前流动人口参加各类社会保险的比例远远低于全国和各省的平均水平。北京市曾对流动人口的各类社会保险的比例做过抽样调查，以基本养老保险为例：流动人口中雇主、自营劳动者、雇员与家庭帮工类型的受访者的参保率分别为 13.06%、9.26%、19.72%、8.7%（尹志锋、郭琳、车士义，2010）。

② 2015 年《河南统计年鉴》公布了河南省常住人口抚养系数为 44%，其中少儿抚养系数为 30.5%，根据抚养系数计算公式，1226 万劳动人口对应的抚养人口为 540 万人，其中儿童约 372 万人。由于相关统计年鉴并未公布河南的留守儿童和老人的具体数量，该结果是我们对此类人口数量做的一个估算，考虑到外流人员中未结婚比例可能会高于总人口中的未结婚比例，同时存在一部分儿童会随父母到打工地区就读情况，结果可能在一定程度上高估了留守儿童、老人的数量。

题越发严重，同时也使得城镇化过程中存在一些政策制度上的难题，譬如河南省教育、医疗、社保资源的城乡间的配置。

第三，大规模农业户籍人口的流出并未减轻河南省城镇化进程中建设用地供给紧张的状况。出于粮食安全的考虑，中央出台了18亿亩耕地红线的政策，政策出台以来，全国多数省份在城镇发展中或多或少都面临着建设用地供给不足的约束。一般来说，一个地区出现大量人口外流时，该地区面临的土地等非贸易品供求紧张的局面会得到改善。但是实际上由于当前中国土地制度设计的原因，河南省在城镇化推进时，城市建设用地供给紧张的困境并未因人口大量外流得到缓和。中国土地实行社会主义公有制，即全民所有制和劳动群众集体所有制。与其他多数国家不同，中国土地制度的基本特征是一种城乡分割的土地制度，城市市区土地属于国家所有，农村和城市郊区的土地除法律规定属于国家所有的以外，属于农民集体所有。在这种城乡分割的土地所有制基础上，城市国有土地和农村集体土地的产权性质和产权的附属权益，也就是所谓的权能也不一样。同时，目前中国实行的是建设用地总量控制。任何单位和个人进行建设，需要使用土地的，必须依法申请使用国有建设用地，涉及农用地转为建设用地的，则需办理农用地转用审批手续。当前土地管理制度是高度计划的，即通过计划手段保护18亿亩耕地红线，确保粮食安全，这也造就了当前中国最严格的耕地保护制度。

此外，中国在建设用地供给方式上也采取计划管理，即通过土地征收制度，政府直接征收农业和农村用地，而征收土地后，实行土地出让招拍挂制度。

由于集体建设用地产权的不完备导致其交易市场的缺失①，多数流动农业户籍人口保留了其在乡村的宅基地。农村宅基地的数量不仅没有随着外流人员的增加而减少，反而呈现随着人口增长而增长的趋势（当前的农村宅基地的分配方式，只要村民仍然保留农业户籍，那么他就拥有在其所在村庄得到相应宅基地的权利）。这就意味着只要是农业户籍人口总量在增长，那么农村宅基地的面积就会在增长。当前以常住人口为统计口径的城镇化率的提升并不意味着农业户籍人口量的绝对数量的减少，也正如相关文献所指出的那样：当前中国在城镇化进程中存在着相当严重的"半城镇化"现象，即有大量城镇常住人口因各种因素仍然是农业户籍。因此，各省每年的建设用地指标仍然先要在乡村与城市间按一定比例分配，尽管我们发现当前分配到乡村的建设用地存在利用效率低下甚至是无效使用的情况，譬如大量空心村的涌现。

此外，我们还会关心大规模人口流出对人口流出省份长期经济增长影响——利大于弊还是弊大于利。近年来，中西部地区不断有学者指出中西部地区的大规模人口外流使得一

---

① 农村宅基地所有权属农村集体经济组织所有，农村村民只享有使用权，同时只可以按照一户一宅的原则在村民所在的村集体申请，具体参见《国务院关于深化改革严格土地管理的决定》（国发〔2004〕28 号）

些地区存在招工难的问题，从而得出大量人口的流出对本地区的经济发展带来了不利影响。但此类文献并未从整体上对该问题进行更为深入、全面的分析，得到的相应结论也容易让人产生疑问。从当前对该问题的实证研究文献的结论上看，尚不能确定人口大规模流出对河南省长期经济增长存在消极或积极的影响。① 但有一点学者们正在达成共识，即人口大规模流动时，如果劳动者与其抚养人口出现长久的分离，那么所引起的社会问题将愈发严重。人口流动所引发的社会问题并不仅仅局限于文献中提及较多的留守儿童、老人等问题。譬如，近年来不少农村地区暴涨的结婚彩礼、聘礼等不断出现在各大新闻网站。这种情况普遍地出现除了和一些地区的风俗习惯有关外，显然与当前农业人口大规模跨区域流动有着必然联系。进城务工人口中女性务工者更容易在城镇找到结婚对象，而男性务工者则较女性务工者更难在务工城镇找到结婚对象。因此就造成农村地区因为大量女性流出使得当前农村地区男女失衡加重，从而导致暴涨的结婚彩礼、聘礼等现象的出现。由此可见，尽管我们从经验研究中尚未找到统计显著的证据证实人口流动对河南经济增长是否存在负面或正面的影响，但是人口流出特别是劳动者与其需抚养人口的分离所引发的社会问题已愈发显现。

---

① 欠发达地区的人口外流对这些区域长期的经济发展究竟会产生何种影响，当前的经验研究还没有定论，无论是基于国外的数据还是中国的数据。国外的研究参见《2009 年世界发展报告》；中国的研究参见许召元、李善同（2008），但是一国内劳动力流动对本国的经济增长绩效的提升却是非常显著的。

（二）经济非集聚对河南省城镇化的影响

由表 7-3 我们可以得到以下几个结论。①中国城市常住人口与 GDP 占全国总人口和 GDP 比重之间的差距，即人口与经济的空间错位程度并没有随着人口大规流动而缩小，反而在不断拉大。截至 2013 年中国城市常住人口占比和城市 GDP 占比间的差额高达 33.43%。②小城镇模式主导了中国的城镇化进程。尽管城镇化模式在理论上有诸多争论，同时近年来学者们普遍倾向于大中城市主导的城镇化进程，但中国实际上走了一条小城镇主导的城镇化模式。2005 年以来，中国城镇人口共计增长了 18704 万，但是城市常住人口仅增长了 5140 万，城市常住人口增量仅占该期间城镇人口增量的 27.48%。① ③大中城市与小城镇共同推进了河南省城镇化。从城市视角观测河南省人口与经济的空间分布，河南省并没有出现类似全国和多数省份人口与经济严重空间错位现象。2005 年以来，河南省新增城镇人口约 50% 源于城市常住人口的增长。由于城市经济占比近二十年来基本维持不变，而城

---

① 根据 2005~2013 年《中国统计年鉴》公布的中国地级及以上城市常住人口数据，结合当前中国城镇人口统计界定的标准，即：凡设区的城市，市辖区人口密度超过 1500 人/平方公里的城市其市辖区（行政辖区）常住人口则全部计入城镇人口；如果人口密度不足 1500 人/平方公里，则仅统计市辖区人民政府驻地和辖区其他街道办事处地域。2013 年中国全部地级及以上城市市区面积为 67.31 万平方公里，常住人口为 41425 万，平均人口密度为 615 人/平方公里，所以中国并不是所有城市市区人口都被纳入城镇人口统计范围的。假设市区常住人口全部被纳入城镇人口统计范围，中国城镇化率的提升也仅有 27.48% 源于由地级及以上城市城镇人口的增加，因此，2005 年以来中国城镇化率的提高主要是由于县及县以下小城镇常住人口增长所致。由于 2015 年《中国城市统计年鉴》在本书写作期间尚未出版，我们分析城市经济和人口占比时间截止到 2013 年。

市常住人口自 2005 年以来有较大幅度的增长，故两者差距在快速缩小，两者之间的差距由 2005 年的 12.09 个百分点，缩小至当前不足 8 个百分点（见表 7 - 3）。显而易见，河南省的城镇化模式与中国整体不同：河南省城镇化进程中，大中城市与小城镇起到了几乎相同的作用，共同推进了河南省城镇化率的提升。

表 7 - 3　中国及河南省地级及以上城市 GDP 和
人口占全国和全省比重

年份	中国				河南省			
	人口		GDP		人口		GDP	
	常住人口（万人）	比重（%）	GDP（亿元）	比重（%）	常住人口（万人）	比重（%）	GDP（亿元）	比重（%）
2005	36285	27.75	109743	59.94	1733	18.47	3235.29	30.56
2006	36764	27.97	132272	62.73	1789	19.05	3757.41	30.07
2007	37250	28.19	157285	63.03	1822	19.47	4326.02	28.82
2008	37619	28.33	186280	61.95	1852	19.64	5223.89	28.38
2009	38795	29.07	207744	61.01	1830	19.28	5590.21	28.74
2010	38866	28.98	245978	61.31	2135	22.7	6572.48	28.46
2011	39807	29.54	293026	61.97	2205	23.48	7940.18	29.48
2012	40318	29.78	327383	63.02	2291	24.36	8894.54	30.05
2013	41425	30.44	363325	63.87	2207	23.45	10067.55	31.13

资料来源：历年《中国城市统计年鉴》。

1. 中国城镇化进程中经济与人口空间错位的解释

中国城镇化进程中会出现如此严重的人口、经济分布的空间错位，也使得这一现象逐渐成为中国城镇化研究中的一个核心问题。梳理文献我们不难发现，对该问题的解读，不少学者是从制度层面，如户籍、土地等进行解读，也有学者从劳动者自身的相关因素，如劳动力的素质、受教育年限、受教育地点、家庭和主要社会关系等微观层面阐述人口分布与经济分布空间错位的原因。但多数学者认为是城乡隔离的户籍制度造成了这一问题，认为只要取消这个政策，就能解决中国愈发严重的人口与经济空间错位的问题以及中国城市化水平低下的问题。追溯中国现行户籍政策不难发现：该政策既不同于多数国家居住地登记制度，也并非中国一直延续的制度安排，它是新中国成立近十年之后，即1958年才逐渐形成并不断固化的一项国家行政管理制度（王美艳、蔡昉，2008）。因此，"城乡隔离政策"本身是一个果，而不是因。若不厘清当前户籍制度的成因及其得到持续存在的影响因素，那么相应的政策讨论就不免缺乏针对性，也难以有效解决其消极影响。

"城乡隔离"的户籍政策是如何形成的呢？林毅夫给出的解释得到越来越多学者的认同，即"城乡隔离"的户籍政策是"重工业优先发展战略"造成的后果（王美艳、蔡昉，2008）。林毅夫指出：新中国成立以后，中国中央政府为了迅速实现工业化采取了"重工业优先发展战略"。由于重工业资本密集的特征与当时中国资本稀缺的资源禀赋状况形成矛盾，投建的重工企业在竞争性市场环境中并不具自生能力。为了保证重工业优先发展，需要政府创造以人为压低利率、汇率、能源和原材料价格、工资和生活必需品价格为特征的扭曲性宏观政策环境，实施以计划和行政手段为特征的资源配置制度。此外，重工业是资金密集型的产业，投资规模很大，创造的就业机会不多。因此，中国实行重工业优先发展战略减弱了经济增长吸收劳动力在非农产业就业方面的能力，阻碍了伴随着经济发展劳动力从第一产业转移出来的就业结构转换过程。结果，改革前的 27 年（1952～1978 年）里，农业的产值份额从 56.9% 下降到 24.8%，下降 32.1 个百分点，而农业的就业份额由 83.5% 降至 70.5%，仅下降 13 个百分点，劳动力份额下降明显滞后于产值份额变动。而且，在重工业优先发展的制度框架下，采取的是低工资、低物价的政策。为了防止农民进城增加政府低物价政策的负担，政府通过城乡分割的户籍管理制度将广大农民束缚在农村和农业上，防止农民分享城市工人所获得的压低价格的食物和住房等供给。虽然从政策上讲，农民可以通过国家招工直接改变（或通过服兵役间接改变）身份，但实际上绝大多数农民很难得到这样的机会。甚至在"文革"期间，由于城市里创造的就业不足，还出现了把大量的知青下放到农村的逆城镇化现象。实行改革开放以来，重工业优先发展的战略得到了矫正，非农产业有了很大的发展，城乡隔离政策也在逐步修正。实行家庭联产承包责任制以后，农民的生产积极性猛增。"留足了国家，交足了集体，剩下的都是自己的"，农民获得了农业生产剩余的控制权和投资权。亿万农民获得了这个权利之后，在比较利益的诱导下，依靠自己的努力进入了非农产业，为扭转就业结构转换严重滞后于产值结构转换这个几十年来一直困扰政府的大难题，做出了难以估量的贡献。据统计资料计算，1978～1998 年，仅乡镇企业的就业增加量（9710 万人）一项，就占全国非农产业中就业增加量（23285 万人）的 41.7%。如果再把农民在其他载体（如私营企业，个体企业，独自进城当合同工、临时工、保姆，经商等）中从事非农活动的人口考虑进去，劳动力转移的数量就更大了。同时，政府也将农民只能居住在农村，并从事农业生产的户籍和职业的双重管制改为单项的户籍管制，即摒弃了农民不能擅自从事非农生产活动的管制。就业结构转换严重滞后于产值结构转换问题得到初步矫正。林毅夫进一步指出：对于重工业优先发展战略的弊病，主观上若不加以深刻认识，就不可能从根本上消除其影响。重工业优先发展的战略虽然随着信息、高科技产业的发展不再是先进产业而没人再提，但是其变体仍深植人心。20 世纪 50 年代推行重工业优先发展的战略，其弊端在于重工业是一个资本极端密集的产业，而中国当时是一个资本极端稀缺的经济。由于政策制定时忽视了这个禀赋特征，而去优先发展资本过度密集的产业或产业区段，其经济发展绩效会受到极大的负面且长远的影响。因此，如果政府制定的经济目标以及为达到目标配套制定的政策违背了一个国家或地区自身禀赋，不仅其经济目标难以实现，而且长期看来还将会为此付出极大的代价。那么，是否只要政府制定的目标符合一个国家或地区的资源禀赋就不会出现上述问题呢？问题的关键是我们如何确定目标是符合资源禀赋的？对该问题的解答，早在 20 世纪三四十年代，经济学发展史上曾经爆发过一场著名的争论：以路德维希·冯·米塞斯和哈耶克为代表的一批奥地利经济学家，与以奥斯卡·兰格为代表的拥护"市场社会主义"的经济学家之间的激烈讨论。论战双方所持有的观点及其背后的逻辑，本书不再讨论。[①] 时至今日，无论是理论研究还是经济实践，市场经济都被证实是当前人类所能找到的最优资源配置方式，并被多数国家采用。

近些年来，虽然户籍制度改革有了一些进展，但我们不得不承认，产生于传统发展战略以及与之相适应的一系列制度安排之一的户籍制度，并未因政府放弃重工业优先发展战略而被摒弃。虽然从 2000 年开始，中央政府的有关文件表现了对农村劳动力流动的积极支持和鼓励，明确提出改革城乡

---

① 米塞斯和哈耶克认为由于苏联式经济体制为代表的计划经济在缺乏市场时不能获得必要信息，它将无法运转，他们声称制订内在一致的计划的成本高得不可行。兰格等人则使用新古典全部均衡模型论证市场社会主义能够解决经济计划"高不可及"的计算成本问题。市场社会主义允许有消费品市场，但所有企业和生产要素归国家所有。中央计划者命令全部国有企业的管理者最大化给定价格下的利润并汇报利润最大化的产量。然后中央计划者根据过量需求调节市场价格，直至消费品市场出清。他们相信市场社会主义能够比资本主义体制更有效地配置资源。米塞斯和哈耶克则完全不同意上述观点。他们认为，中央计划者没有激励调节价格来出清市场，国有企业管理者在缺乏企业私人所有权情况下，没有积极性将利润最大化；相反，中央计划者有全部理由保持正的过量需求，以便增加计划者的权力并为他带来大量有形无形的利益。Kornai（1980）认为，如果预算约束是软的，管理者有全部理由低估生产能力与高估投入需求，因此在缺乏企业和要素私人所有权的情况下，价格不能传达真实信息，从而非均衡成了长期病。关于这场争论双方所持的观点及其背后的逻辑，读者可以去看当时论战双方的一系列论文或著作，也可以查阅 Jeffrey、胡永泰、杨小凯 2003 年发表于《经济学（季刊）》的论文——《经济改革与宪政转轨》进一步了解。

分割体制，取消对农民进城就业的不合理限制的指导性思路，被称作城乡统筹就业的政策。并且这种政策倾向既明确且稳定，在从那以后每年的相关政府文件中都会加以强调，明确写进之后公布的历次"五年计划纲要"中。但是，就实际效果看，户籍制度的改革远没有我们想象中的乐观，同时也不难发现各省份在推进户籍制度改革的步伐也参差不齐。不少省市户籍制度改革通常仅仅是户口名称的改变，配套政策并没有跟进，养老、医疗和低保等方面的福利待遇基本没有落实。但也存在少数例外，那些经济发展状况较好，对劳动力需求强烈的地区，户籍制度改革就相对顺利。例如，广东省佛山市于 2004 年 7 月 1 日起实施了一元化户籍管理制度，佛山市辖区户籍人口统一登记为"佛山市居民户口"，取消了原有的户口性质的划分。佛山市政府还提出，条件成熟时，将实行佛山市居民户口五区互通。与其他地方不同的是，佛山市的改革不仅仅是户口名称的改变，相关福利基本都得到落实（王美艳、蔡昉，2008）。但是总体来看，户籍制度改革至今并没有实质性的突破，仍然是劳动力流动的最大障碍。然而接下来的问题是，既然城乡隔离的户籍制度是重工业优先发展战略的配套制度安排，那么为何改革开放以来，政府放弃该战略后，户籍制度改革仍然步履维艰，难以取得实质性突破呢？笔者认为主要源于以下两个方面。

首先，各级政府以经济增长为主要目标的政策导向。城镇化是在经济发展过程中，企业和劳动者按照各自面临的约束条件所做出理性选择在空间上呈现的结果。这种结果反映的是"经济人"——企业和消费者在给定条件下的最优化行为在空间上的体现，即消费者需要根据自身条件做出其工作、生活地点是在农村、大中城市或小城镇；企业也要根据自己企业的特点选择在乡村、小城镇或大中城市设立企业。如果以城镇或乡村划分，更多的企业和劳动者把城镇作为其生产和生活的地点，则就是我们所说的城镇化，反之则出现城镇化停滞乃至出现逆城镇化现象。消费者在空间上做最优化选择时，主要会考虑其在乡村、小城镇和大中城市所能得到的就业机会和收入水平，同时公共物品的供给水平和质量、社会治安、生活环境、交通条件、历史文化等因素也会影响劳动力生活地点的选择。乡村、小城镇、大中城市在上述影响消费者空间地点选择的诸多因素上存在显著的差异，消费者则会对上述因素综合评价后做出其工作、生活地点的选择。企业则会对乡村、小城镇和大中城市在生产、研发、销售等诸多环节对企业生产成本、效率影响上的差异，以及土地、房屋等非贸易品价格和不同空间劳动力技能等方面的差异，进行综合评价后做出生产地点的选择。消费者和企业共同构成了城镇的需求主体，即城镇规模的扩张和数量的增多源于更多的消费者和企业涌入城镇。城镇的供给主体指为满足城镇需求主体各种生产、生活需求的行为主体。城镇的供给主体是多方共同构成的，如城镇土地的所有者、提供基础设施的企业和提供公共服务的地方政府等。假如产权明晰，各种要素可在空间和部门间自由流动，那么各种要素最终会在市场机制作用下在部门间以及空间上达到均衡。需要指出，如果把城镇视为劳动者眼中的消费品和生产者眼中的特定生产要素的话，城镇作为消费品表现了较强的公共物品的属性。越是可以提供劳动者更多工作机会、生活便利满足的城市，劳动者越愿意选择这样的城市作为其工作、生活的地点，而因人口过度膨胀带来的外在不经济性则由城市内所有的劳动者、企业和政府共同承担，单个劳动者承担的比例相对其得到的收益而言则偏低。

城镇化的供给主体——各级地方政府。中国当前仍处在由计划经济向市场经济转轨的过程中，从产业的角度看，第二产业的市场化程度高于第三产业；从空间的角度看，东部地区市场化程度高于中西部地区；从商品市场和生产要素市场看，商品生产的市场化程度高于要素市场；可以说影响经济活动的各个方面其市场化程度存在较大的差异。由于一些制度性因素的存在，乃至一个人口集聚的空间是否被称为城镇都需要政府界定的行政管理体制，导致了中国的城镇供给实际上由各级政府把控。然而，由于中国当前的官员晋升体制主要是上一级政府通过考察下一级政府辖区相对经济增长绩效来晋升地方官员，从而使得各级地方政府对于不同的城镇化的需求主体长期存在区别对待现象。现实表现为各级地方政府对招商引资的无比热情和对流入人口的"百般挑剔"。成功招商对于一个城市的经济增长的作用，至少在短期内的促进性是非常明显的。各级政府对于招商引资的热情本质上没有区别，此种情况的长期存在进一步加剧了人口与经济活动的空间错位。

其次，城市居民的既得利益及其在城市政策制定过程中的谈判地位。一直以来，不少学者认为就业保护是户籍制度得以延续的原因，但是进一步的研究不难发现就业保护并不是现行户籍制度得以维持的唯一原因，城市诸多社会福利的排他性质也是户籍制度改革的制度障碍。在户籍制度之下，城乡居民甚至不同级别的城市居民享受着不尽相同的福利待遇，导致不同城市采取不同的态度对待户籍制度改革。自我融资型城市对经济活动的繁荣昌盛更加重视，对能够为本地经济做出生产性贡献的外来人口就持欢迎态度；补贴型城市则积极寻求更高一级政府的补贴或更大范围内的资源再分配，担心各种福利、补贴"外流"。户籍制度的继续存在必然会造成一种政策悖论。一方面，拥有城乡不同的户籍会直接使个人享受的权利和福利待遇存在差别。即使城镇居民，也会因其拥有不同级别城市的户籍，而享有完全不同的社会福利和社会服务。实现经济与社会协调发展、缩小城乡和地区间差别，要求对这种二元结构进行改革。另一方面，由于存在这些差别，拥有城市户口，则意味着能够在就业、住房、医疗、养老、教育等很多方面享有保障。造成农村人口希望获得城市户口，中小城市居民希望获得大城市户口。因此，一旦户籍控制有所松动，户口含金量越高的地区，越可能面临人口的蜂拥而入。这种情况既会对城市政府管理造成压力，也会遭遇到城市现有居民的抵制。在城市福利体制和社会保障制度开始改革，城市失业和下岗现象日益严峻化的情况下，城市里的居民有足够的激励游说地方政府，要求后者严格限制外地人口流入城市，制定一系列保护本地居民，排斥外地人口的政策。这种政策悖论造成的结果则是：越是具有吸引力的地区，户籍制度的改革越是举步维艰。

按照中国经济改革的逻辑，彻底拆除劳动力流动的制度障碍，有赖于以下几个条件：第一，地方政府发现那些阻碍劳动力市场发育的政策既无助于解决失业问题，其实施也不再有充足的合法性；第二，城市居民发现外地劳动力并不直接构成对他们的就业竞争，他们能够充分就业并不取决于外地劳动力存在与否；第三，城市福利体制社会化，依赖自我融资而不再依赖于补贴；第四，城乡劳动力供给状况发生一个根本性的变化，劳动力无限供给特征开始消失。

2. 经济非集聚对河南省城镇化的影响

回到本节关注的主题：经济活动不向城市集聚对河南省城镇化的影响。与全国多数省份因人口与经济空间错位导致城镇化进程中出现的一系列问题不同，从城市的经济量与常住人口的视角看，河南省常住人口与经济的空间错位问题并不严重，而且以当前河南农业户籍人口流入本地城市的速度与规模，人口与经济的空间错位在未来完全不成问题。那么经济非集聚究竟会对河南省城镇化产生什么样的影响呢？

首先，经济非集聚增加了河南省城镇化的变数。前文中我们曾提出两个看似矛盾的结论：一是近十年来河南省新增城镇人口约 50% 源于城市常住人口的增长，但近二十年来，河南省经济活动没有向城市集聚。这似乎与我们在上文中指出的城镇化是经济集聚导致人口集聚的应有之义矛盾。但是对中国城乡问题稍微有所了解的读者都会知晓其中的缘由：这无非是长期积累的城乡差距，在人口流动约束逐渐放宽后的正常反应。即使河南省城市人口经过十年的快速增长，但城市人均 GDP 仍然高于县及县以下区域，这与我们所述的经济集聚导致人口集聚的城镇化并无冲突。近十年来，河南省城市在城镇化过程中扮演了非常重要的角色，承载了河南近半数新增城镇人口。随着河南省城市与县及县以下区域人均 GDP 的趋同，人口向城市流动的规模必将大幅度减缓，城市在河南省城镇化中的作用在未来可能会大打折扣。正如表7-2所示，近十年来，河南省 17 个城市常住人口的增量差异非常大，那些城市人均 GDP 与县及县以下区域人均 GDP 相当的城市，其常住人口的增长是极其缓慢的。在本书前文中，我们曾指出，二十几年来河南省经济活动整体上没有像多数省份一样向城市集聚，主要源于河南省当前的主导产业外部性不强。因此，未来河南省若不能通过产业升级改变当前的产业结构，那么由产业结构决定的经济空间分布就不会发生太大的改变。较其他省份而言，相对分散的经济活动增加了河南省城镇化的变数。

其次，经济非集聚增加了城镇化政策制定的难度，而相关政策的偏差或失误将对河南经济绩效带来长期消极影响。

回顾近十年来河南省在经济发展的空间布局、城镇化及其模式上的重要政策和措施：中原城市群、新型农村社区、[①]再到当前着力打造的以郑州为中心的都市区；重要中心城市（洛阳、安阳等）、地区性中心城市（开封、焦作等）以及县城、中心镇等多层级城镇体系。从官方城镇化规划中可以看出，政府所要构建的城镇体系以及政府要在城镇化进程中发挥其"看得见的手"的作用（明确规划了不同等级城市的人口规模等指标）。从规划的字里行间可以看出政府所要构建的城镇化体系，既要促进经济集聚，提高城镇的经济密度，从而使得集聚效应在经济发展中发挥作用，又要照顾远离中心城区的农村区域的城镇化。[②]与此相关，2009 年河南省政府在全省 17 个地市设立 180 个产业集聚区，平均每个县（县级市）设置 1~2 个产业集聚区，地级市市辖区则会根据其经济规模和现有主导产业情况设置 2~3 个产业集聚区。设立产业集聚区的目的正如《河南省新型城镇化规划（2014~2020）》的表述，即通过产业集聚促进人口集中、城镇发展，以城镇发展为产业集聚创造条件，实现产城互动、工业化城

① 所谓新型农村社区，官方的定义为：新型农村社区建设既不能等同于村庄翻新，也不是简单的人口聚居，而是要加快缩小城乡差距，在农村营造一种新的社会生活形态，让农民享受到跟城里人一样的公共服务，过上像城里人那样的生活。它由节约土地、提高土地生产效率、实现集约化经营为主导，农民自愿为原则，提高农民生活水平为目标，让农民主动到社区购房建房，交出原来的旧宅用于复耕。实现社区化之后，农民既不远离土地，又能集中享受城市化的生活环境。

② 相关河南省城镇化的规划主要见于《中原经济区规划（2012~2020）》《河南省新型城镇化规划（2014~2020）》。

镇化相互促进。河南省 3.5 万亿元的 GDP，109 个县级区域单元占其中的近 70%，平均每个县的经济规模以产出计约为 220 亿元。那么在每一个县（县级市）着力培育一个主导产业，并使其在空间上相对集中，这样既可以发挥相关产业集聚所产生的经济外部性又可以支撑中心城区的人口集聚，同时还可以减少企业过于分散带来的土地浪费、公共物品供给不足以及生态环境等问题。

构建多层级城镇体系推进城镇化是河南省政府的一项重要战略举措。构建多层级的城镇体系以及与之相配套的 180 个产业集聚区似乎充分考虑到了河南省经济活动主要分布于县及县以下区域的特征和事实。这是否意味着河南省的城镇化政策及其构建的城镇体系就符合经济空间演化的一般规律，不会重蹈中国重工业优先发展战略的覆辙呢？本书在第四章曾梳理了最近十几年来全国 280 多个城市的经济密度。从区域视角看，当前东部地区、东北地区、西部地区、中部地区的城市经济密度依次降低。我们应注意到在 1999 年，中部地区的城市经济密度是高于东北地区和西部地区的。然而经过十几年的发展，尽管各区域的城市经济密度绝对值都有所提高，但是中部地区城市经济密度是四大区域中提升幅度最低的区域。近十几年来，中部地区较其他区域而言城市发展模型显得更为粗放。在中部六省，河南省城市经济密度又是中部六省中最低的省份，不及中部地区城市经济密度平均水平的 80% 和全国平均水平的 50%。河南省 17 个地市中仅有郑州、漯河、平顶山超过或达到中部地区城市经济密度的平均水平。与城市经济密度低形成鲜明对比的是，在此期间，河南省的城市扩张（以城市建成区面积计）速度却是全国最快的几个省份之一，加之河南省经济活动并未像其他省份一样向城市集聚，河南省城市经济密度全国排名由 1999 年的第20 位，降至当前的第 28 位。从经济密度看，河南省城市与其他省份相比，发展模式粗放的特征更为凸显，那么县及县以下区域是否会不一样呢？由于没有公开的统计资料公布全国县城和小城镇的建成区面积、人口、经济量等数据，我们现在无法推断河南省在县及县以下区域城镇的建设速度与全国其他省份相比是何种情况，是否也存在类似城市粗放发展的情况。最近两年，笔者由于工作原因曾参与了河南省直管县的调研以及数个县（县级市）"十三五"规划的编制工作。[①] 从笔者调研过的 10 个县（县级市）的情况来看：2000年以来，主要是"十二五"期间，县城建成区面积都有了较大幅度的扩展，个别县（县级市）中心城区甚至扩大了一倍。如果仅就上述县（县级市）的县城建设的外在景观而言，成效可谓显著。但 2014 年以来，随着商品房的滞销以及由此带来的土地财政收入的大幅度减少，地方债务风险逐渐

---

① 2014~2015 年，笔者曾参与了河南省直管县（河南省共有 10 个县被列为直管县，当时课题组选取了其中 3 个较有代表性的县进行了实地调研）以及 6 个县市的"十三五"规划编制工作。这些县市分布于河南省各个区域，既有临近中心城市的，也有远离中心城市的，既有农业大县也有工业县。10 个县分别为：获嘉县、通许县、项城市、濮阳县、台前县、南乐县、清丰县、滑县、永城市、新郑市。

浮出水面。一些县（县级市）仅县城所建成商品房居然需要全县 60% 以上的家庭购买才能售完。个别县（县级市）需要财政直接偿还的债务总额高达县年均财政收入的数倍，不断滋生的债务风险已成为影响地方经济发展的一个不确定因素。

经济密度反映了单位面积上的经济活动效率和土地利用的集约化程度。当前河南省城市经济密度仅为全国城市平均水平的一半。那么为何河南省城市经济密度呈现与中国其他省份如此大的差距呢？鉴于政府在要素空间分布中的主导地位，我们首先会想到此种情况或许源于政府城镇化的规划和政策存在不当之处。查阅河南省各级政府有关城镇化的相关规划，如《河南省新型城镇化规划（2014～2020）》。该规划中明确了到 2020 年实现如下目标：郑州市中心城区常住人口达到 700 万左右，洛阳市达到 350 万左右，10 个地区性中心城市达到 100 万以上，13 个左右城市（县城）达到 50 万～100 万，80 个左右城市（县城）达到 20 万～50 万，100 个左右中心镇镇区达到 3 万以上。从该规划中所涉及的城市（城镇），其常住城镇人口将达到 4600 万～7600 万。[①] 当前，河南省下设行政区划共为有 17 个城市、109 个县（县级市）、1103 个镇和 718 个乡，可见河南省城镇化的导向是使人口向城市、县城和少数中心城镇集聚。然而，如果各地市均以规划所设定的人口规模上限进行城市（城镇）的设计，仅规划

---

① 根据规划所列的各类城（镇）目标值的上下界，如规划中列举的：13 个左右城市（县城）达到 50 万～100 万，那么这 13 个城市（县城）的人口目标就为 650 万～1300 万。

中所涉及的城市（城镇）人口占河南省总常住人口的比重就会超过80%，这还不包括未涉及的城镇。显然如果各地市均按规划实施，导致经济理论中的合成谬误是无法避免的。虽然空间经济理论及其推论明确指出"随着经济发展，经济活动会在空间上集聚"这样一般性的认知，但是该理论并未告诉我们经济活动将在哪里集聚。即使我们可以确定一段时期内经济集聚的地点，但是经济集聚及其最终规模取决于集聚空间上产业间的外部性并受非贸易品价格、相关制度等因素的影响，经济集聚也必然呈现为一个动态随机过程并且存在多重均衡的可能。在规划中设定确定性的目标显然存在不当之处。此外，城镇化的相关规划中除了设定人口规模外，还涉及人均住房面积、人均绿化面积、人均城市交通面积等。那些被规划确定为人口重要集聚区的城市（城镇）政府为了完成上级政府设定的目标，也为了避免自身承载力不足的考量，必然扩张现有城市（城镇）基础设施等规模。而且只要条件许可，各级政府必然会按其规划所要求承载的最大人口规模进行城市扩张。可见从河南所出台的城镇化规划看，如果各级政府均按规划实施，那么城市经济密度远低于其他省份都不足为奇。当然，我们并不能把河南省城市经济密度远低于全国其他省份的情况简单归结于其城镇规划，毕竟查阅其他省份相关的城镇规划，类似河南省的情况可谓比比皆是。① 从中国各

---

① 截至2016年5月，全国县及县以上的新城新区数量3500多个。国家发改委城市和小城镇改革发展中心发布的调查数据显示，这些新城新区的规划人口达到34亿。

省份不同层级政府出台的相关城镇体系建设以及城镇化规划方案看，政府在城镇化进程中扮演主导角色的省份绝非河南一省。但类似于河南省设立 180 个产业集聚区，涵盖全省 17 地市 109 个县（县级市），建立起类似公司绩效考核方案的省份并不多见。2010 年河南省人民政府发布了《河南省产业集聚区发展考核办法》，其中经济总量（企业营业收入）、经济社会效益（税收收入和企业从业人数）、建设进度（当年建成区面积）、投资强度等指标占考核体系的权重高达 80%。每月、季、年对各产业集聚区的上述指标进行排序评比，并在每年 4 月公布各产业经济区的考核晋级结果。① 180 个产业集聚区设置不仅是一个不折不扣的 GDP 锦标赛的制度安排，甚至堪称 GDP 锦标赛的加强版。

理论上我们无法理解河南省城镇化规划，那么它是否源于成功的实践经验呢？世界银行（2009）曾基于多个国家和地区城镇化过程中的实践给出了如下答案：城镇化初期，由于市场青睐的地区及其原因尚不明朗，在不同地区间保持中立应当是政策制定者恪守的准则，即无空间差别的政策。②

---

① 考核办法参见 2010 年 3 月河南省人民政府发布的《河南省产业集聚区发展考核办法》。2012 年河南省人民政府发布了《河南省人民政府关于促进中心商务功能区和特色商业区发展的指导意见》（豫政〔2012〕17 号），共设立 60 个中心商务功能区和 116 个特色商业区。

② 无空间差别的政策主要包含：政府间的财政关系、土地、教育、医疗、基本的水和卫生服务等。需要指出的是：无空间差别的政策在制定上不考虑地区差异，但是同样的政策在不同地区实施后其影响和结果在不同地区可能会存在较大差异。但是无论怎么样，在经济较分散的情况下，城镇化起步初期，无空间差别的政策仍然是政府在政策制定上应恪守的准则。具体政策的讨论详见《2009 年世界发展报告》。

随后，世界银行报告在城镇化政策章节的讨论中进一步指出不同城镇化阶段的政策面临的主要挑战。在经济活动相对分散、城镇化刚起步时，城镇化政策面临的挑战是单方面的：以无空间区别的制度建立经济集聚区，即经济集聚区完全由市场决定，政府应扮演中立的角色。在城镇化快速推进地区，城镇化政策则面临双重挑战：构建连接空间的基础设施促进经济集聚区形成、缩短各种要素和经济主体间的经济距离。在高度城镇化地区，城镇化政策则面临三重挑战：针对地区的干预措施以增加经济密度、克服经济距离问题和社会分割问题（如贫民窟问题等）。世界银行报告对于城镇化在不同阶段政策制定应恪守的基本原则和主要面临的挑战的讨论，恰恰是基于空间经济学对经济空间活动一般规律的认知，即从当前的理论研究看，我们无法预测出哪个空间点更受市场的青睐，即使把现实经济活动的空间假定为仅有两个区域，也只能通过假设一个地区率先形成了集聚的优势后，才可以在理论上推导出率先发展的地区成为日后经济增长的核心，而另外一个区域成为边缘的经济空间结构。但从当前空间经济理论和现实观察上我们又会发现：集聚现象是经济活动在空间上的一般规律，当集聚规模在最优规模之前，集聚可以提高经济活动的效率，推动一个国家或地区生产可能性边界向外扩展，因此在一个国家或地区的经济活动较为分散时，在政策制定时应创造条件使得经济与人口的集聚易于产生。因此，世界银行报告对于经济活动较为分散、城镇化水平较低的区域在制定相关政策时提出政府应恪守无空间差别的政策，即经济活动在哪些地方集聚应交由市场来决定，政策制定者需保持中立。而在城镇化快速推进的地区以及高度城镇化的地区，世界银行报告指出政府的相关政策——改善集聚区基础设施促进经济集聚、缩短各种要素和经济主体间的经济距离。这一政策原则的提出则源于以下的理论认知，即在经济活动已经开始向某些空间点集聚的情况下，在经济集聚达到最佳规模之前，由共享、匹配和知识溢出等作用机制使经济活动继续向该空间点集聚，集聚所产生的正面效应会大于其负面效应；当经济在某一空间点的集聚规模超过最佳规模后，集聚所产生的负面效应会大于正面效应。集聚所带来的负面效应主要体现在拥挤所带来的交易时间成本的上升，以土地为代表的经济集聚区非贸易品价格的上升等，但是拥挤等负面效应的强弱与集聚区的交通基础设施有直接的关系，故政府政策不是限制人口向集聚区流动，而应主要放在改善集聚区的基础设施上，以提高其人口与经济的承载力。回顾中国的城镇化历程可以看出，当前中国城镇化出现如此多的问题可以说在一定程度上恰恰是在经济尚未集聚时就采取了有空间差别的政策，而相关政策在发展过程中又不断地演化和固化，由此而来不仅延迟了经济集聚的速度，影响了经济长期增长绩效，同时还带来了严重的人口与经济的空间错位、城镇化水平低等一系列经济社会问题。

世界银行报告关于城镇化政策的讨论似乎给我们一种暗

示，即在经济较为分散、城镇化处于起步阶段和快速发展阶段时，城镇化政策的制定相对城镇化中后期时更易把握，而随着城镇化率的提升，政策在城镇化上面临的挑战将逐渐增多。但是正如上文对世界银行相关政策表述背后经济学逻辑的解读：城镇化初期政策上面临的挑战少主要是由于市场青睐的地区及其原因尚不明朗，我们无法制定也无须制定相应的城镇化政策。随着城镇化的进一步推进，经济与人口不断地集聚于某些空间，经济集聚区域规模经济不断显现，然而因集聚带来的负面因素会阻碍这一进程，此时则需要政府制定相应的政策如改善交通运输设施等，使集聚所带来的经济效率的提升不会因此负面因素的出现而停滞。可以看出，无论是空间经济理论还是各国城镇化过程中的经验总结，其本质是一致的。

为什么我们说河南省城镇化政策制定的难度会较其他省份更大。首先，异地城镇化及其引发的相关问题已超越了单个省份通过制定相应政策来解决的能力范畴。河南省近十年来城镇化率快速提升主要得益于规模不断扩大的跨省流动农业户籍劳动力。但是当前中国限制人口流动，以户籍制度为代表相关制度的改革远不尽如人意。前文我们已经指出，要彻底解决制约人口流动的制度性障碍需要四个条件，但从实际情况看仍然任重道远。此外，读者会注意到：近年来，由于制造业在东、中、西部地区间的空间重构使得东、中、西部地区间的区域差距趋于缩小，那么这是否意味着将来大规模的东、中、西部地区间的人口流动会因为区域差距的缩小而消失，从而使异地城镇化问题随着经济发展自行解决？需要指出的是：无论是理论研究还是多国经验的观察，这种可能性并不大。2005年以来由于东、中、西部地区间的产业空间重构，东、中、西部地区间的区域差距一直在缩小，但不可否认，时至今日区域间的差距仍然非常大。2014年中西部地区人均GDP不足东部地区人均GDP的60%。从各国经济活动的实践以及空间经济理论的主要推论看，较大地理范围间区域差距的缩小很难通过产业空间重构实现，而主要通过人口向经济集聚区的流动实现。从当前河南省流向外省的区域看，80%以上的劳动力流向东部地区地级及以上城市，而这些区域恰恰又是控制人口规模的区域。因此，河南省以及众多人口外流省份城镇化问题已非本省政府通过相应政策的制定和实施在本省范围内可以解决的，需要中央政府协调各方利益，统筹考量制定相应政策。

其次，相对分散的经济空间结构使得河南省城镇化政策的制定陷入两难冲突。理论上，在经济相对分散的情况下，由于市场青睐的地区和原因尚不明朗，无法制定也无须制定针对性的政策，应对各类要素在空间配置时遵守中立的政策。然而在中国的实践上，各类经济、区域和城镇规划以及与之相配套的政策充斥在各级政府文件中。前文我们已经提到改革开放之前以户籍制度为代表的城镇化政策是作为重工业优先发展战略的配套措施而存在的。这也直接导致了中国在工业化的同时，城镇化水平远远滞后于工业化水平。改革开放以来，由于经济发展对劳动力的需求不断增大，对劳动力的空间配置的限制性制度逐渐弱化，劳动力开始大规模在区域间流动。然而，对人口流动的限制相对而言仍然与此前相仿，这也直接导致了留守儿童、老人等一系列经济社会问题的涌现。进一步看，对人口流动的限制也势必会影响经济的集聚规模，从而影响长期的经济增长绩效。2008 年金融危机以来，长期以来拉动中国经济增长的三驾马车中，出口陷入低迷，投资特别是民间投资增速持续下降，如何促进内需增长成为政府要解决的焦点问题。长期存在的城乡居民之间消费的巨大差距以及中国整体相对其工业化水平过低的城镇化水平，使城镇化问题得到空前的重视并被各级政府视为破解这一问题的关键。由此可见，当前城镇化被重视以及相应城镇化政策的制定，正如改革开放之前政府实施重工业优先发展战略时忽视它一样，仍然不过是促进或维持经济增速这一根本目标的配套政策和措施，并非以解决城镇化进程中存在的一系列问题为主要目的。理解了当前城镇化政策制定的背景与目的，全国县及县以上的新城新区数量多达 3500 多个，规划入住人口规模多达 34 亿人也就不再难以理解。近年来，推进城镇化进程已经成为不少省市促进经济增长的主要措施，河南省也不例外。① 不可否认，如果生产要素在空间上不以市场机制进行配置，导致要素空间错配势必会影响经济增长

---

① 2012 年 4 月在全省经济运行电视电话会议上，河南省政府明确提出《以新型城镇化为引领推动经济增长和跨越式发展》的政策举措。

绩效。中国城镇化进程出现的经济与人口的巨大空间错位正是生产要素未以市场机制进行配置的典型表现。采取针对性的政策解决这一问题不仅可以解决由此引发的一系列社会问题，也会促进各类要素更有效地配置从而达到促进经济增长的目的。然而，人口与经济的空间错位问题在河南省并不是一个突出的问题，河南省城镇化政策更多地体现在构建城镇体系上。前文中我们已充分论述了在经济相对分散的情况下，市场青睐的地区及其原因尚不明朗，无法制定也无须制定相应的城镇化政策，应恪守中立的政策。第四章的经验研究结论也向我们表明：各种要素在空间上的配置无论"正确"与否，一旦落地对今后的经济活动有着长期影响。各种要素在空间的配置是比其在部门间配置更为复杂的过程。各种要素如果在部门间错配后，在价格机制的作用下，人们可以在短期内（1~2年）认知并改正。但要素在空间上不当配置后，则在短期内难以察觉。例如，政府可以通过大量投资设立城市，一些工人和企业家来这里寻求市场，接着因为这里形成了市场，更多的人口接踵而至。但这由政府主导的城市是不是各种要素最佳的空间配置，我们很难得知。因为即使城市选择了"错误"的位置，城市也不会彻底失败，但整个社会会在相当长的时间内为此支付成本。再看世界银行报告中对城镇化政策制定的忠告，不难发现，其忠告的实质是，城镇化政策的制定是针对经济与人口集聚过程中出现的问题，而在相关问题未显现并成为制约经济增长的瓶颈时，最好的政策就是恪守各类要素空间配置中立的政策。从当前河南省出台的一系列城镇化政策及城镇规划可以看出，其更多的是在谋划经济与人口空间的布局，其中最为典型的一个做法就是180个产业集聚区的设立及相应考核体系的建立。针对存在的问题，制定针对性的政策，虽然看似是缺乏预见性的谋划，但会避免因错误决策造成的巨大资源浪费。20世纪80年代中国的各项基础设施建设不足，留的余地不足。以至于当时一个很响亮的口号是"要想富，先修路"。当时由于财力有限，基本上是哪里堵在哪里修路，哪里船压港口就在哪里修建港口，当时看来，此种做法最大的"坏处"是缺乏规划，由此引发的最严重的问题是会在将来某一时期因基础设施投入不足影响未来的经济发展。但现在看来，此种做法也有其好处：决策不会出太大的问题。前文我们已经充分论述过，即使我们的经济活动的空间简化为只有两个空间，也只有在假设其中一个率先发展起来的基础上，才可以在理论上推出经济和人口向哪里集聚。现实中各类要素在空间上的演化极为复杂，至今空间经济理论在讨论经济为何集聚于某一空间点上也仅仅是给出了极为谨慎的回答：历史或偶然的因素。正如前文中我们提到的中国当前县城及以上城市若按当前的规划人口看，需要34亿人才可以满足各地规划的需要。看似为避免日后出现各类问题的超前规划，当我们把它放在一起的时候，其对资源的浪费是无法想象的。然而各地热衷于"超前"规划很大一部分原因并非规划涉及的相关事情非常重要和紧迫，很多地方的规划是要解决未来当经济和人口大量流入此地后可能出现的问题，而非解决当前已经对本地的经济发展造成影响的问题。更有甚者乃至直接把扩城、修路等基础设施投建当成了经济发展本身，甚至不顾本地财力举债来推进。这种本末倒置的做法显然是 GDP 锦标赛的必然结果：四年任期，当无其他措施可以在此期间拉升本地 GDP 时，扩城、修路、大搞基础设施投资无异是首要选择。因此梳理中国和河南省当前城镇化进程中出现的一系列问题，政府应发挥什么样的作用，成为解答城镇化问题不可回避的焦点。

最后，需要指出，一个国家的资源能否有效配置是经济持续良性发展的关键。经济持续良性发展是世界上任何一个国家、政府和人民最为期盼的事情。无数国家的实践和理论研究表明，市场机制是人类当今所能找到的最有效的资源配置方式。党的十八大后，中国政府把市场机制在资源配置中的作用由"发挥基础作用"进一步强调为"市场机制要在资源配置中发挥决定作用"。家庭、企业和政府应扮演什么样的角色才可以使资源配置达到最优，一直以来都是经济学研究中的核心命题。各种理论学说争论不断，莫衷一是。萨缪尔森在其著名的经济教科书中指出，当前各国践行的资源配置方式实际上既不是完全的市场经济也不是完全的计划经济，而是二者的结合体——混合经济。中国目前仍是一个处在由计划经济向市场经济转轨过程中的发展中国家，同时又是一个人口总量最多、国内区域差异巨大的发展中国家。中国经济运行中有太多太多的问题需要研究，不可能在一本书或用一个理论把所有问题都解决了。回顾中国和河南省城镇化过程中出现的一系列问题、成因及问题的解决，绕不开讨论政府在此过程的作用及其应当扮演的角色。可以说城镇化过程中有些问题的出现直接源于政府的政策，如重工业优先发展战略及其相应配套政策导致的中国城镇化长期滞后于工业化进程的问题。而有些问题的解决则有待于不同区域政府间的协调，如人口流出省份和人口流入省份如何处理由此引发的土地、社保、教育等问题。资源配置本身就包括资源在空间上的配置，然而由于经济学理论自身的发展，特别是其长期没有掌握规模报酬递增条件下构建一般均衡理论模型的方法，空间问题一直没有被纳入理论研究的视野中。如今，虽然理论上解决了如何把空间因素纳入理论模型的问题，相关经验研究也取得了极大的进展，但是对于实践中一些关键问题仍然不足以给出清晰明确的答案。这就使得实践中的一些具体问题还不能在理论讨论中找到明晰的答案。例如，理论上我们知道城市经济集聚规模取决于集聚力与扩散力间的相互作用。而当前理论上仅把集聚力的重要来源之一货币效应纳入了理论模型中，而集聚力的另外两个重要来源——知识溢出和匹配仍然没有被纳入理论模型中。同时，集聚效应究竟更多的源于城市化经济，还是地方化经济当前的经验研究也没有给出明确的答案。经济活动时刻都在发生，很多问题不可能等到理论上讨论清晰后再去推进。无论是中国还是河南省城镇化问题的解决方案的讨论，我们必须要面对的问题是各级政府需要扮演什么角色，政府在资源配置中的边界在哪里，尽管理论上有各种争论，但观察世界各国经济发展，特别是那些经济社会取得成功的国家的政府角色、层级设置，还是能够给我们在解决城镇化过程中政府应扮演何种角色以很大的启示和经验借鉴。

第三节　发达经济体城镇化问题解决方案的经验借鉴

OECD 成员国无疑是当今世界经济社会等诸多方面发展的典范，也是公认的发达经济体。根据本节研究的侧重点，考虑到 OECD 各国政权组织形式、司法体系、经济规模、人口等方面存在的差异，本节选取美国、英国、德国、法国以及日本等五国为发达经济体的代表性国家，梳理其在地方政府行政层级设置、各层级地方政府的职权以及协调不同地区间公共事务的普遍做法及其经验。[①]

一　各国地方政府行政层级设置及府际关系

（一）英国

英国由英格兰、苏格兰、威尔士和北爱尔兰四个地区和

---

① OECD 国家政权组织形式有单一制和联邦制两大类；法律体系则分为大陆法系和海洋法系（英美法系）。美国作为联邦制海洋法系国家的代表；德国作为联邦制大陆法系国家的代表；法国作为单一制大陆法系国家的代表；英国则为单一制海洋法系国家的代表；而日本作为亚洲国家的代表。同时上述五国的经济总量、人口总量也更具有代表性。

大伦敦市组成，是一个历史悠久的单一制海洋法系国家。英国地方政府是由联合王国议会制定的法律创立的机构，是一种以地方议会为中心的分权制地方政府模式，地方政府的组织、职权、活动原则和运行方式由法律加以规定。根据英国现行法律规定，各级政府职能分工明确，在各自管辖区各司其职，不得僭越。英国地方政府构成复杂、多样，不同区域地方政府层级不尽相同，但每个地方政府无论级别与所在区域，均是独立法人，是平等的自治体，彼此之间不存在上下级行政隶属关系。地方政府管理体制是以三级制为主，辅之以个别地区的二级制和一级制。

英国目前的地方政府主要包括苏格兰、威尔士、英格兰和北爱尔兰4个地区及其下辖郡、区。具体而言，在英格兰和威尔士，地方政府的层级和管理方式基本一致，都实行郡、区、教区（英格兰）或社区（威尔士）三级行政区划。其中英格兰有郡34个、都市郡6个、区330多个、教区和社区合计11000个。

在大伦敦区，地方政府分为二级，即大伦敦区政府、自治市政府（32个）。

在苏格兰，地方政府实行混合型的管理体系，二级制和三级制并存，即大区（9个）、区（32个）、社区三级地方行政区划和岛屿、社区两级地方政府制度。

在北爱尔兰，实行一级区政府，内设26个区，是单一的地方政府，由中央政府直接管辖。

（二）美国

从宪法的角度讲，联邦制国家中的"州政府"并不是"地方政府"，州下面的县、市、镇等基层政府才是"地方政府"。美国州政府的职能权限在联邦宪法中有明确规定。宪法在强调联邦政府高于州政府的同时，也强调州政府与联邦政府分权。美国宪法第 10 条修正案提出了联邦和州两级政府分权的准则，即州政府拥有"保留权力"，这即"宪法未授权合众国、也未禁止各州行使的权力，由各州各自保留，或由人民保留"。

根据美国联邦宪法，监督州以下地方政府是州政府的专有权力。从地方政府的权力来源讲，地方政府不拥有固有的权力，其权力都来自州的赋予。传统上，每一个地方政府都是州创造的工具，只能作为州的代理人或根据州议会的特许行使权力。县的创立无须经过所在地居民的特别请求、同意或者一致行动。再如特别设立的地方政府学区、专区，它们的权力在州宪法中规定，由州法律批准设立，并获得独立的财政和行政管理权限。然而，必须指出，美国地方政府享有相当的自治权力，这也是人所共知的。州政府没有对于地方政府官员的人事任免权。在事权范围上虽然边界有点模糊，但与州政府都遵循这样的原则：在与其自身相关的一切事务上各地方政府都享有完全的自治权，而在那些为各地方的政府共享的利益上则服从于能涵盖他们利益的最大范围的一级政府。20 世纪初以来，许多州的宪法都做了修正，越来越多的州把一般性权力下放到县和市，有一半的州的宪法里还加进了地方自治修正案，授权许多市和县管理各自的事务，并限制州政府官员的干预权力。

美国地方政府共有五种基本类型：县政府、市政府、镇政府、学区政府和专区政府。[①] 州政府、地方政府［县、市、镇（乡）、学区与专区］构成联邦政府之下两级政府层级关系。地方政府处于平行并存的位置，没有行政层级之别。地方政府又可分为一般地方政府（县政府 3033 个、市政府 19492 个、乡镇政府 16519 个）和特殊地方政府（学区政府 13051 个和其他特别区政府 37381 个）。

（三）德国

德意志联邦共和国是一个联邦制大陆法系国家。德国共划分为 16 个州。按照联邦宪法的规定，州政府在管理本州事务时有完全的自主权和自决权。联邦政府可以对州政府的工作实施法律监督，但不直接领导各州政府的工作。州政府可以通过其在联邦参议院的代表对联邦立法和行政施加影响。德国地方政府以"双重功能"模式为特征，承担着广泛的任务和职责。首先，乡镇和县执行大量的由"一般能力条款"所规定的任务，即"在现有法律的范围内，决定/规制所有在其职责范围内与地方共同体相关的事务"。其次，地方政府要执行由"国家"，即联邦或州政府授权的任务。这些任务一般由行政部门完成，在行政职能上，当地方民选议会在

[①] 美国各州地方政府类型有所不同，如加州只有州、县、市三类政府。

这些授权的事务上无能力或无责任处理时，它们乃是国家的一种代表机构。在执行授权的任务方面，地方政府要服从"国家"的广泛监督，不仅看其是否合乎法律，而且要看相关决定和行动的合理程度。

地方政府在多数地区是一种两级结构：县（城市县）和乡镇。截至 1996 年 1 月 1 日，德国包括 323 个县，116 个城市县，约 12504 个乡镇；但除了县（城市县）所辖的乡镇之外，德国存在约 20% 具有独立地位的乡镇（它们拥有自己完备的行政体系），其中少数乡镇的行政任务之实施，则委托给众多的"联合行政体"。

（四）法国

法国中央集权的色彩较为浓重，是一个单一制国家。1982 年地方分权改革至今，法国的地方政府是一种以行政首脑为核心的、中央监督与地方自治相结合的地方政府模式，实行大区（26 个）、省（100 个）和市镇（36782 个）的三级地方政府管理体系。在法国地方政府管理体系中，大区、省、市镇都是执行中央层面做出的行政决定的地方机关，都是具有法人资格的自治行政主体，拥有自己独立的财产、机构和预算，其权力机关享有独立的地位，彼此之间没有领导与被领导、监督与被监督、管辖与被管辖的隶属关系。三者之间主要表现为交流、竞争与合作的伙伴关系。

（五）日本

日本属单一制大陆法系国家。在日本，地方政府被称作

"地方自治体"或"地方公共团体"。地方公共团体由"普通地方公共团体"和"特别地方公共团体"构成。"普通地方公共团体"是指在全国地方公共团体中在组织、事务、权力、职能等方面具有一般性而普遍存在的自治团体，这就是我们常说的"都道府县"和"市町村"。其中，"都道府县"被称为"广域自治团体"，属于一级地方政府；"市町村"被称为"基础自治体"，属基层的政府层级。1997 年，日本除47 个都道府县外，有 3200 个市町村。但在近些年来实行市町村合并的基础上，到 2006 年，市町村减少到 1821 个，2008 年减到 1787 个，其中 783 个市，811 个町，193 个村。"都道府县"属于同级政府层级，"市町村"三者间也无等级关系。除此之外，日本还有一些"特别地方公共团体"，这就是特别行政区、地方公共团体协会、财产区、地方开发工业团等，但"特别地方公共团体"并不普遍存在。日本的地方政府是以多样形式存在的地方公共团体，行政层级不过两级。

表 7-4　主要发达经济体行政层级概览

单一制政体国家			联邦制政体国家	
英国	法国	日本	美国	德国
中央政府	中央政府	中央政府	联邦政府	联邦政府
郡	大区	都道府县	州	州
区	省	市町村	县、市、镇（乡）、学区与专区	市镇乡、县、城市县、联合行政体
教区（社区）	市镇	—	—	—

二　各国地方政府职能分工

（一）英国

英国地方政府的主要职权是管理本辖区的公共事务，为本辖区的居民提供各种公共服务。

郡主要负责地区规划、贸易、运输、治安、消防、垃圾、道路、教育和社会福利等方面。具体而言，包括：警务、消防、消费者保护、民事登记；学前教育、小学、初中、职业技术、成人教育；托儿所和幼儿园、家庭福利服务、福利院、社会保险；城市规划、农业土地规划；道路、交通；垃圾处理、环境保护和其他环境事务；剧院和音乐厅、博物馆和图书馆、公园、运动和娱乐等。

区主要负责环境卫生、住房、道路维修、图书馆、垃圾处理，具体而言，包括：消费者保护、选民登记；住宅、城市规划；交通、城市道路、机场；供水和清洁、垃圾收集、公墓和火葬场、环境保护；剧院和音乐厅、博物馆和图书馆、公园、运动和娱乐；经济促进、旅游。

教区和社区是英国非都市地区的基层政府，主要从事社会福利。但不同区域基层政府的类型、性质和职责范围存在差异。其中，英格兰的教区大约有10200个，它们是经村庄、小型城镇和郊区选举产生并对其负责的独立民主机构，其提供的服务主要有：为残疾人供餐、提供回收设备、组织社区公共汽车、安装有利于预防犯罪的中央电视监视系统、开设本地邮局和商店等；与英格兰的教区不同，威尔士大约有900个社区，但威尔士的社区议会没有法定基础，也没有征税和获取公共基金的权力；而苏格兰社区的主要功能不是提供服务，而是进行咨询和行使代表权，反映并表达本地居民的意见。

（二）美国

县是州设立的最大分治区，实行"立法和行政"合一的体制，往往是立法、行政、司法三种职能由一个机构行使。县政府的主要职能是征税、借款、福利、环保、司法、执法、登记土地、举办选举等。

自治市是一种规模较大的市政自治体，也是美国最有特色的地方政府。目前，市政府有3种类型：市长制、市政会议－经理制、市政委员会制。市政府的职能主要涉及城市居民的公共事务，如治安、消防、街道、给排水、环境工业以及公园、体育场等公共文化娱乐设施的建设与维护。有些人口较多的大城市还为居民提供公共福利与公共教育。

乡、镇是州内更小的行政单位，但是也是由州政府创设的，而非由市或县创设，乡镇政府的政务通常委托一个民选的委员会或乡村议会处理。

学区政府和专区政府。学区政府和专区政府是为了某项专门职能而设立的，它们之所以被列为地方政府，主要是因为它们有权力执行专门职能并开征税收。它们与上述县、市、镇等的区别在于，后者是为进行全面和普通的行政管理而设置的普通行政区域，是综合职能的地方政府，而学区政府的主要职能就是提供了公共教育，专区政府的主要职能是提供一项或几项相近的、专业性较强的公共服务，如供水与排水、防洪、水利灌溉、水土保持、供水供电供气、公众健康与医院等。

（三）德国

德国地方政府的自治事务主要包括：地方保健计划、市镇/城市发展计划。具体职责包括以下几方面。

社会政策职能。具体而言，通过向雇员或雇主征税，地方政府在管理和财政上继续对社会补助项目负责，这一项目意味着给那些没有享受一般的社会保障计划的人以帮助。此外，地方政府也要对更为广泛的地方服务负责，从为那些弱势人员提供服务到全体市民的入托、住房、养老等问题。

公共设施。公共设施是指关于日常生存所必需的一些设施的提供，包括供水、排水、废弃物处理、公共交通、电和气的提供，也包括拥有自己的储蓄机构。地方政府的公共服务部门已经涵盖了相关设施和服务的许多重要方面。例如，水净化处理的 95%，废弃物处理的 95%，电供应的 11%，电分配的 29%，气分配的 67%，水供应的 85%，公共交通的 64%，乡镇和县所拥有的储蓄机构吸纳了整个银行储蓄大约 20% 的资金。

基础设施和公共资本投资。前者指道路、污水处理系统等。公共资本投资（不包括国防开支）中 90% 都由地方政府掌握，因为在德国的地方政府结构中，联邦政府没有地区或地方办公机构，州承担大多数的公共任务，包括公共资本投资，它由地方政府来执行，而非通过国家行政部门。这里需要说明的是，地方政府在很大程度上不具有独立财政权，主要依赖于从联邦和州预算中得到财政经费和补贴。

经济发展政策。通过提供和改善私人部门经济活动的地方条件，尤其是针对中小型企业，来推动地方和地区的经济发展。

文化活动。文化活动包括：地方剧院、交响乐团、博物馆、公共图书馆、成人夜校和音乐学校等；其他地方政府职责和活动，例如，城市改造、环境保护、失业政策等。

地方政府承担的国家（基本上是州）委托的任务和职责中，有大量的行政管理职能，旨在"维护公共秩序"，主要包括许可和审核、环境保护、驾照发放、市民登记等，其核心多为实施法律。据估计，联邦和州70%～85%的法律是由地方政府来执行的。还有一个重要的例外是，地方政府不负责教育和警察。

（四）法国

大区是法国第一级地方行政单位，目前有26个，实行议长——政府执行局制管理，大区议会议长是地区行政首脑，除了负责议会事项外，具有领导地区各个行政部门的职权。大区政府主要执行国家的中长期计划，负责经济结构和地区的调整，促进本地的经济开发与发展；制订本地区发展五年计划，支持本地区所管辖的省、市镇的经济活动及中小企业和私人企业的发展；协助国家推行领土整治政策；分配和使用国家调拨的财政经费；编制年度职业培训大纲；对大区的地方公共投资和工商旅游的合理分布进行调整等。

省是法国第二级地方行政单位，目前有 100 个，实行议长——政府执行局制管理，省议会议长是地区行政首脑，除了负责议会事项外，具有领导地区各个行政部门的职权。省政府主要负责社会福利和保障政策的实施。主要是决定省的财政预算，负责地方税收，制定城镇规划，管理省内的公路、港口和运输，建设和装备中小学教育设施，主持各种社会救济机构，管理社会医疗和社会保险费用，资助农村的领土整治，讨论和分配中央调拨的费用。负责社会保险和社会问题，其解决的社会问题主要是就业和为企业提供帮助。

市镇是法国最基层的地方行政单位，目前有 36782 个。法国的市镇在法律上同时拥有两种身份，即国家的行政区域和地方团体的自治区域，实行议会——市长制管理，民选的市长既是国家在市镇的公务人员，又是市镇的最高地方行政长官，具有全面的行政管理权。这是其不同于大区和省的特殊一面。市镇政府的基本职责是提供与市镇公共建设有关的服务：负责组织与建立市镇行政机构和其他公共机构，管理公产、公共工程，建立公立公益设施，管理市镇公共机构和医院等，批准工程计划，负责建筑和维修公共建筑，征收不动产，接受遗产，讨论和通过年度财政预算，计划市镇公共生活问题等。

（五）日本

各级地方政府实行自治，地位独立，互不统属，根据法律进行职责分工。中央政府承担立法、外交、国防、司法、货币发行、国际收支、产业政策等关系国家全局且地方无力承担的事务；地方公共团体（地方政府）承担社会福利、公共卫生、基础设施等与居民生活紧密相关的事务。日本政府事权划分的基本原则主要有三项。第一，行政责任明确化原则。对任意特定事务尽可能明确由哪级政府负责，明确行政责任；对于几级政府同时参与的特定事务，明确各级政府的责任。第二，市町村优先原则。由于市町村基层政府最了解居民的需要并能反映到行政上来，市町村能够完成的事务，就让市町村承担。即同居民日常生活密切相关的事务尽可能由居民身边的地方政府管理，地方不能处理的问题由国家集中管理。第三，效率原则。由于承担的行政责任受政府的规模、技术能力、财源等制约，因此，哪级政府有效率，就由哪级政府承担。

三　经验和启示

（1）无论是单一制还是联邦制政体国家，包括中央政府在内行政层级皆不超过四级。单一制政体国家政府行政层级一般多于联邦制政体国家。单一制政体国家英国（英格兰和威尔士）、法国包括中央政府在内，行政层级皆为四级，而日本为三级行政体制；联邦制政体国家德国、美国，包括中央政府在内行政层级皆为三级。当前我国包括中央政府在内多数省份为五级行政层级。单从行政层级的角度来说，较多的行政层级必然导致行政效率在一定程度上的损失。笔者曾对河南省永城、滑县和巩义等三个直管县进行过实地调研，各县干部普遍反映省直管后行政效率有较大提升。因此，结合发达经济体行政层级设置经验和提升行政效率的角度，减少政府行政层级是国家治理体系和治理能力现代化的方向。

（2）上述五国均以法律形式明确各级政府职责，各级政府事权与财权匹配，地方自治特征突出。以法律形式明确各级政府职责，政府行为以"法无授权不可为"为原则，是一个国家法治建设的重要环节和保障，也是解决当前中国政府管理中普遍存在"错位"、"越位"和"缺位"问题的根本举措。此外，随着经济社会的发展，公共事务逐渐增多，上述五国中除了原有地方自治传统的英国、美国外，法国、日本等原本高度中央集权的单一制政体国家在地方事务治理上也表现了明显的地方自治倾向。例如，在日本，市町村能完成的事务，就让市町村承担。

（3）协调区域间共同事务时，各级政府间通常以协商方式合作，争取双方利益最大化。此外，非政府组织在协调区域内、区域间公共事务上作用凸显。以协商方式处理区域间公共事务，是一个国家和地区资源配置市场经济深化的表现，也是帕累托改进机制在实践中的具体体现。此种方式与一个地区或一部分人的发展以牺牲另一地区或另一部分人的权益为代价的发展模式，无疑更有利于建设和谐社会目标的实现。而非政府组织在处理区域内、外公共事务中作用越来越凸显，则反映了社会、公民参与公共事务治理的国家治理现代化的趋势。

第四节　本章小结

中国城镇化进程中最突出的问题表现为：人口分布与经济集聚区的巨大空间错位，即经济活动高度集中在城市，人口却主要分布在县及县以下区域。河南省虽然在此方面也存在一定的问题，但较全国整体上人口分布与经济集聚的空间错位程度要低得多。这一方面反映了河南省内阻碍人口流动的制度性障碍，较人口在省际流动时面临的障碍少，[①] 另一方面更反映河南省经济活动主要分布于县及县以下区域的客观情况，但河南未来城镇化的主要问题和症结可能恰恰在于经济活动不向城市集聚，这也就导致河南的城镇化问题更为复杂。

---

① 2013 年，笔者所在的单位——中原发展研究院受河南省委、省政府委托在全省范围内，特别是城镇人口最为集中的郑州，和人社、住建、房管、卫生、教育、民政等郑州市相关政府职能部门，就非本市户籍农民工的社保、子女入学、保障性住房申请等相关问题进行了专项调研，结论和河南省数据所显示的基本一致，即河南省内人口流动的制度性障碍较以往已经大幅度减少。详见耿明斋等（2013）。

全国城镇化的症结正如陆铭、陈钊等（2011）所指出的那样：中国城镇化问题的根本症结不是中西部地区选取何种城镇化模式的问题，而是中西部省份大量在东部地区打工的农民工如何在工作地区落户的问题。当然，这也是河南省城镇化过程中非常重要且亟待解决的问题，毕竟河南省有超过1000多万人在外省务工。回顾河南省近十年来的城镇化政策：中原城市群，新型农村社区，再到当前着力打造以郑州都市区、重要中心城市（洛阳、安阳等）、地区性中心城市（开封、焦作等）以及县城、中心镇等多层级城镇体系。梳理上述十几年来公布的城镇体系构建和城镇化模式的政策，不难发现这些政策在制定时都没有忽视河南省经济活动主要分布在县及县以下区域的事实，尤其是就地城镇化政策。然而正如书中所言，在经济活动相对分散的情况下，制定怎样的城镇化政策是一个非常难以做出正确选择的难题，在当前的政府层级和官员晋升制度下，甚至演化成"囚徒困境"般的难题。

党的十八大后，中国把市场在资源配置中的作用由基础作用进一步强调为要发挥决定作用。资源配置除了在行业间的配置，本身就包括资源在空间上的配置。然而由于经济学理论自身发展的问题，特别是长期没有掌握规模报酬递增条件下构建一般均衡理论模型的方法，空间问题一直没有被纳入理论研究的视野中。如今，虽然理论上解决了如何把空间因素纳入理论模型的问题，相关经验研究也取得了极大的进展，但是对于实践中一些关键问题的解答仍然不足以给出清晰明确的答案。例如，理论上我们知道城市经济集聚规模取决于集聚力与扩散力间的相互作用。而当前理论上仅把集聚力重要来源之一的货币效应纳入了理论模型中，而集聚力的另外两个重要来源——知识溢出和匹配仍然没有被纳入理论模型中。同时，集聚效应究竟更多地源于城市化经济还是地方化经济，当前的经验研究也没有给出明确的答案。这就使得我们可以从多个角度解释和理解经济活动在空间上的演化规律。例如，河南省出台的 180 个产业集聚区就可以从相关地方化经济研究的理论和经验研究结论中得到支撑。然而这一政策是否能达到期待的目标，从政策提出后河南省经济的实际表现，很难说已经实现了其拉动经济增长的初衷。

从更长的时间维度考察中国的城镇化，当前中国城镇化出现如此多的问题，与当初重工业优先发展战略的制定与实施有着千丝万缕的联系。例如为配合重工业优先发展战略的实施而制定的户籍政策，时至今日仍然是困扰中国城镇化的主要症结所在。当然时至今日，城镇化问题已非取消户籍制度这一纸文件就可以圆满顺利解决的了。它长期以来造成的种种问题，特别是已经形成的城市与农村、大城市与中小城市居民之间收入、福利以及教育、医疗资源的占有上的巨大差距，一下子放开人口流动，短期内带来的冲击和影响难以预料。因此，正如林毅夫所指出的那样：重工业优先发展战略虽然已经成为过去，但是其各种变种形式仍然存在。品味林毅夫上述忠告，其无非在告诫我们在经济社会发展中如何在多元目标、长期和短期目标间实现均衡和最优化。毕竟，单纯看重工业优先发展战略对中国工业体系的塑造是成功的，只是为实现这一目标所带来的挤出效应，事后发现更大，影响也更为久远。如何避免重工业优先发展战略或类似政策再次成为影响中国长期经济增长绩效的负面因素，特别是理论和实践中无法识别究竟是政府做还是市场做更适宜的事情，如城镇体系的构建，既需要理论工作者加强实证研究，更需要充分借鉴国内外不同国家的实践经验。针对中国和河南省城镇化历程中的种种问题，以及各级政府在其中的主导角色，我们认为系统反思政府的层级设置、府际关系、职责定位是解决城镇化问题的必要条件。

第八章　结束语

第一节　本书的主要结论

2006 年以来，河南省经济增速与中部地区其他省份的差距越拉越大，人均 GDP 不断被中西部其他省份超越，呈现"中部崛起，河南塌陷"的现象，究竟是什么原因导致上述现象的出现，这是本书关注与研究的主题。基于经济增速的产业分解，河南省经济增速与中部地区其他省份差距拉大主要源于制造业增速在 2006 年之后显著滞后中部其他省份。而这一时间节点与中国产业加速空间重构的时间基本吻合。另一个导致河南省经济增速滞后于中部地区其他省份的因素则是其第三产业在 2006 年后也开始慢于中部地区其他省份。然而，基于以往对第三产业增速经验研究文献的相关结论，如城镇化率、市场化程度、经济发展水平等都无法很好地阐释 2006 年之后河南省第三产业增速滞后于中部地区其他省份的原因。在寻找和确定影响河南省第三产业增速原因的过程中，河南省经济活动长期不向城市集聚的空间结构映入眼帘，也同时带出了本书必须要面对的第三个问题，即河南省的城镇化问题。寻求"中部崛起，河南塌陷"的成因是本书写作的目的，在探究这一现象的过程中三个具体问题构成了本书的框架，前两个问题直面河南为何会塌陷，后一个问题则重点讨论河南省经济非集聚对河南省城镇化的影响。

一 产业空间重构的毗邻效应是中部六省经济分化的主因

中西部地区分别自 2006 年和 2005 年开始缩小与东部地区的经济发展差距，长期困扰中国经济发展和社会发展的东、中、西部地区间的区域差距问题开始缓解。然而，与东、中、西部地区间区域差距不断缩小形成鲜明对比的是中西部内各省份的经济增速开始出现明显的分化。查阅相关对中国产业空间分布进行研究的文献，不少文献都指出 2005 年前后产业开始由东部地区向中西部地区转移。梳理 1999 年以来全国及各省工业和制造业数据，我们发现，①中西部地区与东部地区经济发展水平缩小的原因并不一致。中部地区主要依托制造业，而西部地区则主要依托采掘业。②东部地区并非所有省份都出现了产业重构。2007 年之前东部地区只有北京、上海、广东、天津四个省市的产业有空间重构现象，2007 年之后浙江产业也开始出现重构，而东部地区其他省份则未发生产业重构。③制造业空间重构存在明显的空间毗邻效应。制造业的空间重构主要在相邻省份间进行，特别是经济发展存在级差的邻近省份间。2004 年以来，与河南省相邻的东部省份（河北、山东）并未像安徽、江西、湖南等省份相邻的东部省份一样发生产业空间重构，而且与安徽、江西等省份毗邻的东部省份 2007 年之后产业重构的规模进一步加剧。河南省制造业发展受到东部地区产业空间重构影响程度远远弱于安徽、江西、湖南和湖北四省，这直接导致河南省制造业增速在 2007 年之后开始明显滞后于中部地区其他省份。④影响河南省制造业增速的因素除了东、中、西部地区间产业空间重构存在毗邻效应外，河南制造业特别是其主导产业的空间属性也是影响其制造业增速的重要因素。通过对河南省制造业主导产业空间属性的分析，河南省主导产业 80% 属于在省级层面相对分散的产业。对比中部六省二位数制造业的增速，如果一个产业发生了空间重构，并且产业空间属性属于省级层面相对分散的产业，那么河南省的该类产业的增速则会显著慢于中部其他省份。但如果产业属于省级层面相对集聚的产业，即使该产业也发生了空间重构，河南省该类产业的增速也没有呈现明显滞后于中部地区其他省份的情况。结合 2006 年以来，河南省与中部其他省份经济增速差距拉大、产业结构分解的结论，即 60% 的差距源于制造业增速的差距。由此可知，产业空间重构的毗邻效应以及河南省制造业的空间属性是金融危机以来河南省经济增长绩效滞后于中部其他省份，导致中部六省经济增速分化的主要原因。

二 河南省主导产业的弱外部性导致经济活动不向城市集聚

外部经济往往在特定产业或产业间发生，而外部不经济则往往由整体城市规模的增大而产生。这种不对称会产生两种影响，一是当城市规模所带来的不经济超过了某类产业因集聚而产生的外部经济时，这类产业则会退出城市。产业集聚所带来的外部经济大小取决于该产业内部规模报酬递增情况以及这类产业与城市其他产业间的外部性；二是不同行业的外部经济差别很大，一些技术成熟产业间的溢出效应有限，而另外一些产业则溢出效应很强，如金融业、高科技产业等。河南、山东、河北等省份经济活动不向城市集聚的原因在于这些省份当前的主导业外部性弱，集聚所能产生的规模收益低于因集聚而产生的成本，而城市的集聚成本显然大于企业在县及县以下区域分布的成本。又由于这些产业在河南、河北、山东等省份的产业比重高于其他省份，在这些产业的影响下，呈现为经济活动与其他省份相比不向城市集聚，而河南表现得尤其明显。2000 年以来，非金属矿物品、农副产品加工业等产业是河南省最为重要的制造业，而这些产业显然都属于经济外部性很弱的产业。这也是为什么在不控制这些变量的回归里，河南、河北等省份的虚拟变量为负而且是很显著的，当在回归里加入这些产业的影响时，河南、河北、山东等省份的虚拟变量就变得不显著了。河南、河北等省份经济活动不向城市集聚，是受产业结构的影响，并非和对经济集聚现象进行解释的空间理论背离，反而是对小地理空间范围内经济集聚受产业外部性影响的一个验证。

三　经济非集聚增加了河南省城镇化的不确定性和政策制定的难度

2004 年河南省城镇化速度超越全国平均速度，此后河南省开始逐渐缩小与全国城镇化率的差距。纵观中国城镇化进程中出现的诸多问题，或多或少都与人口分布与经济集聚的空间错位相关。从河南省内常住人口与经济活动的空间分布看，河南省并没有出现全国多数省份普遍存在的经济与人口空间分布严重错位的情况。但这并未使得河南省城镇化过程中面对和需要解决的问题较其他省份更少。①异地城镇化是推动河南省快速城镇化的主因，但异地城镇化造成的诸多问题已超越了本省政府解决相应问题的边界。近十几年来，河南省农业户籍人口大量跨省流出且规模越来越大，跨省流出规模十年来增长了近四倍。人口大规模流出使得河南省城镇化率这一指标显得"漂亮"，然而跨省流动人口的异地城镇化和"半城镇化"所引发的社会问题已愈来愈严重。从全国视角审视河南异地城镇化问题仍然属于人口与经济空间错位的范畴，该问题的最终解决正如陆铭、陈钊等（2011）所指出的那样：中国城镇化问题的根本症结不是中西部地区选取何种城镇化模式的问题，而是中西部省份大量在东部地区打工的农民工如何在工作地区落户的问题。②城市在河南省城镇化进程中扮演了重要角色，但经济活动不向城市集聚使得河南省当前的城镇化模式存在较大的不确定性。不同于全国多数省份，近十几年来，河南省内城镇常住人口的增量一半源于城市常住人口的增长，反观同期全国城镇人口的增长，城市所占比重无论是增量还是绝对量的占比都不足30%。但这也正是我们担心的一点。20世纪90年代初以来，河南省经济活动在城市和城市以外区域的空间分布呈现极强的稳定性，即使考虑到该期间河南省新设立的城市，以及原有城市新增的辖区，河南省城市经济占比始终在30%左右浮动。近十几年来，河南省城市常住人口的快速增长，使得河南省城市经济占比与常住人口占比差距显著缩小。如果未来河南经济空间结构仍然保持不变，必然会造成城市难以持续支撑人口的流入，这会使河南省城镇化面临较大的不确定性。③经济非集聚增加了城镇化政策制定的难度，而相关政策的偏差或失误将会对经济绩效带来长期消极影响。人口与经济分布的空间错位是典型的资源在空间配置上缺乏效率的表现。因此，多数省份采取针对性的城镇化政策如果顺利解决了这一问题，会改善其资源配置在空间上的低效率状况。然而，河南省并没有像其他省份存在这样突出的亟待解决的城镇化问题。文献中经常提及的问题又非在河南省层面可以得到有效解决。梳理回顾近十几年来河南省出台的一系列城镇化政策，除了户籍、社保等方面的政策，集中体现在政府对城镇体系的构建上。但对空间经济理论略有了解的读者都会知道：即使我们把实际情况进行极大的简化也不能在理论上推出经济将向哪里集聚以及最终的集聚规模。世界银行报告更是直言，当经济活动相对分散时，最好的政策是秉持中立的政策，让人口和经济活动在空间上自然演化，政策的制定需要针对出现的问题，而非对未来的构想。

第二节　下一步的研究工作

虽然本书基于近期中国产业空间重构在省际表现出来的毗邻效应，以及河南省制造业以省级空间层面相对分散的产业为主的产业结构，在一定程度上解释了河南省近期经济增速慢于中部其他省份的原因。同时也对河南省经济活动未向城市集聚的原因做了量化回归研究和解释。但由于选题有一定的难度，工作量较为繁重，也受限于本人的理论素养、知识积累、研究能力和资料占有等因素，本书的选题还存在一些不足之处和需要进一步研究的地方。

首先，近期中国产业在省级空间层面的重构现象是一种大地理空间范围上的产业再集聚现象，该种情况是对新经济地理学相关理论进行经验研究的很好的素材。本书仅从产业和区域的视角归纳了产业空间重构呈现的规律，并未对文中提及的一个重要现象——产业空间重构的毗邻效应做相应的经验研究。[①] 虽然有数据可得性和此种情况出现时间较短等因素的制约，但不对这一情况做出经验检验，势必会影响对河南省近期制造业增速慢于中部地区其他省份的解释力。同时不对这一机制的影响因素做进一步研究，也很难对河南省未来面临此种机遇时提出有效的政策建议。

其次，基于不同产业外部性的差异，本书对河南省经济活动未向城市集聚的现象做了研究和解释，但并没有进一步对河南省当前产业结构形成的内在机制做进一步的研究。虽然我们可以对河南省农副产品加工业和非金属矿物品制造业成为河南省主导产业做出一些相应的解释，如河南省 1996 年以来粮食产量增量占同期中西部地区粮食主产区粮食产量增量的 50.56%，截至当前河南省粮食产量占全国的比重仅低于黑龙江，但河南省的耕地面积仅占全国的 6.24%，远低于黑龙江的 9.05%。巨大的粮食产出无疑是河南省农副产品加工业的重要推力，但河南省巨大的粮食生产有多少因素是源于市场对资源的配置，又有多大程度源于国家政策的影响？如果不对此问题做进一步的研究，很难理解农副产品加工业成为河南省主导产业的原因。非金属矿物品制造业以产值计

---

① 空间毗邻效应是 2009 年世界银行报告着重提及的几个经济发展过程中重要空间现象之一（距离、密度、分割），在小地理空间范围内不少国外学者根据企业距离区域市场中心的距离对企业生产率的影响做了相关经验研究，结果表明随着距市场中心距离增加，企业生产率会下降（Hansen，1990；Henderson，1994）；而在大地理空间范围上，与世界市场中心的远近是影响一个国家经济增长绩效的重要因素。详见《2009 年世界发展报告》。

是河南省规模最大的制造业，该产业对河南省制造业的贡献率高达15.65%，产业规模列全国第2位。但对比该产业单个企业的资产规模，河南省远低于全国平均水平，[①] 不可否认河南省在发展非金属矿物品制造业上有一定的自然资源优势，但长期以来金融机构在河南省吸纳的存款量远大于在河南省投放的贷款量，此外由于河南省金融市场发展的滞后，河南企业的融资成本也与沿海地区存在显著差异。[②] 这种情况对河南省当前产业结构的形成究竟有多大的影响？对于一个地区产业结构的形成影响因素繁多且复杂，但正如本书所揭示的那样：当前河南省的产业结构决定了河南省经济活动不向城市集聚，不对此问题做进一步深入的研究，很难对河南省未来城镇化问题做出深入的分析。

最后，本书以产业空间重构和河南省经济活动不向城市集聚为视角对河南省经济发展问题进行研究，是期望本书可以起到抛砖引玉的作用。空间经济理论虽然在大地理空间范围上取得了不错的理论和实证研究进展，但国内外的相关研究特别是国内研究对产业在原来集聚区由于"离心力"的作用，关于产业扩散空间规律的研究非常少见，虽然有学者指出此种现象呈现集聚—扩散—再集聚的特征（梁琦，2004），但对这现象进行实证研究的文献非常少见。近期中国呈现的

---

① 该产业全国企业平均资产规模为1.13亿元，河南省该产业企业平均资产规模为0.85亿元。
② 2013年《河南统计年鉴》数据显示，金融机构在河南省的存款贷款差额由2000年的396.47亿元，增至2012年的11617亿元。

产业空间重构现象无疑为实证研究提供了很好的素材。而在小地理空间范围上，空间经济学无论是理论还是实证研究都有很大的发展空间。此外，河南省所表现出来的经济活动不向城市集聚的现象，给予城镇化问题研究一个重要提示。当前中国关于城镇化问题的研究主要从城镇化模型、城镇化过程所引发的问题如土地问题、城市新二元结构等影响人口流动的因素如户籍、社保等方面入手，把经济活动向城市集聚当成假定前提。虽然这样假定对于研究全国多数省份的城镇化问题都是可行的，但河南省城镇化问题显然要比中国其他地区更为复杂，毕竟这个假设前提在当前来看在河南省并不成立。

参考文献

[1] Akamatsu K A. 1962. "Historical Pattern of Economic Growth in Developing Countries. " *The Developing Economics* 01.

[2] Alonso W. 1964. *Location and Land Use.* Cambridge: Harvard University Press.

[3] Audretsch DB. ,M. Feldman. 1996. "R&D Spillovers and the Geography of Innovation and Production. " *American Economic Review* 86 (03) .

[4] Blien, USuedekun J. , and Wolf K. 2004. "Local Employment Growth in West Germany: A Dynamic Approach. " *IZA draft paper*, October 29.

[5] Chun-Chung Au and Henderson J. 2006. "Are Chinese Cities Too Small?" *Review of Economic Studies* 73.

[6] Ciccone,Antonio, and Robert E. Hall. 1996. "Productivity and the Density of Economic Activity" *American Economic Review* 86 (1) .

［7］ Ciccone, Antonio. 2002. "Agglomeration Effects in Europe." *European Economic Review* 46 (2).

［8］ Combes P. 2000. "Marshall-Arrow-Romer Externalities and City Growth." *CERAS Working Paper*, No. 99 – 06.

［9］ De Lucio, JJ., Goicoles A., and Heree JA. 2002. "The Effects of Externalities on Productivity Growth in Spanish Industry." *Regional Science and Urban Economics* 32.

［10］ Dixit A K., Stiglitz J E. 1977. "Monopolistic Competition and Optimum Product Diversity." *American Economic Review* 67.

［11］ Dunning J H. 1993. *Multinational Enterprises and Global Economy*. New York: Addision-Westey Publishing Company.

［12］ Duranton G., and Puga D. 2004. "Micro-foundations of urban agglomeration economies." *Handbook of Regional and Urban Economics* 4.

［13］ Ellison G., and Glaeser E. 1999. "The Geographic Concentration of an Industry: Does Natural Advantage Explain Agglomeration." *American Economic Association Papers and Proceedings* 89.

［14］ Forslid. R., and Ottaviano GIP. 2003. "An analytically solvable core-periphery model." *Journal of Economic Geography* 3.

［15］ Fujita M., Krugman P., and Venables AJ. 1999. *The*

Spatial Economy: *Cities*, *Regions*, *and International Trade*. MIT Press.

［16］ Fujita M. , and Mori T. 2005. "Frontiers of the New Economic Geography." *Kyoto University*, *IDE discussion paper* 27.

［17］ Fujita M. , Krugman P. 2004. "The New Economic Geography Past, Present and the Future." *Papers in Regional Science* 83.

［18］ Fujita M. , and Tomoya Mori. 2005. "Frontiers of the New Economic Geography." *Institute of Developing Economies* 4.

［19］ Glaeser EH. , Scheinkinan J. , and Shieifer A. 1992. "Growth of Cities." *Journal of Political Economy*100.

［20］ Glaeser E. , and Mare D. 2001. "Cities and Skills." *Journal of Labor Economics* 19 (2) .

［21］ Glaeser, Edward L, Jed Kolko, and Albert Saiz. 2001. "Consumer City." *Journal of Economic Geography* 1 (1).

［22］ Grossman and Helpman. 1991. *Inovation and Growth in the World Economy*. Cambridge: MIT Press.

［23］ Hansen, Eric R. 1990. "Agglomeration Economics and Industrial Decentralization: The Wage-Productivity Trade-Offs." *Journal of Urban Economics* 28 (2) .

［24］ Henderson JV. 1980. "Community development: the

effects of growth and uncertainty. " *American Economic Review* 70.

[25] Henderson JV. 1974. " The sizes and types of cities. " *American Economic Review* 64.

[26] Henderson JV, Todd Lee and Yung Joon Lee. 2001. "Scale Externalities in Korea. " *Journal of Urban Economics* 49 (3).

[27] Hoover EM. 1948. *The location of Economic Activity.* New York: McGraw-Hill.

[28] Isard W. 1956. *Location and Space-Economy.* Cambridge: MIT Press.

[29] Jacobs J. 1969. *The Economy of Cities.* New York: Vintage.

[30] Kojima K. 1978. *Direct Foreign Investment: A Japanese Model of Multinational Business Operations.* New York: Praeger.

[31] Krugman P. 1991. " Increasing Returns and Economic Geography. " *Journal of Political Economy* 99.

[32] Kyoung-Hwie, Mihn. 2004. " An Analysis of Agglomeration Economics in the Manufacturing Sector of Korea. " *KIET occasional paper* 56.

[33] Losch A. 1954. *The Economics of Location.* New Haven: Yale University Press.

［34］ Marshall A. 1920. *Principles of Economics* （8*th ed*）. London：Macmillan.

［35］ Martin P. , and Rogers CA. 1995. "Industrial location and public infrastructure. " *Journal of international economics*39.

［36］ Mills, Edwin S. 1967. "An aggregative model of resource allocation in a metropolitan area. " *American Economic Review* 57.

［37］ Ottaviano G. I. P. 2002. "Models of ' new economic geography'：factor mobility vsvertical linkages. " *Mimeo*, *Graduate Institute of International Studies*.

［38］ Ottaviano G. I. P. , Tabuchi T. , and Thisse J. 2002. "Agglomeration and trade revisited. " *International Economic Review* 43.

［39］ Pellenbarg Van Wissen, Van Dijk. 2002. "Firm migration. " *Industrial Location Economics*.

［40］ Peter Gourevitch, Roger Bohn and David Mckendrick. 2000. "Globalization of production：insights from the hard disk drive industry. " *World Development* 28 （2）.

［41］ Vernon R. 1966. "International Investment and International Trade in the Product Cycle. " *Quarterly Journal of Economics* 80.

［42］ World Bank. 2009. *World Development Report* 2009：*Reshaping Economic Geography*. Washington DC：The World Bank.

[43] 阿尔弗雷德·马歇尔, 1920,《经济学原理》, 华夏出版社。

[44] 阿尔弗雷德·韦伯, 1909,《工业区位论》, 商务印书馆。

[45] 艾少伟、陈肖飞、魏明洁, 2012,《河南省县域经济实力时空差异研究》,《地域研究与开发》第 4 期。

[46] 安虎森、朱妍, 2007,《经济发展水平与城市化发展模式选择》,《求索》第 6 期。

[47] 安虎森、邹璇, 2004,《区域经济学的发展及其趋势》,《生产力研究》第 1 期。

[48] 安虎森、陈明, 2005,《工业化、城市化进程与我国城市化进程的路径选择》,《南开经济研究》第 1 期。

[49] 安虎森, 2005,《空间经济学原理》, 经济科学出版社。

[50] 奥古斯特·勒施, 1939,《区域经济学》, 商务印书馆。

[51] 蔡昉、都阳, 2000,《中国地区经济增长的趋同与差异》,《经济研究》第 10 期。

[52] 蔡昉、王美艳、曲玥, 2009,《中国工业重新配置与劳动力流动趋势》,《中国工业经济》第 8 期。

[53] 蔡昉, 1995,《乡镇企业产权制度改革的逻辑与成功的条件——兼与国有企业改革比较》,《经济研究》第 10 期。

[54] 蔡昉, 2009,《中国产业升级的大国雁阵模型分析》,《经济研究》第 9 期。

［55］ 蔡秀玲，2011，《中国城镇化历程、成就与发展趋势》，《经济研究参考》第 63 期。

［56］ 陈凤桂、张虹欧等，2010，《我国人口城镇化与土地城镇化协调发展研究》，《人文地理》第 5 期。

［57］ 陈刚、刘珊珊，2006，《产业转移理论研究：现状与展望》，《当代财经》第 10 期。

［58］ 陈国亮、陈建军，2012，《产业关联、空间地理与二三产业共同集聚》，《管理世界》第 4 期。

［59］ 陈计旺，1999，《区际产业转移与要素流动的比较研究》，《生产力研究》第 3 期。

［60］ 陈佳贵、黄群慧、钟宏武，2006，《中国地区工业化进程的综合评价和特征分析》，《经济研究》第 6 期。

［61］ 陈佳贵、黄群慧，2003，《工业现代化的标志、衡量指标及对中国工业的初步评价》，《中国社会科学》第 3 期。

［62］ 陈佳贵、黄群慧，2009，《我国实现工业现代化了吗——对 15 个重点工业行业现代化水平的分析与评价》，《中国工业经济》第 4 期。

［63］ 陈佳贵，2011，《调整和优化产业结构促进经济可持续发展》，《中国社会科学院研究生院学报》第 2 期。

［64］ 陈建军，2009a，《集聚视角下的服务业发展与区位选择：一个最新研究综述》，《浙江大学学报》（人文社会科学版）第 4 期。

[65] 陈建军，2009b，《要素流动、产业转移和区域经济一体化》，浙江大学出版社。

[66] 陈建军，2002，《中国现阶段的产业区域转移及其动力机制》，《中国工业经济》第8期。

[67] 陈良文、杨开忠、沈体雁、王伟，2008，《经济集聚密度与劳动生产率差异——基于北京市微观数据的实证研究》，《经济学（季刊）》第10期。

[68] 陈秀山、徐瑛，2004，《中国区域差距影响因素的实证研究》，《中国社会科学》第5期。

[69] 陈钊、陆铭，2008a，《从分割到融合城乡经济增长与社会和谐的政治经济学》，《经济研究》第1期。

[70] 陈钊、陆铭，2008b，《在集聚中走向平衡：城乡和区域协调发展的"第三条道路"》，《世界经济》第8期。

[71] 程大中，2008，《中国生产性服务业的水平、结构及影响——基于投入—产出法的国际比较研究》，《经济研究》第1期。

[72] 邓宇鹏，1999，《中国的隐形超城市化》，《当代财经》第6期。

[73] 迪克西特、斯蒂格利茨，1977，《垄断竞争和最优产品的多样性》，《美国经济评论》第5期。

[74] 段进军，2007，《中国城市发展模式的思考》，《苏州大学学报》第3期。

[75] 段禄峰、张沛，2009，《我国城镇化和工业化协调发展

问题研究》,《城市发展研究》第 7 期。

[76] 樊纲、王小鲁、张立文、朱恒鹏,2003,《中国各地市场化进程报告》,《经济研究》第 3 期。

[77] 樊纲,2001,《城市化:中国经济增长的一个中心环节》,《政策》第 10 期。

[78] 樊新生、李小建,2005,《基于县域尺度的经济增长空间自相关性研究——以河南省为例》,《经济经纬》第 3 期。

[79] 范剑勇、李方文,2011,《中国制造业空间集聚的影响——一个综述》,《南方经济》第 6 期。

[80] 范剑勇、邵挺,2011,《房价水平、差异化产品区位分布与城市体系》,《经济研究》第 2 期。

[81] 范剑勇、石灵云,2009,《产业外部性、企业竞争环境与劳动生产率》,《管理世界》第 8 期。

[82] 范剑勇、谢强强,2010,《地区间产业分布的本地市场效应》,《经济研究》第 4 期。

[83] 范剑勇、张雁,2009,《经济地理与地区间工资差异》,《经济研究》第 8 期。

[84] 范剑勇、朱国林,2002,《中国的消费不振与收入分配:理论和数据》,《经济研究》第 5 期。

[85] 范剑勇,2006,《产业集聚与地区间劳动生产率差异》,《经济研究》第 11 期。

[86] 范文祥,2010,《国际产业转移对中国产业结构升级的

阶段性影响分析》，《经济地理》第 4 期。

[87] 方必和、曹丽丽，2010，《我国城市化进程中的土地利用问题及其应对措施的研究》，《经济研究导刊》第 8 期。

[88] 冯根福、刘志勇、蒋文定，2010，《我国东中西部地区间工业产业转移的趋势、特征及形成原因分析》，《当代经济科学》第 3 期。

[89] 高新才、张新起，2012，《西部地区承接产业转移问题研究框架——一个文献梳理的总结》，《甘肃社会科学》第 4 期。

[90] 耿明斋等，2013，《人口流动、制度壁垒与新型城镇化——基于实地调查的报告》，社会科学文献出版社。

[91] 工业化与城市化协调发展研究组，2002，《工业化与城市化关系的经济学分析》，《中国社会科学》第 2 期。

[92] 龚雪、高长春，2009，《国际产业转移理论综述》，《生产力研究》第 4 期。

[93] 辜胜阻、李永周，2000，《我国农村城镇化的战略方向》，《中国农村经济》第 6 期。

[94] 顾乃华，2011，《城市化与服务业发展：基于省市制度互动视角的研究》，《世界经济》第 1 期。

[95] 顾益康、黄祖辉、徐加，1989，《对乡镇企业—小城镇道路的历史评判——兼论中国农村城市化道路问题》，《农业经济问题》第 3 期。

[96] 郭凡生，1986，《何为"反梯度理论"——兼为"反梯度理论"正名》，《开发研究》第 3 期。

[97] 郭克莎，2004，《中国工业发展战略及政策的选择》，《中国社会科学》第 1 期。

[98] 国风，1998，《中国农村工业化和劳动力转移的道路选择》，《管理世界》第 6 期。

[99] 国务院发展研究中心课题组，2010，《农民工市民化对扩大内需与经济增长的影响》，《经济研究》第 6 期。

[100] 何景熙，2004，《我国西部小城镇非农就业的产业基础研究》，《民族研究》第 1 期。

[101] 何龙斌，2013，《国内污染密集型产业区际转移路径及引申》，《经济学家》第 6 期。

[102] 贺曲夫、刘友金，2012，《中国东中西部地区间产业转移的特征与趋势——基于 2000～2010 年统计数据的实证分析》，《经济地理》第 12 期。

[103] 贺胜兵、刘友金、周华蓉，2012，《沿海产业为何难以向中西部地区转移——基于企业网络招聘工资地区差异的解析》，《中国软科学》第 1 期。

[104] 洪银兴、陈雯，2000，《城镇化模式的新发展》，《经济研究》第 12 期。

[105] 侯伟丽、方浪、刘硕，2013，《"污染避难所"在中国是否存在？——环境管制与污染密集型产业区际转移的实证研究》，《经济评论》第 4 期。

[106] 侯新烁、张宗益、周靖祥，2013，《中国经济结构的增长效应及作用路径研究》，《世界经济》第 5 期。

[107] 胡安俊，2012，《中国制造业向中西部转移了吗》，《新产经》第 12 期。

[108] 胡必亮，2003，《究竟应该如何认识中国的农业、农村、农民问题》，《中国农村经济》第 8 期。

[109] 胡佛，1990，《区域经济学导论》，商务印书馆。

[110] 胡俊生，2000，《我国乡村工业化城市化发展模式辨析》，《延安大学学报》第 4 期。

[111] 胡良民、苗长虹、乔家君，2002，《河南省区域经济发展差异及其时空格局研究》，《地理科学进展》第 5 期。

[112] 胡少维，1999，《加快城镇化步伐促进经济发展》，《经济问题》第 5 期。

[113] 胡智勇、赵书茂、赵丽娟，2000，《河南省小城镇发展的若干问题研究》，《地域研究与开发》第 2 期。

[114] 季建林，2001，《当前我国农村经济的主要问题与出路》，《经济理论与经济管理》第 1 期。

[115] 简新华、黄锟，2010，《中国城镇化水平和速度的实证分析与前景预测》，《经济研究》第 3 期。

[116] 江小涓、李辉，2004，《服务业与中国经济：相关性和加快增长的潜力》，《经济研究》第 1 期。

[117] 江小涓，2004，《关于测度服务业发展水平的探

讨——几个理论模型及其应用》,《财贸经济》第 7 期。

[118] 江小涓,1999a,《理论、实践、借鉴与中国经济学的
发展——以产业结构理论研究为例》,《中国社会科学》
第 6 期。

[119] 江小涓,1999b,《中国产业结构及其政策选择》,《中
国工业经济》第 6 期。

[120] 蒋国富、刘长运,2008,《河南省县域经济的空间分
异》,《经济地理》第 4 期。

[121] 李富田、李戈,2010,《进城还是进镇:西部农民城
镇化路径选择》,《农村经济》第 4 期。

[122] 李富田,2003,《小城镇是农民的乐土么?》,《农村经
济》第 12 期。

[123] 李钢、廖建辉、向奕霓,2011,《中国产业升级的方
向与路径——中国第二产业占 GDP 的比例过高了吗》,
《中国工业经济》第 10 期。

[124] 李江帆、曾国军,2003,《中国第三产业内部结构升
级趋势分析》,《中国工业经济》第 3 期。

[125] 李京文,2008,《中国城市化的重要发展趋势:城市
群的出现及对投资的需求》,《创新》第 3 期。

[126] 李小建、覃成林、高建华,2004,《我国产业转移与
中原经济崛起》,《中州学刊》第 3 期。

[127] 李娅、伏润民,2010,《为什么东部产业不向西部转
移:基于空间经济理论的解释》,《世界经济》第 8 期。

[128] 梁琦、钱学锋，2007，《外部性与集聚：一个文献综述》，《世界经济》第 2 期。

[129] 梁琦，2003a，《中国工业的区位基尼系数——兼论外商直接投资对制造业集聚的影响》，《统计研究》第 9 期。

[130] 梁琦，2003b，《从空间集聚要素看距离的影响》，《南开经济研究》第 3 期。

[131] 梁琦，2004，《产业集聚论》，商务印书馆。

[132] 梁琦，2005，《空间经济学：过去、现在与未来——兼评《空间经济学：城市、区域与国际贸易》》，《经济学（季刊）》第 7 期。

[133] 廖丹清，2001，《城市化要充分考虑农民的意愿和农村的改革与发展》，《中国农村经济》第 3 期。

[134] 林毅夫、蔡昉、李周，1998，《中国经济转型时期的地区差距分析》，《经济研究》第 6 期。

[135] 林毅夫、刘培林，2003，《中国经济发展战略与地区收入差距》，《经济研究》第 3 期。

[136] 刘秉镰、胡玉莹，2010，《中国区际产业转移的识别与检验》，《统计与决策》第 15 期。

[137] 刘红光、刘卫东、刘志高，2011，《区域间产业转移定量测度研究——基于区域间投入产出表分析》，《中国工业经济》第 6 期。

[138] 刘静玉、刘玉振、邵宁宁、郭海霞，2012，《河南省

新型城镇化的空间格局演变研究》，《地域研究与开发》第5期。

[139] 刘瑞明、石磊，2010，《国有企业的双重效率损失与经济增长》，《经济研究》第1期。

[140] 刘夏明、魏英琦、李国平，2004，《收敛还是发散？——中国区域经济发展争论的文献综述》，《经济研究》第7期。

[141] 刘修岩、殷醒民、贺小海，2007，《市场潜能与制造业空间集聚基于中国地级城市面板数据的经验研究》，《世界经济》第11期。

[142] 刘修岩，2009，《集聚经济与劳动生产率：基于中国城市面板数据的实证研究》，《数量经济技术经济研究》第7期。

[143] 刘学敏，2001，《如何进一步推进我国的城市化》，《经济纵横》第3期。

[144] 刘易斯·芒福德、宋峻岭，2005，《城市发展史——起源、演变和前景》，倪文彦译，中国建筑工业出版社。

[145] 刘永红、郑娅，2001，《城镇化道路该怎么走?》，《调研世界》第2期。

[146] 刘永奇、皇甫小雷、叶浩瑜，2002，《河南省城市化进程研究报告》第6期。

[147] 刘友金、胡黎明、赵瑞霞，2011，《基于产品内分工

的国际产业转移新趋势研究动态》，《经济学动态》第3期。

[148] 卢峰，2004，《产品内分工》，《经济学（季刊）》第4期。

[149] 卢根鑫，1994，《试论国际产业转移的经济动因及其效应》，《上海社会科学院学术季刊》第4期。

[150] 陆昊，2011，《2011"十二五"时期经济社会发展的几点思考》，《经济研究》第10期。

[151] 陆铭、陈钊，2009，《为什么土地和户籍制度需要联动改革》第9期。

[152] 陆铭、向宽虎、陈钊，2011，《中国的城市化和城市体系调整基于文献的评论》，《世界经济》第6期。

[153] 陆铭，2011，《建设用地使用权跨区域再配置中国经济增长的新动力》，《世界经济》第1期。

[154] 陆铭，2013，《空间的力量》，上海人民出版社。

[155] 路江涌、陶志刚，2007，《中国制造业区域集聚程度影响因素的研究》，《经济学（季刊）》第3期。

[156] 罗淳、舒宇，2013《中国人口"城""镇"化解析》，《人口与经济》第4期。

[157] 罗浩，2003，《中国劳动力无限供给与产业区域粘性》，《中国工业经济》第4期。

[158] 罗勇、曹丽莉，2005，《中国制造业集聚程度变动趋势实证研究》，《经济研究》第8期。

[159] 吕政，2003，《论中国传统工业化道路的经验与教训》，《中国工业经济》第 1 期。

[160] 吕政、黄群慧、吕铁、周维富，2005，《中国工业化、城镇化进程与问题》，《中国工业经济》第 12 期。

[161] 吕政、刘勇、王钦，2006，《中国生产性服务业发展的战略选择——基于产业互动的研究视角》，《中国工业经济》第 8 期。

[162] 吕政、杨丹辉，2006，《国际产业转移的趋势和对策》，《经济与管理研究》第 4 期。

[163] 马晓河、胡拥军，2010，《中国城镇化进程、面临问题及其总体布局》，《改革》第 10 期。

[164] 马子红，2008，《区际产业转移：理论述评》，《经济问题探索》第 5 期。

[165] 聂华林、王宇辉，2005，《西部地区农村城镇化道路的思考》，《社科纵横》第 5 期。

[166] 潘海生、曹小峰，2010，《就地城镇化：一条新兴城镇化道路》，《政策瞭望》第 9 期。

[167] 潘悦，2006，《国际产业转移的四次浪潮及其影响》，《现代国际关系》第 4 期。

[168] 彭宝玉、覃成林，2007，《河南县域经济实力评价及空间差异分析》，《地域研究与开发》第 2 期。

[169] 彭荣胜，2006a，《城市经济发展不足对城市化进程的阻碍》，《统计与决策》第 21 期。

［170］彭荣胜，2006b，《中部城市群在区域崛起战略中的目标定位与对策研究》，《经济问题探索》第 2 期。

［171］彭向、蒋传海，2011，《产业集聚、知识溢出与地区创新——基于中国工业行业的实证检验》，《经济学（季刊）》第 4 期。

［172］钱学峰、梁琦，2007，《本地市场效应：理论和经验研究的新近进展》，《经济学（季刊）》第 4 期。

［173］乔彬、李国平、杨妮妮，2007，《产业聚集测度方法的演变和新发展》，《数量经济技术经济研究》第 4 期。

［174］石奇，2004，《集成经济原理与产业转移》，《中国工业经济》第 10 期。

［175］世界银行，2009，《2009 年世界发展报告——重塑世界经济地理》，胡光宇等译，清华大学出版社。

［176］孙浩进，2011，《国际产业转移的历史演进及新趋势的启示》，《人文杂志》第 2 期。

［177］孙久文、胡安俊、陈林，2012，《中西部承接产业转移的现状、问题与策略》，《甘肃社会科学》第 3 期。

［178］孙文凯、白重恩、谢沛初，2011，《户籍制度改革对农村劳动力流动的影响》，《经济研究》第 1 期。

［179］覃成林、熊雪如，2012，《区域产业转移的政府动机与行为：一个文献综述》，《改革》第 7 期。

［180］谭介辉，1998，《从被动接受到主动获取——论国际产业转移中国产业发展战略的转变》，《世界经济研

究》第 6 期。

[181] 腾田昌久·雅克、弗朗科斯·蒂斯，2004，《集聚经济学——城市、产业区位与区域增长》，刘峰等译，西南财经政法大学出版社。

[182] 藤田昌久、克鲁格曼、维纳布尔斯，2011，《空间经济学——城市、区域与国际贸易》，梁琦主译，中国人民大学出版社。

[183] 万广华、张茵，2006，《收入增长与不平等对我国贫困的影响》第 6 期。

[184] 万广华、朱翠萍，2010，《中国城市化面临的问题与思考：文献综述》，《世界经济文汇》第 6 期。

[185] 王保安，2010，《中国经济结构失衡：基本特征，深层原因和对策建议》，《财贸经济》第 7 期。

[186] 王发曾、吕金嵘，2011，《中原城市群城市竞争力的评价与时空演变》，《地理研究》第 1 期。

[187] 王珺，2010，《是什么因素直接推动了国内地区间的产业转移》，《学术研究》第 11 期。

[188] 王美艳、蔡昉，2008，《户籍制度改革的历程与展望》，《广东社会科学》第 6 期。

[189] 王伟同，2011，《城镇化进程与社会福利水平》，《经济社会体制比较》第 3 期。

[190] 王小鲁、樊纲，2004，《中国地区差距的变动趋势和影响因素》，《经济研究》第 1 期。

[191] 王小鲁、夏小林，1999，《优化城市规模，推动经济增长》，《经济研究》第 9 期。

[192] 王小鲁，2010，《中国城市化路径与城市规模的经济学分析》，《经济研究》第 10 期。

[193] 威廉·阿郎索，1964，《区位和土地利用》，商务印书馆。

[194] 魏后凯，2003，《产业转移的发展趋势及其对竞争力的影响》，《福建论坛》（经济社会版）第 4 期。

[195] 魏后凯，2007，《大都市区新型产业分工与冲突管理》，《中国工业经济》第 2 期。

[196] 文玫，2004，《中国工业在区域上的重新定位与聚集》，《经济研究》第 2 期。

[197] 吴振球、谢香、钟宁波，2011，《基于 VAR 中国城市化、工业化对第三产业发展影响的实证研究》，《中国软科学》第 4 期。

[198] 沃尔特·艾塞德，1986，《空间经济学》，商务印书馆。

[199] 沃尔特·克里斯塔勒，1933，《德国南部的中心地原理》，商务印书馆。

[200] 吴晓军、赵海东，2004，《产业转移与欠发达地区经济发展》，《当代财经》第 6 期。

[201] 吴延兵，2012，《国有企业双重效率损失研究》，《经济研究》第 3 期。

[202] 吴振球、谢香、钟宁波，2011，《基于 VAR 中国城市化、工业化对第三产业发展影响的实证研究》，《中国软科学》第 4 期。

[203] 谢伏瞻，2000，《经济结构调整的方向与政府作用》，《经济学动态》第 12 期。

[204] 徐德友、梁琦，2011，《珠三角产业转移的"推拉力"分析——兼论金融危机对广东"双转移"的影响》，《中央财经大学学报》第 1 期。

[205] 许南、李建军，2012，《产品内分工、产业转移与中国产业结构升级》，《管理世界》第 1 期。

[206] 许宪春，2002，《中国国内生产总值核算中存在的若干问题研究》，《经济研究》第 2 期。

[207] 许召元、李善同，2008，《区域间劳动力迁移对地区差距的影响》，《经济学季刊》第 1 期。

[208] 薛佩丰、王轶冰，2000，《对"经济结构调整"内涵的再思考》，《经济评论》第 3 期。

[209] 亚当·斯密，1972，《国富论》，商务印书馆。

[210] 闫卫阳、王发曾、秦耀辰，2007，《河南省城市综合实力评价与空间影响力分析》，《河南大学学报》（自然科学版）第 2 期。

[211] 杨波、朱道才、景治中，2006，《城市化的阶段性特征与我国城市化道路的选择》，《上海经济研究》第 2 期。

[212] 杨建云，2014，《河南省人地挂钩政策实施研究》，《地域研究与开发》第 3 期。

[213] 杨开忠，2008，《区域经济学概念、分支与学派》，《经济学动态》第 1 期。

[214] 杨伟民，1991，《乡镇企业产业结构分析》，《经济科学》第 5 期。

[215] 俞宪忠，2004，《是"城市化"还是"城镇化"》，《中国人口·资源与环境》第 5 期。

[216] 原小能，2004，《国际产业转移规律和趋势分析》，《上海经济研究》第 2 期。

[217] 约翰·冯·屠能，1826，《孤立国同农业和国民经济的关系》，商务印书馆。

[218] 约翰·弗农·亨德森、雅克·弗朗索瓦·蒂斯，2012，《区域和城市经济学手册——城市和地理》，郝寿义、孙兵等译，经济科学出版社。

[219] 约翰·科迪，1990，《发展中国家的工业发展政策》，经济科学出版社。

[220] 张改素、丁志伟、胥亚男、王发曾，2014，《河南省城镇体系等级层次结构研究》，《地域研究与开发》第 1 期。

[221] 张公嵬、梁琦，2010，《产业转移与资源的空间配置效应研究》，《产业经济评论》第 3 期。

[222] 张卉、詹宇波，2007，《集聚、多样性和地区经济增

长来自中国制造业的实证研究》，《世界经济文汇》第
3 期。

[223] 张吉鹏、吴桂英，2004，《中国地区差距：度量与成
因》，《世界经济文汇》第 4 期。

[224] 张立建，2009，《两次国际产业转移本质探讨》，《统
计研究》第 10 期。

[225] 张同升、梁进社、宋金平，2005，《中国制造业省区
间分布的集中与分散研究》，《经济地理》第 3 期。

[226] 张文武，2013，《中国产业转移与扩散的测度与趋势
研究》，《统计与决策》第 13 期。

[227] 张艳明、章旭健、马永俊，2009，《城市边缘区村庄
城镇化发展模式研究》，《浙江师范大学学报》（自然
科学版）第 3 期。

[228] 张占仓，2010，《河南省新型城镇化战略研究》，《经
济地理》第 9 期。

[229] 章征涛、李世龙，2011，《城市化的虚荣——对我国
城市化现状的认识》，《城市发展研究》第 12 期。

[230] 赵安顺，2005，《城市概念的界定与城市化度量方
式》，《城市问题》第 5 期。

[231] 赵新平、周一星、曹广忠，2002，《小城镇重点战略
的困境与实践误区》，《城市规划》第 10 期。

[232] 赵张耀、汪斌，2005，《网络型国际产业转移模式研
究》，《中国工业经济》第 10 期。

[233] 赵曌、石敏俊、杨晶，2012，《市场临近、供给临近与中国制造业空间分布》，《经济学（季刊）》第 4 期。

[234] 钟宁桦，2011，《农村工业化还能走多远?》，《经济研究》第 1 期。

[235] 周淑莲，2000，《20 年中国国有企业改革经验的理论分析》，《中国社会科学院研究生院学报》第 3 期。

[236] 周一星、史育龙，1993，《解决我国城乡划分和城镇人口统计的新思路》，《统计研究》第 2 期。

[237] 周一星，1989，《中国城镇的概念和城镇人口的统计口径》，《人口与经济》第 1 期。

[238] 朱光华，2008，《转变经济发展方式与调整经济结构》，南开学报（哲学社会科学版）第 1 期。

[239] 朱莉芬、黄季焜，2007，《城镇化对耕地影响的研究》，《经济研究》第 2 期。

[240] 朱宜林，2005，《我国地区产业转移问题研究综述》，《生产力研究》第 9 期。

[241] 朱宇，2012，《51.27% 的城镇化率是否高估了中国城镇化水平国际背景下的思考》，《人口研究》第 2 期。

[242] 邹积亮，2007，《产业转移理论及其发展趋向分析》，《中南财经政法大学学报》第 6 期。

后　记

本书的写作自动笔算起将近三年，相关问题的研究却可推及多年前，这期间获得各种帮助，使得它能持续至今。2003 年对于很多人来说无法忘的事是横行华夏大地的"非典"，而对于已经辞去开封市社科联公职，备考一年的我却无太多心思关注这场全球性传染病疫潮。若不是当年研究生入学面试时间因此一推再推，"非典"在我记忆中应不会留下什么痕迹。选择继续求学是我大学毕业两年后做出的决定，也正是这段工作经历让我更清楚读书求学对一个人一生的价值和意义。由于曾经谋求过证券期货行业的职位，虽然最后未能成行，却让我萌生了学习证券期货知识的兴趣。当初研究生报考方向即为国民经济学——证券期货方向。入学之前，我购买了证券从业人员资格考试的全套资料，准备读研期间一边学习相关理论，一边为将来就业做准备。然而入学后一系列的偶然事件让我逐渐放弃了原先设想的求学和工作路线，转而开始了至今仍然从事的欠发达平原农区的研究工作。或许是"非典"的缘故，当年经济学院两个硕士研究生专业一共录取 8 位同学，远不像如今一届近百人的规模。在一个欠发达省份的小城市要想办好社会科学中的显学——经济学谈何容易，且不说难以引进外来人才，自己培养的研究生在当时也很少有人选择留校任教。由于学生人数较少，加之师资有限，除了学校开设的公修课程随其他专业一起进行课堂学习外，专业课程则主要通过参加导师主持的读书会、座谈会以及参与相应课题进行学习。不像如今经济学院有充足且优良的师资给院里的研究生开设中高级宏微观经济学、计量经济学等专业基础课程，进行更加规范的教学。当然，学院领导也充分意识到问题所在，院里大约每两周会邀请国内知名学者来院讲学以开阔学生眼界。学院至今仍保留这一传统，而且邀请的专家越来越国际化，每年来学院讲学的国外学者已经不少于国内其他高校。

当年专业课程包括专业基础课程的学习以导师指导为主。如何进行相关课程的教学是当时每位硕士生导师必须思考和解决的问题。"脑子里装着问题，才能更有效地进行经济学学习"，这是耿老师经常对学生说起的话。如何才能让经济学问题在学生脑子里扎下根，让学生愿意为之思考乃至辗转难以入眠？耿老师为此每年花大量时间带着学生到河南省各地市做田野调查，参与各地市政府、企业委托的横向课题以及参加各类国内学术会议。正是不断参加这些活动，一些令人不得不深思的问题开始慢慢在我的心里扎根。例如，河南省长垣县是一个地下无资源，上面无政策，十年中八年都面临黄河泛滥的"贫困"县。按当地人的话，20世纪80年代之前长垣县的姑娘都希望嫁到邻县。然而正是这样一个地方却发展成国内最为重要的起重机、卫生材料生产基地。而且河南不少县市都存在类似长垣的情况，如许昌禹州、信阳固始等，是什么因素导致这种情况的出现？再如，2003年国家在实施西部大开发战略后又颁布实施振兴东北老工业基地战略，然而此时中部六省成为全国少数未能纳入国家战略规划的省份。2002年开始，中部六省成为全国四大区域中经济增速最慢的地区，中部塌陷从政策塌陷正在走向实际"塌陷"。2004～2006年，中部地区的高校、科研机构以及各省政府组织了大量研讨会。梳理20世纪90年代以来中部六省发展轨迹，河南省的经济增长绩效在中部地区中可谓是可圈可点，其人均GDP全国排名不断上升，究竟是什么因素促使河南有如此表现，这与河南省工业主要分布于县及县以下区域又有何种关系？这成为我读硕士研究生期间经常思考的问题。为此我开始查阅大量经济学文献。长垣等地出现的情况，在经济学理论研究中早已被关注，马歇尔最早把该现象称为地方化经济，后来新经济地理学则进一步把对该问题的研究模型化和规范化。中国不同区域经济增速差异问题，则是趋同理论关注和解释的现象。受当时师资等条件的限制，研究生阶段受到的经济学训练与发达地区高校学生不同：他们是先学习相关理论和方法，然后从事相关的研究或工作；而我们则是先找到关注问题，然后去查阅文献寻求相关理论和研究方法。

随着相关研究工作的进行，我逐渐放弃了报考研究生时的研究方向，转到了被耿老师称为欠发达平原农区经济发展与转型研究方向上。2006 年我研究生毕业留校，继续从事相关研究和教学工作。每个从事经济学研究的学者都希望所做的研究可以被实践证实。当年我的硕士论文《中国区域差距的实证研究》着重关注了为何河南自 20 世纪 90 年代以来可以取得较中西部其他省份更令人满意的经济增长绩效。然而从 2006 年起，似乎"突然"间，中部地区的安徽、湖北等省份经济开始加速发展，河南在中部各省中的情形如同书中所述：中部崛起，河南塌陷。2006 年前后中部各省经济增速所呈现的巨大反差再次把我吸引回这个曾经关注的问题。然而无论是查阅相关的文献，还是参加各种论坛，中部六省出现的经济分化问题很少被人提及。此前经常在河南召开的中部崛起相关的学术会议慢慢改为在安徽、湖北等省举办，河南学者"似乎"对该话题失去了兴趣，很少有学者到会参与研讨。河南省政府虽然在 2010 年就该问题召开过一次研讨会，与会专家虽然给出了一些观点，但正如书中指出的那样：这些观点都存在或多或少令人质疑的地方。期间我数次问起耿老师省政府对该问题是否再组织专家进行研究，得到的答复是该话题似乎成了一个"禁区"，无人再去提及。然而这个问题就如同在我脑海里扎下了根，多少次深夜无眠，伏案查阅文献，梳理数据以求能解心中之惑，但该问题始终如"梦魇"般萦绕脑海。直至 2013 年年中，我博士学位论文开题之际，空间经济学中的两个重要经验研究领域，即经济活动中的邻里效应和产业外部性对产业空间形态的影响，让我对该问题的研究找到了希望之光。最终呈现在读者面前的书稿是我在博士论文基础上对相关问题进行拓展而成，期望本书可以起到抛砖引玉作用，能有更多关注河南经济发展的有识之士研究河南问题，研究欠发达平原农区的转型发展问题。

在完成这份中部六省经济分化的研究时，我要特别感谢我的导师耿明斋教授，正是耿老师将我引领进了学术的殿堂，不断鼓励我在学术道路上前行，在学习、做事和为人上给了我太多太多的帮助与指导。平心而论，我资质不聪，从攻读硕士学位，到参加工作，再攻读博士学位，十多年间我不断接受耿老师的教诲，可以说我取得任何学业上的收获都离不开耿老师的指导和鼓励。论文从最初的选题到最终定稿更是倾注了耿老师大量的心血。从耿老师身上，我看到了一个学者对学术的孜孜追求，也正是这种对学术精益求精的治学态度，使得我不敢懈怠。感谢彭凯翔、郑祖玄两位老师，能在求学道路上结识两位老师是我人生的幸事，也正是两位老师使我重新打开了一个新的思维空间。每次向彭老师和郑老师请教问题，我都深深为两位老师广博的学识折服。在文章的选题和写作过程中，彭老师、郑老师给予了我太多无私的帮助。彭老师更是在百忙之中抽出时间，阅读了我的书稿，给我提出了大量宝贵意见。可以说没有彭老师和郑老师的帮助，书稿最终是无法达到今天的样子。感谢宋丙涛教授、齐玲教授、村上直树教授、李燕燕教授、董栓成教授、高保中博士、郭兴方博士、刘春季博士、张建秋博士、赵海江老师，以及在我求学科研道路上给予我帮助的经济学院的老师们。感谢张卫芳、张国骁、石琳、周秋明、张超、秦娇、曹青等研究生，他们在我写作过程中做了大量数据录入工作，没有他们无私的帮助，我是无法完成数以万计的数据处理工作的。在此要特别感谢刘琼博士和吴朝阳硕士，她们在该书的出版过程中，帮助我做了大量事务性的工作。感谢我的妻子、女儿和父母，是他们无私的爱，给予了我巨大的精神动力，无论生活、学习上遇到怎么样的困难，他们给予我的支持，都使我有勇气，面对任何挑战与困难。

刘涛谨志于河南大学金明园

2016 年 9 月

图书在版编目（CIP）数据

产业空间重构与经济非集聚研究：2006 年以来中部
六省经济分化的一个解释／刘涛著 . -- 北京：社会科
学文献出版社，2016.12

（传统农区工业化与社会转型丛书）

ISBN 978 - 7 - 5097 - 9982 - 6

Ⅰ.①产…　Ⅱ.①刘…　Ⅲ.①区域经济 - 产业发展 -
研究 - 中国　Ⅳ.①F127

中国版本图书馆 CIP 数据核字（2016）第 272420 号

·传统农区工业化与社会转型丛书·

产业空间重构与经济非集聚研究

——2006 年以来中部六省经济分化的一个解释

著　　者／刘　涛

出 版 人／谢寿光
项目统筹／邓泳红　陈　帅
责任编辑／吴　敏　张　超

出　　版／社会科学文献出版社·皮书出版分社（010）59367127
　　　　　地址：北京市北三环中路甲 29 号院华龙大厦　邮编：100029
　　　　　网址：www.ssap.com.cn
发　　行／市场营销中心（010）59367081　59367018
印　　装／三河市尚艺印装有限公司

规　　格／开　本：787mm × 1092mm　1/16
　　　　　印　张：23.25　字　数：225 千字
版　　次／2016 年 12 月第 1 版　2016 年 12 月第 1 次印刷
书　　号／ISBN 978 - 7 - 5097 - 9982 - 6
定　　价／89.00 元